生態会計への招待
―サステナビリティ社会のための会計―

編著者
河 野 正 男
八 木 裕 之
千 葉 貴 律

東京 森山書店 発行

執筆者一覧 (執筆順)

河野　正男	中央大学経済学部教授	第1章, 第10章, 第12章, 第13章	
八木　裕之	横浜国立大学経営学部教授	第2章, 第4章	
千葉　貴律	明治大学経営学部教授	第3章	
植田　敦紀	LEC大学総合キャリア学部講師, 米国公認会計士	第5章	
長谷川直哉	山梨大学大学院持続社会形成専攻准教授	第6章	
金藤　正直	弘前大学人文学部准教授	第7章	
小川　哲彦	佐賀大学経済学部准教授	第8章	
大森　明	横浜国立大学経営学部准教授	第9章	
丸山　佳久	広島修道大学人間環境学部准教授	第11章	

序　　文

　本書のタイトルに生態会計という語が使用されている。この語の正式な使用は，1974年に，横浜国立大学経営学部に「生態会計」講座が設置されたことにはじまる。講座の初代担当者は故人になられた合崎堅二教授である。1986年に，本書の編者の一人の河野が講座を引き継いだ。合崎教授とは生態会計にいかなる内容を盛り込むか，しばしば話し合った。そして，1998年に『生態会計論』を森山書店より上梓した。その「序」に「未だ生態会計の枠組みの呈示に止まり，その詳細は今後の研究を待たなければならない。その意味では，中間報告の書ということができる」と記している。それから10年たった。この間，環境問題の深化や企業の社会的責任論の活発な展開等があり，企業や社会のサステナビリティ（持続可能性）の議論が展開されてきた。他方，生態会計研究室には次々と若手研究者が入ってきて，博士号を取得し，現在各地の大学で教鞭をとっている。編者の一人の千葉貴律は最初の取得者である。「生態会計」講座も，2003年から，編者の一人である八木裕之が担当している。

　河野と八木は，生態会計研究室を巣立った千葉をはじめとする若手研究者と相談し，『生態会計論』以降の動向を踏まえて，サステナビリティを念頭に置いた生態会計に関する入門書を刊行することにした。

　本書の構成は13章からなる。『生態会計論』と比較して枠組みの変更はさほどではないが，構成はかり異なっている。特に，企業会計分野における環境問題への対応の著しい進捗があり，この分野の課題を紹介するために第2章～第8章をあてた。第9章で自治体の環境会計，第10章～第12章で水資源，森林資源およびエネルギー資源等の自然資源にかかわる会計，そして第13章でマクロ環境会計を取り上げた。

　第1章では，生態会計なる語が，Parker, J. E.の論文「会計学と生態学」に

触発されて書かれた黒澤清の論文「生態会計学の構想」にはじまることを明らかにする。ついで,『生態会計論』を踏まえて,その内容に若干の手を加えた生態会計のフレームワークを提示する。

　第2章では,企業会計分野で初めて環境問題,マイノリティ問題,労働安全問題あるいは公正な取引問題等に取り組んだ,1970年代の企業社会会計が紹介される。企業社会会計は,1990年代に展開される環境管理・監査,環境会計,環境報告書および企業の社会的責任(CSR)報告書の前身と位置づけられる。

　第3章では,環境マネジメントの視点から環境会計について考察する。環境問題への多様な取り組みについて触れた後,企業の環境マネジメントの手段である環境マネジメントシステム,環境パフォーマンス評価および環境コミュニケーションなどについて検討し,この検討結果にもとづいて現行の環境会計の内容や手法を整理する。

　第4章および第5章は環境会計情報の外部ステークホルダーへの開示に関わる課題を取り上げる。第4章では,環境報告書を通じて任意に開示される環境会計情報に関わる課題を紹介する。この種の環境会計情報は,環境省が公表した「環境会計ガイドライン」を参考として企業が自主的に取り組んだ環境会計の結果である。

　第5章では,2005年以降,財務諸表を通じての環境情報の開示企業数が相当数に上っていることに鑑み,財務会計分野での環境問題の取り組みの国際的動向をみた後,財務会計の枠組みの下での環境問題の個別の取り組み,すなわち資産除去債務,土壌汚染および排出量取引等について取り上げる。この分野を環境財務会計と呼ぶことにする。

　最近,環境経営からCSRないし持続可能性経営への関心の移行がみられる。第6章では,まず,日本におけるCSR論の変遷を辿る。つぎに,コミュニケーション手段としてのCSR(ないし持続可能性)報告書およびこれに関連してGRIガイドラインや環境コミュニケーション規格の概要が紹介される。最後に,持続可能性の視点からの企業評価のあり方について検討する。

　第7章および第8章では環境管理会計の課題を取り上げる。わが国では,

2000年に「環境会計ガイドライン」が公表されて以来，外部報告会計としての環境会計すなわち環境報告会計が展開されてきたが，環境問題への関心の一段の高揚とともに，従来に増して多くの資源が環境保全活動に投入され，その効率的かつ有効な利用の視点からの管理への関心が高まり，環境保全分野での管理会計すなわち環境管理会計が展開されている。そこで，第7章では，マネジメント・レベルに応じて異なる環境会計情報の紹介および環境管理会計の体系の提示をするとともに，欧米および日本の環境管理会計の動向を明らかにする。

第8章では，第7章を受けて，環境管理会計の個別的な手法であるライフサイクル・コスティング，マテリアルフローコスト会計，環境配慮型原価企画，環境予算マトリックスおよび環境配慮型設備投資等を紹介する。

第9章～第13章は，環境会計関連の類書にない本書の特徴といえる。まず，第9章では，地域の環境行政の評価手段として開発された自治体の環境会計について，公営企業，一般行政部門および廃棄物処理事業等に分けて解説する。

フランスやノルウェーなどでは，水資源，森林資源および鉱物資源等の自然資源の在高（ストック）およびその増減量（フロー）を物量単位で測定・記録し，これらの資源の維持・管理を試みている（Pearce, D., Marakandya, A. & Barbier, E. [1992]）。この試みを自然資源会計ないし自然・環境会計という。第10章～第12章は自然資源会計を念頭に置いて構成している。

第10章では，日本の水資源の状況を検討した後，水資源の使用について，特に上水道を例にとり，特定河川水系内にある水道事業体における取水コストを意味する原水単価の衡平化ならびに取水に要するダムなどの諸施設の維持問題を議論する。

第11章では，林業の衰退と森林の荒廃に直面している日本の林業の再生を念頭において，現行の林業会計の特徴を明らかにするとともに，林業会計を基礎としての林業再生のあり方についての提案をする。

第12章では，日本のエネルギー問題について，資料が得やすくかつ最大のエネルギー使用部門である電力事業に焦点をあて，主として費用負担の衡平性の

視点から，石炭，石油，天然ガスなどの化石燃料，原子力および水力その他の自然エネルギーの選択の問題を論じる。

　環境問題は広域的な対応を要することから，対応結果を国民経済レベルで把握し，評価する必要がある。これに応えて国際連合によって開発されたのが環境経済統合会計である。第13章で紹介する。

　2章以降の各章末尾にいくつかの設問を設けた。内容の理解の自己診断に利用していただければ幸いである。

　以上が本書の概要である。先に紹介した『生態会計論』の内容を持続可能性概念の視点から見直し，生態会計論の再構築を試みた。内容はより進化し，充実したと自負している。

　最後に，本書の刊行にご協力いただいた執筆者各位，出版をご快諾下さった森山書店の菅田直文社長および編集・校正でお世話になった土屋貞敏氏に心より感謝を表したい。

　　2009年10月20日

　　　　　　　　　　　　　　　　　　　　　河　野　正　男
　　　　　　　　　　　　　　　　　　　　　八　木　裕　之
　　　　　　　　　　　　　　　　　　　　　千　葉　貴　律

目　　次

第1章　生態会計のフレームワーク
1　生態会計なる語の由来 …………………………………………………1
2　生態会計のフレームワーク ……………………………………………4
　2.1　『生態会計論』におけるフレームワーク …………………………4
　2.2　生態会計のフレームワーク …………………………………………5

第2章　企業社会会計の登場
1　社会問題の発生と会計 …………………………………………………9
　1.1　社会的費用の考え方 …………………………………………………9
　1.2　社会的費用の把握 ……………………………………………………11
2　企業社会会計の展開 ……………………………………………………12
　2.1　発　展　の　経　緯 …………………………………………………12
　2.2　企業社会会計の類型 …………………………………………………13
3　社会貸借対照表の展開 …………………………………………………16
　3.1　発　展　の　経　緯 …………………………………………………16
　3.2　社会貸借対照表モデルの概要 ………………………………………18
4　企業社会会計から環境会計へ …………………………………………21

第3章　環境経営の進展と会計
1　環境問題への取り組み …………………………………………………25
　1.1　環境問題の国際化 ……………………………………………………25
　1.2　環境問題へのアプローチ ……………………………………………26
　1.3　環境政策への反映 ……………………………………………………28
2　環境経営とは何か ………………………………………………………29

目次 vi

   2.1 企業経営と環境認識 ……………………………………29
   2.2 環境マネジメントシステム ……………………………31
   2.3 環境マネジメントにもとづく環境会計デザイン ……38
 3 本章のまとめ ………………………………………………41
   3.1 環境マネジメントにもとづく環境会計の展開 ………41
   3.2 今後の課題 ………………………………………………41

第4章 環境報告会計

 1 環境報告会計と環境会計ガイドライン …………………45
   1.1 環境会計ガイドラインの発展の経緯 …………………45
   1.2 環境会計情報の開示 ……………………………………47
 2 環境保全コスト ……………………………………………49
   2.1 環境保全コストの定義 …………………………………49
   2.2 環境保全コストの種類 …………………………………50
   2.3 環境保全コストの集計 …………………………………53
 3 環境保全効果 ………………………………………………53
 4 環境保全対策に伴う経済効果 ……………………………56
   4.1 実質的効果 ………………………………………………56
   4.2 推定的効果 ………………………………………………56
 5 環境会計情報の拡大と利用 ………………………………58
   5.1 連結環境会計 ……………………………………………58
   5.2 環境保全効果の評価 ……………………………………59
   5.3 環境経営の分析指標 ……………………………………60
 6 環境報告会計の拡張 ………………………………………61
   6.1 環境報告とサステナビリティ報告 ……………………61
   6.2 環境報告会計とサステナビリティ会計 ………………62

第5章　環境財務会計

- 1　環境財務会計の国際的動向 …………………………………………67
  - 1.1　CICAおよび国際機関による報告書 …………………………68
  - 1.2　アメリカにおける環境関連のGAAP …………………………69
  - 1.3　国際財務報告基準（IFRS）……………………………………70
- 2　資産除去債務の会計 ………………………………………………71
  - 2.1　「資産除去債務に関する会計基準」制定の経緯と概要 ………72
  - 2.2　資産除去債務の会計 ……………………………………………73
  - 2.3　基準適用関連事項 ………………………………………………76
- 3　土壌汚染の会計 ……………………………………………………77
  - 3.1　土壌汚染対策法とその改正 ……………………………………77
  - 3.2　「資産除去債務に関する会計基準」制定と
        土壌汚染対策法改正の会計的影響 ……………………………80
  - 3.3　土壌汚染の会計 …………………………………………………81
- 4　排出量取引の会計 …………………………………………………84
  - 4.1　地球温暖化対策の重要性 ………………………………………84
  - 4.2　排出量取引制度 …………………………………………………84
  - 4.3　排出量取引の会計 ………………………………………………85

第6章　持続可能性報告と会計

- 1　企業の社会的責任を巡る議論の変遷 ………………………………89
  - 1.1　日本における企業の社会的責任論の萌芽 ……………………89
  - 1.2　産業公害からの脱却と企業の社会的責任論の展開（1970～1990年）……90
  - 1.3　地球環境問題と企業の社会的責任（1991年以降）…………92
  - 1.4　企業の社会的責任と企業価値の相克 …………………………95
- 2　持続可能性報告と環境／CSRコミュニケーション ………………97
  - 2.1　日本企業の環境／CSRアカウンタビリティ …………………97

2.2　持続可能性（サステナブル）報告の国際的なフレームワーク ………101
　　2.3　ステークホルダー・エンゲージメント ………………………………103
　3　資本市場のグリーン化と持続可能性評価 ………………………………104
　　3.1　サステナビリティ評価と企業会計情報 ………………………………104
　　3.2　環境／CSR金融の意義と機能 …………………………………………106

第7章　環境管理会計の体系と国際的動向

　1　企業の環境経営と環境管理会計 …………………………………………111
　　1.1　マネジメントレベルと環境会計情報 …………………………………111
　　1.2　環境管理会計ツールとその利用方法 …………………………………115
　2　環境管理会計の国際的動向 ………………………………………………118
　　2.1　アメリカにおける動向 …………………………………………………118
　　2.2　ヨーロッパにおける動向 ………………………………………………122
　　2.3　日本における取り組み …………………………………………………124
　　2.4　環境管理会計の現状と課題 ……………………………………………127

第8章　環境管理会計の手法

　1　ライフサイクル・コスティング …………………………………………133
　　1.1　ライフサイクル・コスティングの経緯 ………………………………133
　　1.2　ライフサイクル・コストとは …………………………………………134
　　1.3　ライフサイクル・コスティングの実施とトレード・オフ …………136
　　1.4　ライフサイクル・コスティングの課題 ………………………………137
　2　マテリアルフローコスト会計 ……………………………………………138
　　2.1　マテリアルフローコスト会計の目的 …………………………………138
　　2.2　マテリアルフローコスト会計の計算構造 ……………………………139
　3　その他の環境管理会計手法 ………………………………………………143
　　3.1　環境配慮型原価企画 ……………………………………………………143
　　3.2　環境予算マトリックス …………………………………………………146

                    3.3　環境配慮型設備投資 ……………………………………………148

第9章　自治体の環境会計

　1　自治体と環境問題 ………………………………………………………153
　　1.1　自治体環境行政の現状 …………………………………………153
　　1.2　自治体における環境会計の意義 ………………………………156
　2　自治体環境会計の展開と課題 ………………………………………159
　　2.1　公営企業における環境会計 ……………………………………159
　　2.2　一般行政部局における環境会計 ………………………………162
　　2.3　自治体の廃棄物処理事業と環境会計 …………………………168
　　2.4　自治体環境会計の課題と展望 …………………………………171

第10章　水資源と会計

　1　水 資 源 の 現 状 …………………………………………………………175
　　1.1　世 界 の 水 資 源 …………………………………………………175
　　1.2　日 本 の 水 資 源 …………………………………………………176
　2　生活用水の供給制度 …………………………………………………179
　3　費用負担の衡平化 ……………………………………………………182
　　3.1　原 水 単 価 ………………………………………………………182
　　3.2　年 間 開 発 水 量 …………………………………………………183
　　3.3　原水単価上昇の原因 ……………………………………………184
　　3.4　費用負担の衡平化の問題 ………………………………………185
　4　実 体 資 本 の 維 持 ………………………………………………………186
　　4.1　国土交通省の直轄ダムの場合 …………………………………186
　　4.2　水資源機構ダムの場合 …………………………………………187
　5　水系単位での原水単位の衡平化と実体資本維持の方法 …………189

第11章　森林資源と会計

 1 林業の衰退と森林の荒廃 ………………………………………………193
 2 持続可能な森林管理と法正林の概念 …………………………………194
 3 国有林野事業における立木資産の計理 ………………………………196
  3.1 蓄積経理方式 …………………………………………………………196
  3.2 取得原価方式 …………………………………………………………199
 4 造林事業の原価計算と立木原価の費用計算 …………………………201
 5 林業の再生と会計の役割 ………………………………………………206

第12章　エネルギー資源と会計

 1 日本のエネルギー需給状況と需給見通し ……………………………209
  1.1 エネルギー需給状況 …………………………………………………209
  1.2 エネルギー需給見通し ………………………………………………211
  1.3 電力事業への1次エネルギー供給量と電力の需要量 ……………214
 2 9電力会社の発電コスト ………………………………………………216
  2.1 発電設備容量 …………………………………………………………216
  2.2 発電費 …………………………………………………………………216
  2.3 会社別の電源別発電容量と発電費 …………………………………220
  2.4 電気料金決定の基礎としての総括原価方式 ………………………222
 3 電源としてのエネルギー資源の選択 …………………………………223
  3.1 新規発電設備にもとづく発電費の比較 ……………………………223
  3.2 新エネルギー等の導入 ………………………………………………225
 4 結　び ……………………………………………………………………227

第13章　マクロ環境会計の展開

 1 マクロ会計の枠組み ……………………………………………………234
   ―国民所得勘定および国民貸借対照表を中心として―
  1.1 国民所得勘定の構造 …………………………………………………235

	1.2 日本の国民所得勘定 …………………………………… 236
	1.3 日本の国民貸借対照表 ………………………………… 240
2	サテライト勘定としての環境勘定 …………………………… 242
	2.1 サテライト勘定の意義 …………………………………… 242
	2.2 サテライト勘定としての環境勘定の諸類型 …………… 243
3	環境・経済統合会計 ……………………………………………… 244
	3.1 環境・経済統合会計の様々なバージョン ……………… 244
	3.2 日本の環境・経済統合勘定 ……………………………… 252
4	ハイブリッド勘定 ………………………………………………… 256

参考文献・参照URL一覧 (263)

索　　引 (275)

COLUMN 目次

1. 公害問題の被害の大きさと対策費用 …………………………………………… 22
2. リコーグループの環境経営（松尾敏行）………………………………………… 42
3. 東芝グループの環境会計（藤枝一也）…………………………………………… 65
4. 環境財務会計と環境報告書環境会計の相互補完（松尾敏行）………………… 87
   ―環境債務の開示例―
5. 環境税と排出量取引のポリシーミックス ……………………………………… 109
   ―イギリスの事例―
6. 日本における環境会計情報システムの取り組み ……………………………… 131
7. マテリアルフローコスト会計（MFCA）の国際標準化 ……………………… 151
8. 政府によるエコタウン事業と北九州エコタウン ……………………………… 173
9. 仮 想 水 ……………………………………………………………………………… 191
10. J-VER制度における森林吸収クレジットの設定 …………………………… 207
11. 新エネルギー等 …………………………………………………………………… 230
12. 持続可能利益計算書 ……………………………………………………………… 260

第1章

生態会計のフレームワーク

1 生態会計なる語の由来

　生態会計という語を最初に使用したのは恩師　黒澤清である。昭和40年代すなわち1960年代後半から1970年代前半にかけて，周知のように日本では公害問題が最大の関心事であった。黒澤はこの問題に逸早く取り組み，論文「生態会計学の構想」（黒澤［1972］pp. 6-10）を発表している。この論文は，企業会計分野における環境問題を費用便益分析の手法を用いて研究することを提案したパーカー（Parker, J. F.）の論文「会計学と生態学；一つの展望」（Parker［1971］pp. 41-46）を題材にして書かれたもので，つぎの一文で始まる（黒澤［1972］p. 6）。

　「生態会計学（Ecological Accounting）と呼ばれる独自の学問の存在を主張しようというわけではない。企業会計または社会会計の領域において，企業環境としての生態的影響に関する会計情報を取り扱うサブ・システムを設けなければならない必要が生じてきたことを認め，これに関する研究を，仮に生態会計学と名付けることにしたのである。会計学者が，会計学的見地から公害問題を取り扱う場合，それを生態会計学の範囲に含めることができるであろう。」

　さらに，上記のサブ・システムに関連してつぎのように述べている（黒澤［1972］p. 10）。

　「企業は，社会システムのサブ・システムとして，人間社会の生産力の経済単位を代表し，これまで社会システムの進歩の要因となってきた。現代社

会において，外的環境に働きかけることによって，資本と生活資源とをつくり出し，人間社会にサービスする機能は，企業によって代表されるが，外的環境に働きかけることによって，これを大きく変化させ，人間社会に逆作用を及ぼしつつあることを，気づかなかったのである。それはなぜであろうか。社会システムのなかにおける企業の機能についての誤解が主たる原因ではなかろうか。社会システムの進歩は，内部環境の形成とその開発に負うている。内部の環境とは，知識，技術および情報システムである。企業による環境の破壊を，情報システムを通じて，体系的に知覚しなかったところに公害を放置し，深刻化させた原因がひそんでいる。」

かくして環境破壊に関する情報を体系的に把握する情報システムとして生態会計が構想された。構想のためか，その具体的内容は明らかにされていない。生態会計学が社会のサブ・システムの1つとしての情報システムとして構想されていることから，財務会計を念頭において，企業内部での環境関連情報の把握のみならず，企業外部へのこれらの情報の公表を含む情報システムが構想されていたと推測される。

黒澤論文発表の2年後に，黒澤が久しく教鞭をとっていた横浜国立大学に生態会計講座が設置された[1]。

もう1人，生態会計という語を使用した研究者がいる。シャルテッガー(Schaltteger, S)である。彼はその著書『企業環境会計』で，環境会計を環境管理の1手法と位置づけ，企業活動による財務的側面および物量的側面の影響をそれぞれ把握する**環境識別会計**（environmentally defferentiated accounting）および**生態会計**（ecological accounting）に区分する。この区分は，環境会計の分野では，企業活動によって誘発された財務的影響ばかりではなく，物量的影響に関わる情報が不可欠との認識による。環境識別会計は，従来の管理会計，財務会計，および税務会計や規制的銀行会計等からなるその他の会計の3分野からなる。生態会計も，環境識別会計と同様に3分野に分けられる。すなわち内部生

（1） 黒澤の定年退職後に創設された経営学部の新講座。

態会計，外部生態会計およびその他の生態会計の3分野である（Schaltegger [1996] pp. 12-15)。これらの内容について，シャルテッガーは前掲書の第2章「環境会計のフレームワーク」の中でつぎのように説明している。

　内部生態会計は従来の管理会計に相当する分野で，経営目的のための生態的情報を物量単位で測定，収集することを目的とする。製品や製造工程が自然環境に及ぼす影響を測定する諸手法は適切な経営判断をするために欠かせない。このため，相応に洗練された内部生態会計は環境管理システム運営の前提条件とされる。外部生態会計は従来の財務会計に相当する分野である。この分野では，環境に高い関心を持つ外部のステークホルダー，たとえば一般公衆，メディア，株主，エコファンドおよび圧力団体などのためのデータが収集，公表される。その他の生態会計は，規制当局の規制のための手段で，物量単位のデータを提供する。この種のデータは炭素税およびVOC[2]税の類の環境税の適切な評価に欠かせない。税務当局あるいは環境保全に関する規制機関以外でも特定の負荷物質排出量に関する情報に高い関心がある。たとえば，銀行および保険会社等は企業の環境影響に関わる信頼できる情報を必要としている（Schaltegger [1996] pp. 15-16)。

　シャルテッガーは，その著書の後半で生態会計に関するこれらの3分野について100頁超の紙幅を割いて詳述している。

　以上，生態会計なる語の由来について簡単に触れた。黒澤論文が費用便益分析を念頭においた，おそらく財務情報を中心とする生態会計学の構想を提示したのに対して，シャルテッガーは，環境管理の1手法と環境会計を位置づけ，その生態的影響を物量単位で把握する分野を生態会計とし，その具体的内容について詳述している。彼の著書は黒澤論文から25年後に刊行された。この間の環境会計の発展が，黒澤論文とシャルテッガーの著書の違いをもたらしたといえる。

（2）　Volatile Organic Compounds（揮発性有機化合物）の略称。

2　生態会計のフレームワーク

　先述したように横浜国立大学経営学部に生態会計論の講座が創設されたのは1974年のことである。背景に昭和40年代における公害問題の激化があり，その創設は国レベルの対応策の一環とみることができる。講座の初代担当者は合崎堅二であり，筆者が1986年に引き継いだ。当時，会計研究者や公認会計士等の会計専門家に生態会計の授業を担当しているというと，どのような内容のものかを問われることが多かった。先任の合崎と，機会あるごとに，その構築に向けて話し合った。そして，ようやく1998年末，拙著『生態会計論』を刊行した。幸運にも翌年，日本会計研究学会賞（太田・黒澤賞）を受賞した。しかしながら，その序に記したように，拙著は，生態会計の枠組みを示すに止まり，その詳細は今後の研究を待たなければならないという認識の下で書かれており，その意味で，生態会計研究の中間報告の書である（河野［1998］p.1）。

　そこで，本節では，まず『生態会計論』で示された枠組み，すなわちフレームワークを紹介し，つぎに，その後10年の間に，この分野での発展を考慮したフレームワークを示すことにしたい。

2.1　『生態会計論』におけるフレームワーク

　環境省から公表されている環境会計ガイドライン型のような，主として企業を対象とする環境会計あるいはシャルテッガーの環境会計とは異なる，もっと広範囲の社会・経済・環境問題に取り組める会計として生態会計を構築したいと考えていたが，その契機は水利科学研究所が手掛けた「利水合理化調査」（旧国土庁の委託事業）への参画であった。調査は1982年から6年間にわたった。調査の主目的は利根川・荒川水系の水供給システムに関わる，主として水道事業体間での費用負担の衡平化問題，およびダムや水路などの施設の維持問題いわゆる資本維持問題の検討にあった。この調査によって，企業，政府あるいは非営利団体，さらには国民経済等の制度単位以外にも，自由に会計単位を設定

して，当面する問題に会計的アプローチを適用できる可能性に気づいた。具体的にいうと，水の供給という特定のサービスの提供に関わるシステムに着目し，このシステム全体を会計単位とし，当該システムの維持のための費用負担や資本維持等の問題を研究対象とすることが可能という認識である。かくして，水供給ばかりでなく，教育や医療等，市場を経由しないで提供されるサービスに関わるシステムを特定し，それらのシステムの維持を長期的に維持する視点から会計的アプローチが可能との結論に達し，これを生態会計と呼ぶことにした。そして，生態会計を「差し当たり，財貨・サービスの提供に関わるミクロ・レベルおよびマクロ・レベルのシステムを社会的生態的観点から維持し，発展させるために役立つ会計データの測定・伝達のシステム」と定義した（河野［1998］p. 2）。この定義の中のシステムには，企業，政府，非営利団体あるいは国民経済等の制度単位も含まれる。

ところで，生態会計では，考察の対象とされるシステムのサブ・システムである会計システムの洗練度の違いにより，検討課題が異なることを指摘しておきたい。たとえば，企業や国民経済[3]のようにその会計システムが確立している場合は，社会問題や環境問題等の取り組みが課題とされる。他方，特定の河川流域にかかわる水供給システムのように任意に設定した会計単位については，そのシステム維持のための費用負担や資本維持等の経済問題が当面の課題とされ，社会問題や環境問題等は付加的課題とされる（河野［1998］p. 2）。

以上が『生態会計論』における生態会計のフレームワークである。大枠のみを提示した。

2.2 生態会計のフレームワーク

『生態会計論』刊行から10年が経過した。この間における大きな動向は，サステナビリティ（持続可能性）概念が環境面のみならず，経済面および社会面を含めて解釈されるようになったことである。『生態会計論』の定義では，生

---

(3) 国民経済についてはマクロ会計あるいは国民経済計算制度が確立している。

態会計を会計一族と考え，経済面への考慮は当然のこととし，経済面への言及はしなかった。拡張されたサステナビリティ概念を考慮に入れ，経済面に関わる語を入れ，つぎのように再定義する。

生態会計は，財貨・サービスの提供に関わるミクロ・レベルおよびマクロ・レベルのシステムを環境的・経済的・社会的観点から維持し，発展させるために役立つ会計データの測定・伝達のシステムである。

この定義と1.1での生態会計の大枠の説明にもとづき，シャルテッガーの環境会計のフレームワーク[4]に倣って，生態会計のフレームワークを描くと，表1-1のようになる。

表1-1の側面の項目は，会計単位として企業や政府等の制度単位と水供給システムや教育システムなどの任意に設定された会計単位からなる。国民経済全体も制度単位と考える。しかしながら，東北，関東，中部等の地域経済は現

表1-1　生態会計のフレームワーク

会計単位		貨幣情報	物量情報			定性情報		
			環境面	経済面	社会面	環境面	経済面	社会面
制度単位	企　業	◎	◎	○	○	△	△	△
	政　府	◎	◎	○		△	△	△
	非営利団体	◎	◎	○	○	△	△	△
	家　計	◎	◎	○		△	△	
	国民経済	◎	◎	○	○	△	△	△
任意の会計単位	水供給システム	◎	△	◎		△	△	
	森林保全システム	◎	◎	◎		△	△	
	エネルギー供給システム	◎	◎	◎		△	△	
	教育システム	◎		○			△	
	医療システム	◎						
	‥‥‥	◎						

---

(4) Scaltegger [1996], Figure2.1 (p.13)

段階では道州制が実施されていないので任意の会計単位とされる。任意に設定された会計単位の貨幣情報等の会計情報を記した勘定表は，マクロ会計のサテライト勘定（第13章参照）に相当するものとみることができる。

　表頭の項目は大項目として貨幣情報，物量情報および定性情報に区分される。つぎにこの大項目の内訳項目として環境面，経済面および社会面の区分が設けられる。先述したように生態会計は会計一族との認識から，貨幣情報は必須項目とされるので，貨幣情報欄は小区分がない。

　表1-1のマトリックスの側面の項目および表頭の項目の交点の升目には，必須情報の場合には◎，必須情報の補完として物量情報や定性情報がしばしば用いられる場合は〇，余り用いられることがない場合は△，そして概して補完情報が必要とされない場合は空欄としている。

　たとえば，会計システムが確立している制度単位の企業の場合，物量情報については，環境面では不可欠であるので◎であるが，経済面や社会面については必ずしも必要としない。しかしながら，研究開発における特許件数や雇用分野における女性の採用数および昇進数などが必要とされる場合もあるので〇とした。定性情報は環境面，経済面および社会面のいずれについてもそれほど必要性が高くないと考え△とした。

　国民経済を含めて，企業以外の制度単位については，ほぼ企業と同様に考えて記号を入れた。家計の社会面についての情報要求は他の制度単位ほどでないと考え，1ランク落とし空欄とした。

　会計システムの確立が未だ不十分な会計単位については，先述したようにまずは経済問題への対応の視点から，システムが認識される。第10章で取り上げられる水供給システムの場合，物量情報については，降水量，ダムの貯水量等の物量データの必要性は高いと考え◎を付した。定性情報については，気候状況や特定河川流域の特徴の記述が有用な情報になる場合もあることを考え△を付した。物量情報および定性情報における社会面については空欄としたが，将来，環境面の考慮は可能と考えいずれも△とした。

　第11章で取り上げられる地域の森林保全システムでは，経済面および環境面

の双方の視点からの森林保全の課題への取り組みがされていることから，経済面および環境面の物量情報は◎，定性情報については物量情報ほど重要性は高くないと判断し△とした。社会面は目下のところ，物量情報および定性情報とも空欄である。エネルギー供給システムについても，第12章の内容から推して，森林保全システムと同様の記号を入れた。

教育システムおよび医療システムであるが，日本では，これらのシステムについて経済面からの組織的取り組みはない。しかし，フランスでは，国民経済レベルでの教育関連の貨幣情報を把握している。教育に関するサテライト勘定である（山下［1990］pp. 8-11）。この場合，目下のところ貨幣情報のみであるが，この情報のよりよい理解のためには物量情報の必要性は高いと考えられることから，経済面に○を，そして定性情報はより必要性が低いと考え△を入れた。環境面および社会面は今後の課題と考え空欄とした。

医療システムにかかわる経済面の情報の組織的把握は今後のことであれば，環境面および社会面はさらに先のことといえるので，いずれも空欄としたが，貨幣情報が組織的に把握されるようになれば，教育システムと同様に，その情報のより適切な理解のために経済面の物量情報の必要性が高いと考えられ，該当欄に○が，ついで，貨幣情報および物量情報の補完情報としてある種の定性情報が求められるかもしれないと考え，該当欄に△が入れられることになろう。

医療システムのつぎの欄の貨幣情報欄に◎が付されている。このことは，特定の課題について任意の会計単位を設定し調査研究をする場合，貨幣情報が必須項目であることを示している。

以上，制度単位と任意の会計単位の代表として企業と水供給システムについて考察したことを基礎として他の会計単位について斟酌し◎，○，△などの記号を付した。ただし，生態会計の今後の展開により，表１-１のフレームワークの記号は変更される可能性がある。

（河野　正男）

第2章

企業社会会計の登場

　21世紀に入ると，サステナビリティをキーワードとして，社会や企業に，経済面，環境面，社会面のベストバランスが求められるようになった。また，企業規模の拡大や企業活動・サプライチェーンのグローバル化は，企業活動がステークホルダーに及ぼす影響を広範囲で多様なものにしている。生態会計では，企業，自治体，地域などを対象として，企業活動とこれらが及ぼす影響をサステナビリティの観点から認識，測定，報告する。生態会計は，国を対象とする**マクロ生態会計**，地域を対象とする**メゾ生態会計**，企業や自治体を対象とする**ミクロ生態会計**に分けられるが，本章では，**ミクロ生態会計**の代表的なモデルとして最初に登場した**企業社会会計**（Corporate Social Accounting）を取り上げ，その基礎概念とアメリカ合衆国（以下アメリカ），ドイツ連邦共和国（以下ドイツ）における発展の経緯を明らかにする。

1　社会問題の発生と会計

1.1　社会的費用の考え方

　1950年代から70年代にかけて，先進諸国では，経済的発展が進むにしたがって，国民総生産などの経済指標が社会や国の福祉指標としての相対的地位を次第に低下させ始めていた。その原因は，経済的な豊かさに代わって「**生活の質**」を問う社会的価値観の変化であった。

　たとえば，日本では，高度成長によって，所得の上昇，就業機会の拡大，消費の高まりなどがもたらされた半面，人的被害や自然破壊を引き起こした公害

問題の発生，生活関連施設整備の立遅れ，インフレや地価高騰などの経済社会の歪みが発生した。そこでは，所得が一定の水準に達して，人々が欲求する生活レベルがより高くなりかつ多様化したのに伴い，社会的な歪みに対する問題意識が相対的に大きなものとなった。

このような状況の中で，企業活動に対するステークホルダーや社会の評価も，利益や成長といった経済的側面だけでなく，自然環境の保全，人権への配慮，労働環境の整備，消費者への対応，地域社会への貢献などの様々な側面に及ぶようになった。また，こうした問題に対して果たすべき企業の**社会的責任**（**CSR**；Corporate Social Responsibility）も，法律的な責任から倫理的責任や自らの判断で積極的に問題解決や貢献活動を行う裁量的責任へと広がりをみせるようになった。

CSRの内容や範囲は時代や地域によって異なるが，これらを判断するキーワードとして経済学の領域で登場してきたのが社会的費用である。**社会的費用**の概念は様々に定義され，いつ頃から使われたのかは定かでないが，環境問題に代表されるさまざまな社会問題に関する研究の出発点となった定義は，カップ（Kapp, K. W.）が提示した「生産過程の結果，第三者または社会が受け，それに対して私的企業家に負わせるのが困難な，あらゆる有害な結果や損失」（Kapp（1950）pp. 13-14, 訳書 pp. 15-16)[1]である。定義からわかるように，社会的費用は会計学でいうところの費用とは異なる概念であり，実際に損失や被害が発生している物理的な状態を意味することから，**社会的損失**と言い換えることができる。

具体的な**社会的費用**としては，公害問題だけでなく多様な社会問題があげられる。すなわち，①労働災害や職業病などによる人的損傷，②大気汚染，③水質汚濁，④野生動物の減少と絶滅，⑤エネルギー資源の早期枯渇，⑥土壌浸食，地力消耗，森林破壊，⑦技術変革に伴う非効率，⑧失業と資源の遊休によ

---

(1) その後，社会的費用を生み出す組織体は私的企業家だけでなく公的部門も含む概念へ拡大された。

る非効率,⑨独占による非効率,⑩配給や輸送の非効率などである。

また,こうした社会的費用を発生させた企業や組織が,原因物質の削減,損失の防止などの事前対策をとったり,被害補償や損失の修復などの事後対策をとったりすることによって損失削減の費用を負担することを**社会的費用の内部化**という。ただし,発生した社会的費用には,内部化によって再生可能なものと人間の健康,希少生物,文化財などのように再生不可能なものすなわち**絶対的損失**が存在する。

1.2　社会的費用の把握

企業活動が社会的費用を引き起こす際には,いくつかのプロセスを経ることになる。まず,企業活動が人間の生活に影響を及ぼすまでのプロセスを図2−1で示す。

ここで,企業活動は人間の生活の質に影響を及ぼすような活動を意味するが,その影響が及ぶプロセスについて環境問題を例にあげて説明する。インパクトは,企業活動から生み出された環境負荷（環境に悪影響を及ぼす恐れがあるもの）である。具体的には,排出された有害物質や自然から採集された資源などである。自然・社会環境は,環境負荷もしくは環境負荷物質によって影響を受ける生態系,大気,水質,土壌などの自然環境のことである。そして,自然・社会環境の変化は,最終的には,精神的・肉体的損失,アメニティの侵害などの形で人間の生活の質に影響を及ぼすことになる。

ただし,企業活動の影響をうけた生活の質がすべて社会的費用として認識されるわけではない。社会的費用かどうかの判断は,企業が置かれている地域,国などで形成されている社会的合意にもとづいて行われる。**社会的合意**の例としては,法定環境基準,公害協定基準などがあげられる。もちろん,こうした基準は,時代,立地条件,国や地域などによって異なったものとなる。また,

図2-1　社会的影響の発生プロセス

企業活動 →発生→ インパクト →影響→ 自然・社会環境 →影響→ 生活の質

企業の環境保全活動が，社会的合意もしくはこれにかかわる基準などを超えたものである場合にもたらされる生活の質の向上は，**社会的便益**と呼ばれる。

2　企業社会会計の展開

2.1　発展の経緯

　日本と同じ時期に，アメリカでも多くの社会的費用をめぐる問題が発生していた。具体的には，環境問題，少数民族・女性・身障者などのマイノリティをめぐる問題，従業員の労働問題，製品の安全性，取引の公平性などである。1965年から1971年の間にこれらの問題がマスコミで取り上げられた割合は，図2-2で示される[2]。当時は，消費者問題，環境保全，取引の公平性，人権など

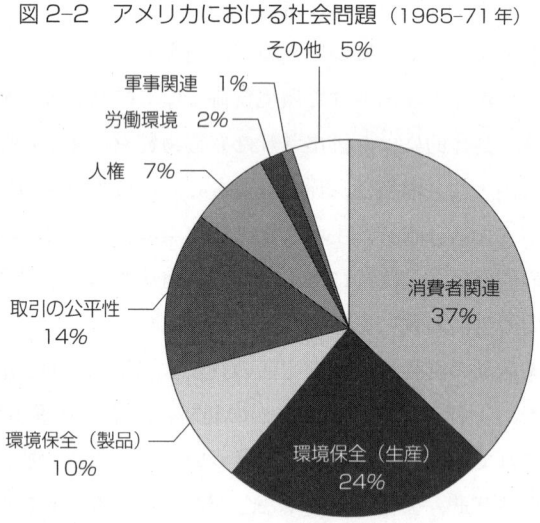

図2-2　アメリカにおける社会問題（1965-71年）

項目	割合
消費者関連	37%
環境保全（生産）	24%
環境保全（製品）	10%
取引の公平性	14%
人権	7%
労働環境	2%
軍事関連	1%
その他	5%

（出所）Dierkes and Bauer. (eds.) [1973] p. 64にもとづき筆者作成。

（2）　調査対象は，1965年から1971年に発行されたNewsweek, Time, Business Weekからランダムに選ばれている。

が大きな問題となっていたことがわかる。

　こうした問題に対しては，政府などによって直接的な対策が取られた。たとえば，環境問題では，1970年代に国家環境政策法，大気汚染防止法・水質浄化法・資源保全回復法・有害物質規制法などが制定され，環境保護庁が設立された。また，1980年には，土壌汚染対策のための包括的環境対策保証責任法（通称スーパーファンド法）が制定された。

　一方，企業に対しても，問題の解決を図るために，CSRが問われるようになった。企業は自らに求められているCSRの範囲と内容を的確に把握して実行し，その結果を自社の社会問題にかかわる利害関係者に情報開示する必要性が出てきた。そこで，アメリカでは，企業が社会に及ぼす社会的影響，経済的影響を認識，測定，報告することを目的として，企業社会会計，社会責任会計，社会報告，社会監査などの会計モデルが登場してきた。本章では，これらを総称して企業社会会計と呼ぶ。

　企業社会会計の先駆的なモデルは，1950～60年代にボウエン（Bowen, H. R.），ゴイダー（Goyder, G.）などによって提唱されているが，今日の環境会計の原型ともいえる企業社会会計が登場し，実践されたのは1970年代以降である。企業社会会計では，図2-1に示されている一連のプロセスが測定の対象になる。ただし，これらのプロセスをすべて貨幣単位で測定することは難しい。また，人間の生活の質への影響は，物量単位による測定も容易ではない。したがって，そこではさまざまな測定が試みられた。

　ディレイ（Dilley, S. C.）らによれば，数量化のタイプによって，当時の企業社会会計はインヴェントリー（Inventory），コスト・アウトレイ（Cost or Outlay），プログラム・マネジメント（Program・Management），ベネフィット・コスト（Benefit-Cost）の4つのアプローチに分類される。

2.2　企業社会会計の類型
(1)　インヴェントリー・アプローチ
　インヴェントリー・アプローチでは当該企業のCSR活動を記述的に表示す

る。1970年代中ごろに行われたアメリカ企業を対象とした調査では，8割以上の企業が年次報告書において何らかのCSRに関する情報を開示しているが，そのほとんどがCSR活動の内容を文章で記述するこのアプローチである。ちなみに，環境保全に関しては約5割の企業が情報を開示している。表2-1はIBMの年次報告書における開示例である。

(2) コスト・アウトレイアプローチ

コスト・アウトレイアプローチでは，CSR活動を関連する費用額または支出額と物量によって表示する。実際に適用した企業は必ずしも多くないが，アメリカ中西部ガス電気公社の社会責任報告書，チェイス・マンハッタン（Chase Manhattan）の年次報告書，東部ガス電気公社の社会報告書などで採用されている。たとえば，アメリカ中西部ガス電気公社の社会責任報告書では，企業および供給地域の概要，大気汚染・温水公害に関する情報，職場の安全，少数民族および女性の雇用と昇進に関する物理的情報に加えて，CSR活動の費用額によって統合的な情報提供を試みている。具体的には，環境保全設備費用，慈善活動のための寄付金，従業員のための教育費およびレクレーション費用などである。

(3) プログラム・マネジメントアプローチ

プログラム・マネジメントアプローチは，CSR実施プログラムの目標達成度を表示する。ピッツバーグ大学・社会監査研究グループ，バウアー（Bauer, R.A.）などによって開発され，バンクオブアメリカ，ミネアポリス第一ナショ

表2-1　インヴェントリー・アプローチの事例：IBMの年次報告書

> 社会的責任―IBMが継続的に支援していること
> 　IBMは，営利企業はそれが活動する社会に対して責任があるという信念に基づいて活動してきた。そこで，当社は，絶えず教育，病院，若者集団およびコミュニティ中の諸集団に対しての貢献者となっている。最近，黒人，インディアン，メキシコ系アメリカ人，プエリトリコ人のような少数民族グループに対する援助を強化した。……1971年におけるアメリカ国内での少数民族グループの雇用者数は12,000名であり，そのうち黒人は9,000名であった。過去5年間に，黒人その他の少数民族グループの管理職は4倍以上に増加し，総数で600名以上に達した。同期間中に，女性の管理職者数は3倍の450名以上となり，かつ，女性の専門職数は2倍の4,000名以上となった。

(出所) IBM [1971] p. 18より抜粋して筆者作成。日本語訳は河野 [1998] p. 201による。

表2-2 プログラム・マネジメントアプローチの事例

【環境問題への対応】	74年度実績	74年度目標	指標	75年度目標
1. オフィスの紙のリサイクル率（％）	18	増加	増加率	18.5
2. エネルギー消費（電気・kw/時）	13,095,560	15%	0.91	13,095,560
3. 基金への寄付（ドル）	5,000	6,037	0.83	5,000

（出所）Estes [1976] p.40を参考にして筆者作成。

ナル銀行などの年次報告書で実践されている。たとえば，後者では，住宅問題，従業員の教育・安全・所得・雇用機会・健康，環境問題，地域社会，消費者など10個の項目について，設定目標，実績，目標達成度，次年度の目標を公表している。表2-2では，紙のリサイクル率，エネルギー消費などの環境保全活動について，これらの項目に該当するデータが示されている。ここでは，図2-1で示されている企業活動とインパクトが主に目標の対象となる。

同アプローチの導入企業例は少なかったが，そのフレームワークは，1990年以降の環境会計などにさまざまな形で導入されている。

(4) ベネフィット・コストアプローチ

ベネフィット・コストアプローチでは，CSR活動のために投入されたコストとその効果を貨幣単位で測定する。同アプローチは，リノウズ（Linowes, D.F.），エスティス（Estes, R. W.），アプト（Abt, C.）などによってモデルが提案されたが，当時の実践例はアプト社（Abt Associates, Inc.）のみである。ここでは，効果は図2-1のプロセスで示されている生活の質への影響を測定対象とすることになる。ただし，生活の質の測定は容易でないことから，自然・社会環境の変化，企業活動のインパクト，企業活動へのインプットなどから間接的に測定もしくは推計するモデルも提案されている。こうしたアプローチは，現在でも手法の開発が進められているが，インパクトから生活の質の変化までを測定する**LCA**（Life Cycle Assessment）の発展によって，導入する日本企業が多くなっている（第4章参照）。

表2-3はリノウズが提唱するモデルである。ここでは，企業活動もしくはインパクトが，その原因となる一定のレベルを超えた場合に社会的費用が発生

表2-3　ベネフィット・コストアプローチの事例

社会的費用	社会的便益
〔改善措置を怠ったために節約された費用〕	〔改善措置にかかった費用〕
Ⅰ　従業員	Ⅰ　従業員
Ⅱ　環境	Ⅱ　環境
Ⅲ　製品	Ⅲ　製品
残高：社会的純便益	残高：社会的純損失

（出所）Linowes [1973] p. 39 にもとづき筆者作成。

し，これを下回った場合に社会的便益が発生する。**社会的費用**は，その発生を防ぐために必要な費用額の内，実際に投入されなかった費用の金額によって測定される。たとえば，汚染物質の排出量が環境基準をクリアできなかった場合に，クリアするためにさらに必要とされた費用額もしくは節約された費用額が社会的費用の測定値となる。**社会的便益**の場合は，環境基準を超えた部分に投入された費用が測定値となる。さらに，企業活動全体で発生した社会的費用額が社会的便益額を下回る場合には社会的費用側に残高として社会的純便益が，上回る場合には社会的便益側に残高として社会的純損失が発生する。

このモデルから本来の目的である生活の質の変化もしくは社会的費用・便益を推定することは難しいが，CSR活動のための費用額が環境基準などによって評価され，CSR活動全体を貨幣額によって包括的に表示できることから，今日の環境会計モデルなどにも大きな影響を与えている。

3　社会貸借対照表の展開

3.1　発展の経緯

アメリカで開発と実践が進められた企業社会会計は，他の国々にも影響を及ぼした。こうした影響を受けながら発展を遂げたケースとして，独自の企業社会会計モデルである**社会貸借対照表**（Sozialbilanz）を開発したドイツの事例があげられる。

ドイツでは，他の工業先進国と同様に，1960年代以降，公害問題が大きな社会問題となり，環境政策の基本原則である「未然予防の原則」「汚染者負担の原則」「協力原則」をはじめとした法整備が進められ，社会的関心も緑の党の躍進に象徴されるように次第に高まっていった。また，ドイツのCSRの特徴の1つとしてあげられる従業員の経営参加システムは，1976年制定の共同決定法によって法制度が整えられている。

 このような背景の中で，CSR活動に関する情報開示ツールとして，1972年にシュティーク（Steag）から最初の社会貸借対照表が公表された。その後，社会貸借対照表は多くのドイツ企業によって実践されたが，これらの普及にもっとも大きな影響を及ぼしたのは，1975年にドイツ化学工業協会経営経済委員会が公表した「社会のなかの企業」と1977年に「社会貸借対照表－実践」研究グループが行った提言「今日の社会貸借対照表」である。

 特に，後者は社会貸借対照表に積極的に取り組んでいる企業7社から構成される研究グループが，社会貸借対照表の標準化を目指して作成したガイドラインであり，当時のドイツ企業に大きな影響を与えた。ここでは，CSRに関する目標体系とそのために必要な活動と費用およびこれらによってもたらされた効果が，企業全体および関連するステークホルダーごとに，可能な限り数量的な形で表示され，これらの情報が定期的に検証可能な形で開示されることが提案されている。

 社会貸借対照表は3つの報告書によって構成される。すなわち，CSR活動を記述的に表示する**社会報告書**，企業が生み出して配分した付加価値を表示する**創造価値計算書**，CSR活動のための費用を表示する**社会計算書**である。当時のドイツを代表する企業30社を対象とした調査によれば，すべての企業が3つのうちのいずれかの報告書を公表しており，すべての報告書を報告している企業が7社，いずれか2つの報告書を公表している企業が17社あった。また，そこで開示されている内容ごとの分量（ページ数）は図2-3に示すとおりであるが，従業員に関するものが圧倒的に多く，他の領域はほぼ同じ割合になっている。

 「社会のなかの企業」「今日の社会貸借対照表」やその後の展開に大きな影響

図2-3 社会貸借対照表の記載内容（ページ数）

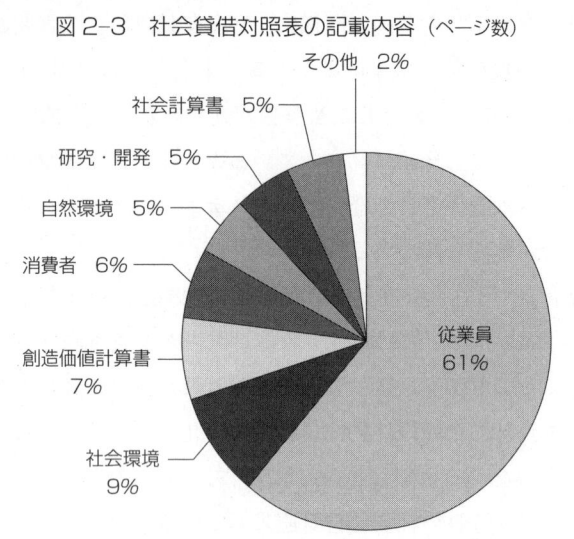

- その他 2%
- 社会計算書 5%
- 研究・開発 5%
- 自然環境 5%
- 消費者 6%
- 創造価値計算書 7%
- 社会環境 9%
- 従業員 61%

（出所）Dierkes und Hoff [1981] S. 24にもとづき筆者作成。

を与えた社会貸借対照表モデルとしては，CSRに関する目標システムと実行のためのマネジメントシステムを構築し，その費用，効果を可能な限り数量的に認識・測定・公表する**目標関連報告書**があげられる。

また，環境保全のための費用や投資などのコストについては，社会貸借対照表の中で取り扱われる一方で，1970年代に，連邦統計局の製造業を対象とした環境保全投資調査，ドイツ化学工業協会による会員企業を対象とした環境保全投資・環境保全費用の調査などが始められ，ドイツ技術者協会から，環境保全コスト把握のためのガイドラインが公表されたことで，ドイツ企業の間には，その認識・測定のための会計システムが普及していった。

3.2 社会貸借対照表モデルの概要

(1) 社会報告書

社会報告書は統計的データを織り交ぜた記述的表示であり，企業の社会的活動の目標，措置，給付および活動による表示可能な効果を報告する。したがって，社会貸借対照表の情報を体系的に示す役割を果たす。既述のドイツ企業を

対象とした調査では，すべての企業が同報告書を公表している。「今日の社会貸借対照表」では，具体的内容として，社員構成，所得，人件費，財産形成，労働時間，事故・災害に関する統計数値を必須項目，養老手当，企業内提案制度，職業訓練などを適時導入すべき項目としてあげている。

(2) 創造価値計算書

創造価値は一定期間に企業によって生成された付加価値である。これは，国民経済に対する企業の経済的貢献である。生成された創造価値とその使途は，以下の計算式で求められる。ここで，総給付には売上高，製品・半製品の増減額，前給付には，原材料費，補助材料費，棚卸資産を除く流動資産の価値の減少額，減価償却などが含まれる。また，生成された創造価値は，ステークホルダーに配分される。たとえば，従業員には賃金・給与，公共機関には租税，債権者には利息，株主・出資者には配当，企業には内部留保などが配分される。

これらは，制度会計で用いられているデータであることから，創造価値計算は制度会計と国民経済計算を結びつけるものとして位置づけられ，国民経済やステークホルダーに対する企業の経済的貢献を表すことになる。

　　（生成計算）創造価値＝総給付－前給付
　　（使途計算）創造価値＝従業員への配分＋公共機関への配分＋債権者への配分
　　　　　　　　　　　　　＋株主・出資者への配分＋企業への配分

(3) 社 会 計 算 書

社会計算書は，報告期間におけるCSR活動に関わるすべての費用，収益の表示である。表2-4はドイツ・シェル（Deutsche Shell）の社会計算書である。図2-3と同様に，従業員に対するCSR活動についやされた費用について多くの項目が設定されている。たとえば，Ⅰの2～5はいわゆる福利厚生に該当するが，これらについては，さらに24の詳細項目が設定されている。また，環境保全については，Ⅲの3で経常費用が示されているが，同社では，補足情報として，1977度以降の廃棄物，大気汚染，水質汚濁，騒音のための経常費用額と投資額を年度ごとに公表している。

表 2-4　ドイツ・シェルの社会計算書

(単位千ドイツマルク)

費用項目	1989年	1988年
Ⅰ．企業と従業員		
1．賃金・給料	276,606	289,019
2．従業員への直接給付	40,044	41,469
3．退職した従業員への直接給付	99,180	93,865
4．従業員への間接給付	85,987	94,666
5．従業員全体への給付	16,455	17,103
（重複分）	−11,771	−11,902
合　計	506,501	524,220
Ⅱ．企業と資本提供者		
1．配当金	—	340,000
2．利子費用	22,747	16,192
合　計	22,747	356,192
Ⅲ．企業と社会		
1．企業と国家	32,761	295,390
2．企業と公衆	3,059	2,699
3．企業と自然環境	144,239	136,251
（重複分）	−60,684	−63,193
合　計	119,375	371,147
Ⅳ．企業と実態維持	309,845	249,244

（出所）Deutsche Shell Aktiengesellschaft [1989] S. 34-35にもとづき筆者作成。

（4）目標関連報告書

目標関連報告書はディアケス（Dierkes, M.）によって提唱された。そこでは，1970年代のCSR活動の多くが，現状の法律や規制を遵守するいわゆるコンプライアンスに重点を置いていたのに対して，将来の規制強化や企業に求められるCSR水準の変化を念頭に置いて，コンプライアンスを超えた自主的なCSR目標の設定が想定されている。したがって，そのためには，企業活動が及ぼす社会的影響の範囲，ステークホルダー，因果関係，影響度などを把握し，これらにもとづいて実施されるCSR活動，費用，業績，評価などを明らかにする必要がある（Dierkes[1974]）。表 2-5 は環境保全に関するこうした要素を示したモデル例である。

表 2-5 目標関連報告書例

要素	インプット（計画と遂行）			アウトプット（業績）		
	記述	測定方法	追加情報	記述	測定方法	追加情報
大気汚染 水質汚濁 廃棄物 騒音	政策と目標 研究開発（汚染物質と廃棄物など） 汚染物質処理装置 リサイクル装置 コントロール装置	記述，物量 記述，物量 金額 機能，金額 機能，金額 機能，金額 総投資比率	コスト比率	排出大気汚染物質 水質汚濁 使用水道料 廃棄物 リサイクル品 騒音レベル 訴訟・苦情	重量，原単位 重量，原単位 料金 重量，金額 重量，金額 デシベル 件数，金額	基準との比較

（出所）Dierkes und Preston [1977] p. 15にもとづき筆者作成。

目標関連報告書はドイツ・シェル，ベルテルスマン（Beltelsmann）などで実践されている。たとえば，1974年から90年代まで同報告書を公表してきたドイツ・シェルでは，①適正な営利性，②市場動向に合致した製品の提供，③従業員への配慮，④公共の福祉の考慮という4つの目標とこれにもとづく21の個別目標について，当該年度の達成状況と次年度の計画を報告書の中で開示している。

「今日の社会貸借対照表」がガイドラインの機能を念頭においていたのと同様に，目標関連報告書においても実践性が重視されており，企業活動の社会的影響を貨幣単位もしくは評価単位などの共通単位によって評価するベネフィット・コストアプローチは重視されていない。

4 企業社会会計から環境会計へ

アメリカでは，1980年代に入ると，企業がCSRをある程度果たしたこともあり，企業社会会計モデルに関する議論は下火となり，企業にとって実践性の高い**インヴェントリー・アプローチ**による開示が定着していった。ただし，公害問題に対しては，既述のスーパーファンド法に代表されるように，各種の法規制が強化され，企業の環境リスクが大きくなっていったことから，**プログラ**

ム・マネジメントアプローチの考え方をベースに，環境リスクの発見，環境マネジメントの実施，その業績のチェックを行う**環境監査**が実践されるようになった。その後，環境監査は，1990年代のISO環境規格の制定へとつながっていく。

また，**ベネフィット・コストアプローチ**のエッセンスは，1992年からアメリカ環境保護庁がスタートさせた**環境管理会計**プロジェクトへ引き継がれ，そこでは，環境マネジメントツールとして機能するために，さまざまな領域を対象とした環境保全コストの把握や社会的費用の測定が試みられる（第7章参照）。

一方，70年代にドイツで開発された社会貸借対照表は，CSR領域で先進的なドイツ企業の間で80年代まで公表されていたが，80年代後半から環境問題が大きな社会問題となり，企業戦略の重要な領域になるにしたがって，多くの企業では社会貸借対照表から**環境報告書**へ開示方法がシフトしていった。

環境問題への対応では，情報開示だけでなく，アメリカと同様に，環境管理会計が必要とされるようになり，90年代に入ると，既述の連邦統計局による調査やドイツ技術者協会の環境保全コスト把握のためのガイドラインが投資と経常費用からなるより詳細なものに改定されると同時に，社会貸借対照表のフレームワークは，環境省・環境庁が1996年に公表した「**環境原価計算ハンドブック**」や，2003年に公表した「**環境コストマネジメントガイドライン**」へとつながっていく。(Bundesumweltministerium/Umweltbundesamt ［1966］［2003］)

（八木　裕之）

COLUMN 1

公害問題の被害の大きさと対策費用

　公害問題によって引き起こされた社会的費用の大きさ，すなわち自然環境，社会環境，人々の生活の質が受けた被害の大きさの全体像を貨幣単位で把握することは容易でない（図2-1参照）。ただし，治療費用，修復費用，賠償費用などの大きさによって最低限の被害の大きさを示すことは可能である。日本の公害問題についてもこうした推計が行われている。ここでは，水俣病についての推計を紹介する。

周知のとおり，水俣病はチッソ水俣工場のアセトアルデヒド生産工程で生成されたメチル水銀化合物が工場に隣接する不知火海に排出され，人的被害をはじめとする日本でもっとも甚大な被害をもたらした公害問題の1つであり，2009年度に成立した水俣病被害者救済法に象徴されるように，現在でもその完全な解決には至っていない。

以下の計算は，1989年までに発生している賠償額や費用額を基準とし，支払済もしくは支払い予定の貨幣額にもとづいた被害額と対策費用の試算である（地球環境経済研究会［1991］）。②の補償額の負担者はチッソ，国，熊本県，①③④の負担者はチッソである。補償額は最低限の社会的費用の推定値であるが，この金額だけをみても，できるだけ早期に社会的費用を把握し，内部化することの重要性がわかる。

【被害額】
①健康被害額：単年度の平均補償額＋一括払補償額の30年間の元利均等償還額
　　76億7100万円（1989年度価格）／年
②湾内汚染被害額：単年度の平均的ヘドロ浚渫事業費
　　42億7100万円（1989年度価格）／年
③漁業被害：漁業補償額の30年間の元利均等償還額
　　6億8900万円（1989年度価格）／年
【対策費用】
④公害防止対策費用：単年度の平均公害防止投資額＋単年度の平均公害防止施設運転費用
　　1億2300万円（1989年度価格）／年

（八木　裕之）

演習問題

1　社会的費用とは何か答えなさい。
2　社会的費用の内部化とは何か答えなさい。
3　アメリカではどのようなタイプの企業社会会計が発達したか説明しなさい。
4　「今日の社会貸借対照表」で提示されている社会貸借対照表について説明しなさい。
5　CSRを把握するための会計についてあなたの考えを述べなさい。

第3章

環境経営の進展と会計

　環境問題が国際社会の動向を大きく左右する時代となってきた。サブプライム問題に端を発する昨今の世界的金融恐慌においても，環境関連ビジネスの拡大成長によって経済の再生と雇用の創出・吸収を狙いとする経済対策（いわゆるグリーン・ニューディール政策）が大きな注目を集めている。本章では，国際的な経済問題となった環境問題について企業経営の観点から総体的に捉え，**環境経営**（eco-management）の基本構造とそこでの**環境会計デザイン**（design for environmental accounting）について考察する。

1　環境問題への取り組み

1.1　環境問題の国際化

　環境問題は最近になって初めて生じた問題ではない。人間の生活そのものが，自然に働きかけ，資源を費消し，その恵みを技術と工夫とによって最大限に享受できるようにすることで成り立ってきたからである。それにもかかわらず，なぜ今になって環境問題が叫ばれるようになったのか。

　もっとも大きな理由の1つが，産業の規模と範囲の拡大，経済のグローバル化，人口の急激な増加，情報通信技術の高度化などによって，人間が認知する環境問題の，質も量も範囲も格段に広がったからである。そのため，現在進行しつつある環境問題は，地球が本来もっているはずの自然回復力や汚染浄化能力を超えてしまっているのではないかという懸念や，将来世代が現在世代と同じような自然の恵みを享受することを不可能にしてしまうのではないかという

不安，そして，少なくとも**生態系**（eco-system）が有する食物連鎖（food chain）やそれぞれの栄養段階における循環システムを破壊しているのではないかという危惧をもつようになったからである。実際，地球規模での**気候変動リスク**（climate change）が認識されるようになって以来，集中豪雨や河川の氾濫などによる都市機能のマヒの発生，干ばつや塩害の拡大による農産物価格の高騰や貧困・飢餓の深刻化，さらには偏在する希少資源や野生種のバイオ特許をめぐる国際紛争などに至るまで，経済・社会問題が**環境リスク**（environmental risk）や**環境破壊**に関連して世界的に発生することが分かってきた。

このような環境リスクや実際の環境破壊に対して，世界が1つになって取り組もうという姿勢を明確に打ち出したのが，1992年にブラジルのリオ・デ・ジャネイロで開催された**地球サミット**[1]である。ここで採択された**環境と開発に関するリオ宣言**と**アジェンダ21**が，地球環境問題に取り組む国際社会の方向性を示すものとなった。

1.2 環境問題へのアプローチ

世界的規模で認識された環境問題に対して，具体的にはどのようなアプローチが可能であろうか。これには，環境問題の原因となっている汚染物質や環境負荷そのものを対象としてその低減や排除を行う直接的アプローチと，環境問題の原因そのものを対象とするわけではないが，幅広い規模と範囲での環境配慮を促し，直接的アプローチを支援することに重点を置いた間接的アプローチが考えられる。

直接的アプローチの典型としては，環境リスクや環境破壊そのものに対する自然科学的・工学的アプローチがある。人間や社会が許容・受忍できる環境リスクの限界（閾値）を明確にするとともに，科学技術によって環境リスクの低

---

(1) 環境と開発に関する国連会議（UNCED: U. N. Conference on Environment and Development）。また，この会議に合わせて多くの環境NGO/NPO団体が集まり，環境問題への取り組みにおけるNGO/NPO団体の重要性が認識され，その活動に対して大きな期待が寄せられたことも特筆される。

減や環境改善を図ろうとするもので，持続可能な新エネルギー資源の開発・普及，温室効果ガス（green house gas）の固定・削減，汚染物質の除去・無害化，省エネ・省資源技術の研究開発（環境R & D）などがあげられる。これらの多くは，国際開発プロジェクトや国家プロジェクトのテーマとして掲げられ，世界的に取り組まれている。

　間接的アプローチは，環境配慮を支援するための仕組みづくりに力点を置くもので，多岐にわたる活動が展開されている。たとえば，環境配慮を企業経営や人々のライフスタイルに取り込むための**環境マネジメントシステム**（**EMS**: environmental management system）や**環境家計簿**，廃棄物の分別収集から**各種リサイクル・再資源化・再製品化**を目指した資源循環制度[2]，環境配慮した製品やサービスであることを表象する**エコマーク**や**エコ認証**などの**環境ラベル**制度，**フード・マイレージ**（food mileage）や**仮想水**（virtual water）などの環境に対する問題意識や意識啓発を図るための環境関連指標，里山保全や**エコツーリズム**（eco-tourism）を通して体感される**環境教育**やさまざまな**環境総合学習**などがあげられる。その他，国や自治体による補助金や助成金の交付による支援，**環境優遇税制**や**エコポイント制度**，**環境格付け**，**環境ファイナンス**（environmental finance），**社会的責任投資**（**SRI**: Socially Responsible Investment）などによる環境配慮経営支援活動などもある[3]。

　いずれも現在の生産手段や経済社会システム，生活態様や環境意識などを見直し，改善を続けることによって環境問題を克服しようとするもので，"**think globally, act locally**"といった標語に代表されるような，身近にある自分のできることから始めて，その蓄積によって大きな環境問題を解決しようという考

---

(2) リサイクル制度として制度化されているものとしては，容器包装リサイクル，家電リサイクル，建設リサイクル，自動車リサイクル，パソコン・リサイクル，食品リサイクルなどがある。また，携帯電話や電池，インクカートリッジなど，事業者によって回収・再利用されている製品などもある。
(3) 世界的な広がりをみせるボランティア活動等にも目を向けると，たんなる自然環境保全や野生資源保護といった枠組みを超えて，さまざまな団体が，たとえば途上国の人々を支援するためにfair-tradeやTable for Twoなどの活動に参加したり，food-bank，eco-bankなどの取り組みに協力したりしている。

え方の上に成り立っている。環境問題に対する取り組みを地球規模に展開するためには，世界中の市民や企業を巻き込み，彼らを発信源とするボトムアップ型の多重かつ多様な運動が必要だと考えられているからである。

1.3 環境政策への反映

具体的な環境政策では，直接的アプローチと間接的アプローチの両方が組み合わされて実施される。たとえば，1997年に採択された**京都議定書**[4]では，温室効果ガスの排出量削減を促すための京都メカニズムを規定しているが，途上国における排出量削減を図る**クリーン開発メカニズム**（CDM: Clean Development Mechanism）や先進国における排出量削減を行う**共同実施**（JI: Joint Implementation）とともに，**炭素クレジット**（carbon credit）を取引できる**排出量取引**（ET: Emissions Trading）制度を創設し，**吸収源活動**（LULUCF: Land Use, Land Use Change and Forestry）と合わせて排出量削減へのインセンティヴを与えている。

また，ヨーロッパでは**再生可能エネルギー**（太陽光，風力，マイクロ水力，地熱，バイオマスなど）を利用した発電電力を電力会社に固定価格で買い取らせる制度（**Feed-in Tariff**）を発足させ，再生可能エネルギーの普及と促進，ならびに関連産業の育成・支援を開始している。他方，アメリカでは環境・エネルギー革命とも呼ばれる環境政策の1つとして，発電所からの送電に超伝導技術を応用して効率化するとともに，電力供給に情報通信ネットワークを活用して風力や太陽光などの新エネルギーによる分散型発電や電気自動車の蓄電池を利用した電力情報などを一元的に統合・管理する次世代電力網（**smart grid**）の構築に取り組み始めている。

環境技術立国を目指す日本では，「**21世紀環境立国戦略**」(2007年) を策定し，**持続可能な社会**（sustainable society）の実現に向けて技術と社会のイノベー

---

(4) 気候変動に関する国際連合枠組み条約にもとづいて開催された第3回締約国会議（COP3）で議決された議定書（protocol）。当初，途上国やアメリカが参加を見送ったため効力はなかったが，2004年にロシアが批准したことにより，翌2005年正式に発効した。

ションを進め，環境負荷低減を実現するための技術開発はもちろんのこと，将来的に構築される社会イメージを「**低炭素社会**」，「**循環型社会**」，「**自然共生型社会**」と定め，これらの社会の実現に向けて産・官・学が協力して推進することを求めている(5)。

これらの環境政策は，旧来型の産業構造を再生可能な新エネルギーを基盤とした産業構造への変革を目指しており，環境問題への取り組み姿勢そのものが国際社会の方向性を決め，それにしたがって経済システムの再構築が行われることを明確にしている。と同時に，「富める先進国と貧しい途上国」という国際社会における南北問題の図式を，環境を基軸とした新たな"知恵とルール"で解決を図らなければならないこともまた，明らかにしている。課題は，この知恵を出す側でいられるのか，このルールを作る側に立つことができるのか，である。ここでの成否が今後の企業経営のあり方や，人々のライフスタイル(LOHAS: Lifestyles of Health and Sustainability)を左右することになる。

2 環境経営とは何か

2.1 企業経営と環境認識

環境を基軸とした企業経営のあり方を考えるとき，いちばんの問題となることは，環境問題が大きすぎて個々の経済主体である企業において認識しづらいことである。とりわけ，地球の温暖化やオゾン層の破壊，野生種の減少などといった地球環境問題となると，何をすれば良いのか，すぐにはわからないのが実情であろう。

この「環境問題についての認識」問題に対して解決の糸口を提供したのが，**持続可能な開発のための経済人会議**（BCSD）(6)の報告書『**Changing Course**

---

(5) 国レベルの施策としては，特定事業者に対して環境報告書を通じたコミュニケーションを普及促進させるために，環境配慮促進法を2004年に策定しているほか，2009年3月には，「緑の経済と社会の変革」議案が環境大臣より国会に提出された。この議案では，社会資本・消費・投資のグリーン化を図る変革を起こすことで，環境危機と経済危機の両方の打開することが謳われている。

(邦題：チェインジング・コース)』である。ここでは，企業は経済と環境の両面において効率的であるべきであるとして，**環境効率**（eco-efficiency）[7]の概念が提唱された。これは，着実に省資源化・廃棄物の排出削減・汚染防止を推進しながら，これまで以上に製品の付加価値を高めていこうとするもので，つぎの式などをベースに考えられることが多い。

$$環境効率 = \frac{財務パフォーマンス変数}{環境パフォーマンス変数}$$

これによって，1単位当たりの環境パフォーマンスに対してどの程度の財務パフォーマンスを達成したのかが示される。この式で，分母に環境負荷量や廃棄物量，定量化された環境影響などを用いると環境負荷別の付加価値等を計算することが可能になるし，分子に売上高や純利益等を用いることもできる。汎用性の高い計算式であるので，多くの企業で利用目的に応じてさまざまに応用されている。

こうした基本的な提言をした上で，BCSDはつぎの2つの提案も行なった。
① ビジネスにおいて持続性のある技術の導入・普及のためには，環境に関する国際規格が重要な手段となり得る
② 製品・サービスのライフサイクル分析のための国際規格が必要である

①の提言は，品質マネジメントと同様に，環境に関して目標とすべき**国際標準**（global standard）を明確にして，ビジネスのあり方を変革していこうというものである。また，②の提言は，環境配慮を検討する上で重要な**ライフサイクル思考**（lifecycle thinking）を行うためには，確立された手法とそれにもとづく信

（6） BCSD（Business Council for Sustainable Development）とは，Stefan Schmidheinyを議長とする，世界中の経営者やビジネスマンによる会議で，現在でもWBCSD（World Business Council for Sustainable Development）として活動している。
（7） 環境効率とは，人間のニーズを満たすとともに生活の質を高める財・サービスを，そのライフサイクル全体にわたる環境への影響と資源の利用量を地球が耐え得る限度以下に徐々に引き下げながら，競争力のある価格で提供することによって達成するために必要であると考えられている。この環境効率がどれほど改善されたのかを数値化したものがファクター指標（FactorX）と呼ばれるもので，たとえば，日本の大手電機メーカー5社は，このファクター指標の標準化を図るためのガイドラインを策定している。

頼性のあるデータとによることが不可欠であることを指摘するものである[8]。いずれの提案も，BCSDのメンバーが実際のビジネスに携わる経済人であることを背景とするもので，実務における有用性と経営管理ツールとしての有効性とが確保されなければならないことを当初から念頭におくものであった。

このBCSDの提案を受けて，**ISO**（International Organization for Standardization：国際標準化機構）による環境マネジメント規格の開発・作成が開始されたのである[9]。

2.2 環境マネジメントシステム

ISOでは，環境マネジメントに必要な規格を整備し，規格番号14000番代に集約させている（表3-1参照）。

なかでも企業の環境経営の推進に大きな役割を果たした規格は，**環境マネジメントシステム規格（ISO14001）**である。これは，**品質マネジメントシステム規格（ISO9000s）**と同様の，**PDCAサイクル**[10]を基本構造とするシステム規格であるが，環境マネジメントならではの特長を有している。そこで，この点について，(1) 認識，(2) 測定／評価，(3) コミュニケーション，の観点から考察することとする。

---

(8) 既存の環境活動やエコロジー運動に対する異論や批判の中には，想定されているライフサイクルの時間的・空間的範囲が異なることが議論の一端となっている例もある。古くは布おむつvs.紙おむつ，近年では原子力発電所の環境影響やペットボトルの再資源化の是非，太陽光発電の環境負荷量に関する議論などにも見受けられる。

(9) BCSDの諮問を受けたISOでは，環境に関する戦略諮問グループ（SAGE: Strategic Advisory Group on Environment）を立ち上げ，環境マネジメントシステムに関する英国規格British Standards 7750 と，EUの環境管理・監査スキーム（EMAS: Eco-Management and Audit Scheme）を参考にしながら環境マネジメント規格開発を行った。

(10) 品質管理の分野で活用されてきたマネジメント手法で，改善活動を行う上で，Plan（計画）-Do（実行）-Check（監視）-Act（見直し）の段階を経ることを1サイクルとして，このサイクルを繰り返すことで継続的な改善（continual improvement）を図ろうとするものである。

32　第3章　環境経営の進展と会計

表 3-1　ISO 環境マネジメント関連規格の構成

規格番号	主たるテーマ
14001～6	環境マネジメントシステム（EMS） ※1996年に発行され，2004年に改訂されている
14010～	（旧）環境監査の指針 ※現在はマネジメントシステム監査の指針として統合されている（19011）
14020～	環境ラベル（environmental labeling）
14030～	環境パフォーマンス評価（environmental performance evaluation）
14040～	ライフサイクルアセスメント（LCA: Life Cycle Assessment）
14050～	環境マネジメント用語（14050），マテリアルフローコスト会計（14051）
14060～	温室効果ガス及びカーボンフットプリント
TR14061	森林経営組織における環境マネジメントシステム情報
TR14062	環境適合設計（DfE: design for environment）
14063	環境コミュニケーション（environmental communication）
Guide64	製品規格で環境課題を取り扱うための指針
※26000	社会的責任（Guidance on Social Responsibility）

（注）日本規格協会ホームページ参照。表中には発行済みの規格のほか，発行予定のものも含む。

(1) 環境マネジメントにおける認識

①関係性マネジメント

　先にも指摘したように，個々の経済主体にとって地球環境問題は，あまりに大きく漠然としていて，何をすれば良いのかわからず，困惑することが少なくない。事実，初めて環境マネジメントに取り組もうとする企業の多くは，とりあえず〈紙・ゴミ・電気〉の削減というわかりやすい環境目的・環境目標を定めて，取り組みを始めようとする。

　そこで14001規格では，環境問題と企業活動（及びその成果たる製品・サービス）との間に因果関係を設定し，原因としての**環境側面**（environmental aspect）と，その結果として発現する**環境影響**（environmental impact）との関係に着目して，環境問題を経済主体の問題に転換する手法を考案している（図 3-1 参照）。

　この仕組みを使うことで，直接的にはマネジメントすることができない環境

図 3-1　環境側面と環境影響の関係

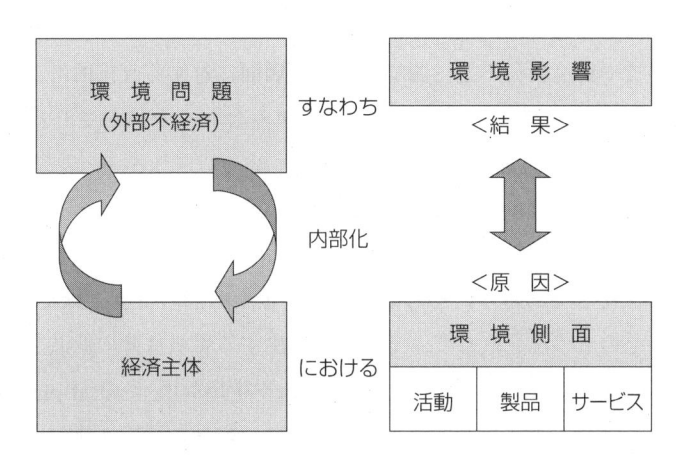

影響であっても，それと因果関係で結ばれる企業活動や製品・サービスの環境側面をマネジメントの対象とすることで環境問題への実行しうる手掛かりを見出そうとするのである。このような，**関係性マネジメント**ともいい得るマネジメント可能性を見出す仕組みを生み出したことで，14001規格は，地球環境という壮大なテーマに対するマネジメント可能性と，業種や規模や国籍を超えた国際標準としての汎用性を獲得することができたのである。

②**環境影響評価**（environmental impact assessment）

さらに，環境影響を引き起こす原因たる環境側面が判明したならば，どの環境側面からマネジメントの対象とするのか，その優先順位（priority）をつけるために**環境影響評価**[11]が行われる。判明したすべての環境側面に対して直ちに対策を講じることができるのであれば良いのであるが，限りある経営資源

---

(11) 環境影響評価にあたっては，発生の可能性や頻度，結果の重大性，対策の緊急性や難易度などが検討される。ここで検討された内容は，環境リスク・マネジメントや環境事故等が発生した場合の事業継続マネジメントのための基礎的資料にもなる。

(ヒト・カネ・モノ・情報)の有効利用も図らなければならないのであるから，ここでの評価結果が，実質的に企業が取り得る環境保全対策を規定することになる。

③**直接的／間接的対策**

具体的な環境保全対策については，先にみた環境政策へのアプローチと同様に，汚染物質や環境負荷の発生源である環境側面に対する直接的対策と，環境改善に資する側面に関する間接的対策との組み合わせが検討されることになる。

直接的対策の典型は紙・ゴミ・電気の削減を図るための省エネ・省資源活動や廃棄物の削減活動，ゼロエミッション[12]活動，あるいは発生した汚染の修復や原状回復などであるが，それ以外にも，企業内部の生産工程や工法など，業務フローそのものを見直して，そこから発生する環境負荷の低減を図ろうとする手法(**cleaner production**)や，工程の最後や排出箇所(**end of pipe**)での環境保全対策を講じる手法なども含まれる。また，製品の環境性能の向上やリサイクル／再資源化を容易にする**環境配慮設計**(DfE)などの製品対応も含まれる。

間接的手段の代表的なものは，環境マネジメントシステムの構築・運用や，環境教育，利害関係者(stakeholders)との**環境コミュニケーション**，環境広告等の**環境パブリシティ**，**環境マーケティング**，**環境ファイナンス**などがある。そのほか，企業の枠を超えて取引先との連携を戦略的に検討する**環境サプライチェーン・マネジメント**や，企業や製品・サービスについてのブランド価値の向上を図るための**環境ブランド・エクイティ戦略**の立案といった手法も含まれる。

(2) 環境マネジメントにおける測定／評価

環境マネジメントにおける測定／評価は，**環境パフォーマンス評価**(EPE)[13]

---

(12) ゼロエミッション(zero emission)は国連大学が提唱した概念で，環境への「排出ゼロ」を目指す活動であるが，企業実務では「埋め立て廃棄物の排出ゼロ」を意味する場合が多い。

として行われる。この環境パフォーマンス評価については，ISO14031規格が発行されており，階層及び管理職能別の**環境パフォーマンス指標**（EPI: environmental performance indicator）を設定することが推奨されている（図3-2参照）。

　ISO14031規格では，管理可能原則にのっとり，環境パフォーマンス指標をマネジメント層に対する指標（MPI）と現場作業レベルの指標（OPI）とに分け，管理責任の内容と程度に応じてその成果の測定／評価を行うものとされている。また，企業の環境パフォーマンス指標が，企業にとって都合の良いものだけが選択されないように，環境全体の状態を表す環境コンディション指標（ECI）を併せて検討することを求める。評価単位についての取り決めはなく，物量単位でも，指数化された数値でも，貨幣単位でもよいが，いずれにせよ，定量化し，検証可能な測定値を用いることが望ましい。ただし，どうしても定

図3-2　環境パフォーマンス評価（ISO14031:1999）の概念図

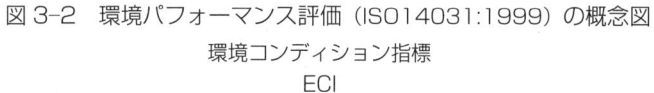

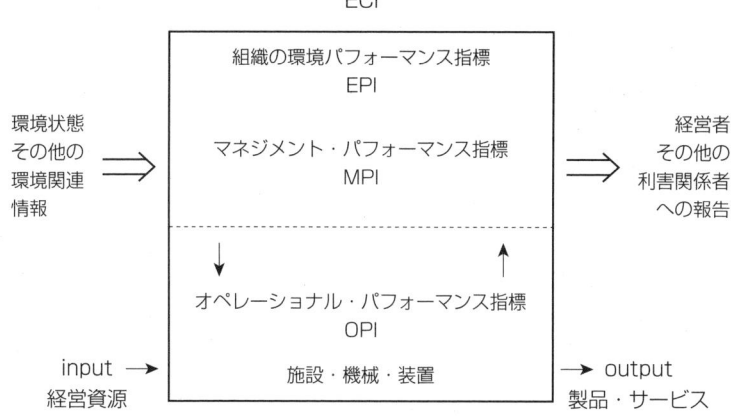

```
                    環境コンディション指標
                          ECI
        ┌─────────────────────────────────┐
        │   組織の環境パフォーマンス指標      │
        │            EPI                  │
 環境状態│                                 │  経営者
 その他の│   マネジメント・パフォーマンス指標 │  その他の
 環境関連│            MPI                  │  利害関係者
 情報   │─ ─ ─ ─ ─ ─ ─ ─ ─ ─ ─ ─ ─ ─ ─ ─│  への報告
        │         ↓         ↑            │
        │  オペレーショナル・パフォーマンス指標│
        │            OPI                  │
  input │       施設・機械・装置           │ output
  経営資源└─────────────────────────────────┘ 製品・サービス
```

（注）ISO14031 掲載の図に一部加筆修正を加えてある。

---

(13) EPEとは，「組織の環境パフォーマンスが，組織のマネジメントによって決められた基準を満たしているか否かを判定するために，継続的に信頼可能で，かつ検証可能な情報をマネジメントに提供するように策定された内部マネジメントプロセス及びツール」である（ISO14031：1999序文）。

量化できない場合は，定性的評価として記述することも可能である。

　指標の選択・開発については組織の環境方針や環境目的・目標に依存するが，指標と最終目標（goal）との間にどのような関係性を設定するのかが重要である。先のEMS構造においては，環境側面と環境影響との間に因果関係を見出して，環境マネジメントの可能性を追究したのであったが，このような因果律だけが関係性のすべてではない。利益相反やトレードオフの関係に立つケースもあれば，共益的関係（win-win）が認められることもあろう。また，時には，事業からの撤退や閉鎖，投資の引き上げといったマイナス判断につながるシグナルを必要とする場合もあり得よう。いずれにせよ，環境マネジメントを形成する論理構造と，それを的確に反映したパフォーマンス指標を選択・構成することが重要である。

　他方，EMS規格たる14001規格には環境パフォーマンス評価に関する要求事項がない。そのため，14001規格の発行（1996年）当初，「形（システム）だけで内実（パフォーマンス）がない規格」との批判もあった。2004年改訂を受けた現在も14001規格には組織のパフォーマンス実績を要求する規定はない。しかし，その代わりに14001規格が規定するEMSそのものの有効性（effectiveness）が厳しくチェックされるようになってきている。つまり，環境パフォーマンスの改善やその水準の向上がみられないようなEMSにはシステム上の欠陥があるのではないか，と考えられるようになったのである。さらに，システム構築・運用の効率性を考えると，マネジメントシステムとしての親和性の高い他のシステム[14]，たとえば，**品質マネジメントシステム**（QMS: quality management system）や**労働安全衛生マネジメントシステム**（OSHMS: occupational safety and health management system）などと併せた**統合マネジメントシステム**を構築する

---

[14] 本文で紹介したもののほかにも，業種によっては，持続可能な成長を実現する質マネジメントシステム（JISQ9005/9006 Quality management system-Guidelines for sustainable growth），リスクマネジメントシステム（JISQ2001:2000 Guidelines for development and implementation of risk management system），食品安全性マネジメントシステム（ISO22000 Food Safety management systems），HACCPシステム（Hazard Analysis Critical Control Point system）などとの統合も課題となろう。

ケースも出てきている。すると，パフォーマンス指標も，環境分野に限らず統合された他の分野とのパフォーマンス指標との均衡や相乗効果を計るものが必要となる。その意味で，マネジメントシステムの有効性評価とパフォーマンス評価とは，評価ツールとして表裏一体のものとして活用することが求められる。

(3) 環境マネジメントにおけるコミュニケーション

①EMSの要求事項としてのコミュニケーション

ISO14001規格では，コミュニケーションについて，組織内部における階層及び部門間のコミュニケーションと，外部の利害関係者に対するコミュニケーションの2つを対象としている（ISO14001：2004 4.4.3）。**エコアクション21**のように環境報告書等の作成が義務づけられているわけではない。実際の運用では，内部コミュニケーションでは，構成員（従業員）に環境マネジメント関連情報を伝達し，必要に応じて周知徹底を図ることが求められ，外部コミュニケーションでは，苦情対応や行政との連絡などがその大半を占める。

②環境コミュニケーション

企業が自主的に環境マネジメント情報を公表するケースも増えている。公表の態様は，報告書等の冊子媒体であったり，企業のホームページ上での情報提供であったり，環境広告等のパブリシティの一環であったりと，実にさまざまであるが，提供される情報の形式については，ある程度まで基本的な枠組みにしたがっている。この枠組みを提供している指針には，**GRI**（Global Reporting Initiative）の**Sustainability Reporting Guideline**（G3）や，環境省の**環境報告ガイドライン**（2007年版）などがある。

③第三者評価によるコミュニケーション

環境マネジメントに関して第三者による外部評価（外部審査）を受け，その評価結果をもって内外のコミュニケーションに役立てるケースもある。ISO14001の認証取得や，環境報告書等に対する第三者保証などのほか，環境経営格付の実施，各種表彰制度での受賞，SRI関連ファンドへの組み入れ，などがこれにあたる。ここでは，個々の環境マネジメント情報の内容が重要なの

ではなく，一定の水準をクリアしているとの外部評価そのものが利害関係者との間の重要な橋渡しとなるのである。

コミュニケーションに関しては，一般に，その内容の質や量，タイミングなどが議論されることが多いが，現実には，信頼し得る評価（審査）機関による"お墨付き"の有無が意思決定の実質的な要素となることも少なくない。もちろん，評価（審査）機関そのものに対する信頼性や公平性，評価結果の社会的有用性など，受審する企業にはどうすることもできない部分も大きい[15]が，利害関係者の意思決定への影響の大きさを考えた場合，この第三者評価の有する効果を無視することはできない。

2.3 環境マネジメントにもとづく環境会計デザイン

環境会計にどのような役割や機能を持たせるのかについては，一義的に決まっているものではない。しかしながら，会計を，主体における経済的事象を認識し，測定／評価し，その結果を伝達するものとすれば，環境マネジメントにもとづく会計もこれに倣って考えることができる。

（1） 環境会計の範囲（scope）

環境会計の範囲は，その目的と環境マネジメントの対象に依存する。そのため，その目的とするところに応じて，たとえば，つぎに掲げるようなさまざまなレベルを会計単位とした環境会計手法を考えることができる。

① 活動（activity）に基準をおいた原価管理
② 工程（process）単位の環境マネジメント会計
③ 機能（function）に焦点をあてた組織横断的な環境予算管理
④ 工場全体や部門全体の環境マネジメント会計

---

[15] この点については，財務諸表監査と同様の問題も生じる。すなわち，監査法人（公認会計士）が表明する監査意見と，それを受け取る投資家が監査結果から抱く期待とのギャップ（期待ギャップ）の存在である。ISO14001の認証取得企業が環境マネジメントに取り組む企業であることは確かであるが，そのことが直ちに当該企業の環境パフォーマンスが優れていることを意味しないことを，一般の人が当然のこととして理解するのは容易ではなかろう。

⑤　全社レベルでの環境マネジメント会計
⑥　企業グループ全体における連結環境会計
⑦　取引先＋自社企業：グリーン購入等を実践したサプライチェーン・マネジメント
⑧　自社企業＋製品使用者：顧客に対する環境配慮を取り入れた環境マネジメント
⑨　製品ライフサイクル全体の環境負荷を考慮した設計開発費
⑩　企業メセナ等，地域社会や国際社会に対する社会貢献活動の収支　など

このほか，環境優遇税制や補助／助成金，環境ファイナンスなどの金融取引に関わるマネーフローを対象とする環境会計を実施することができる。

(2)　直接的／間接的対策にもとづく会計

先にみたように環境マネジメントの本質が環境側面のマネジメントにあり，汚染物質や環境負荷の発生源である環境側面に対する直接的対策と，環境改善に資する側面に関する間接的対策との組み合わせによる環境保全対策が検討されることになるとすると，環境会計アプローチも直接的対策に関わる会計と間接的対策に関する会計とに分けて考えることができる。

①直接的対策にかかる環境会計

直接的対策は環境影響の発生源たる環境側面に対する取り組みであるから，その対策ごとのマネーフローが測定される。たとえば省エネ対策や温暖化防止対策，廃棄物処理対策，土壌汚染対策などにかかる支出などである。ここでは，その目的に応じて既存の会計手法を応用することもできる。製品の環境性能に関するものであれば**環境配慮型原価企画**を応用することが可能であるし，新たな設備投資による環境負荷削減を行う際には，**環境配慮型設備投資意思決定手法**などを用いることも可能である。廃棄物（bads）の貨幣価値を測定できれば**マテリアルフローコスト会計（MFCA）**を適用する機会が生まれる。

また，製品の企画設計開発にあたっては，**ライフサイクルアセスメント（LCA）**やライフサイクル・コスティング（LCC）などの技法を活用することも行われている。

②間接的対策にかかる環境会計

　間接的対策は，特定の汚染物質や環境負荷に対するものではないので，実施される内容によって環境会計手法も異なってくる。EMSの構築・運用，環境教育などにかかるコスト・マネジメントや，環境パブリシティや環境マーケティングにかかる費用対効果の測定などがあげられる。また，直接的対策にかかる予算を検討・作成するため，**環境予算マトリックス**を用いた支援活動を行うことも可能である。

　さらに，環境への取り組みが企業の資金調達力に少なからぬ影響を与えはじめている一方で，排出量取引に関する炭素クレジット（排出権）取引，土壌汚染その他に代表される潜在的な環境負債に対する関心も高まっているため，財務報告基準にもとづく会計処理を行う**環境財務会計**の導入も急務となってきている。

（3）　パフォーマンス評価と情報開示のための会計ツール

　環境マネジメントの実績評価として環境パフォーマンス評価手法があることは先にみたとおりであるが，環境管理会計における業績評価手法として**バランス・スコアカード（BSC）**を応用する例[16]もみられる。また，**環境品質原価計算**を応用して増やすべきコストと減らすべきコストを明らかにし，その達成度を評価する方法も試みられている[17]。

　また，情報開示の方法としては，多くの企業においては，**環境省環境会計ガイドライン**（2005年版）や，各種業界団体作成の環境会計ガイドライン[18]に準拠した開示が行われている。その多くは環境保全活動に伴う費用対効果の算出を試みるものであるが，なかには独自の環境会計ガイドラインを作成して，自らにとって使い勝手のよい環境会計情報を作成し活用している企業[19]もある。

---

(16)　株式会社リコーの事例など。
(17)　飯野海運株式会社の事例など。
(18)　電力業界やガス業界，ゴム工業界などをはじめとして，それぞれの業界の特性を反映した内容と形式で環境会計情報が公表されている。
(19)　寶酒造株式会社や三菱UFJファイナンシャルグループの事例など。

3 本章のまとめ

3.1 環境マネジメントにもとづく環境会計の展開

　関係性マネジメントを骨格とする環境マネジメントにおいては，その論理構造をいかに認識し，マネジメントシステムに反映させてシステム構築・運用していくのかがポイントとなる。環境会計は，この論理構造に立脚して，EMSのパフォーマンスを改善し，さらなるレベルアップを図るための情報提供／意思決定支援ツールとして機能することが求められる。そのために，会計領域で培われたさまざまな会計手法が応用され，新たに開発されている。

　この基本構造は，環境問題が**CSR**（corporate social responsibility: 企業の社会的責任）のなかに組み込まれても変わることはない。むしろ，直接的にはマネジメントできない問題や定量化しづらい価値を，マネジメント可能なレベルに変換する関係性マネジメントという仕組みを生み出した環境マネジメントは，人権や労働，社会的公正といった倫理規範的課題を企業のマネジメント・レベルに落とし込み，**CSRマネジメント**を実践可能なものとするための，大きな示唆を与えるものと期待される。今後開発が進むと考えられる**CSR会計**[20]についても，環境会計と同様に，さまざまな会計ツールが応用・開発されることになろう。

3.2 今後の課題

　企業実務で実践されている環境会計は，所定の会計期間における環境マネジメント会計情報を集約し，公表する形式となっている。しかしながら，環境問題への取り組みそのものの価値については，ほとんど何も語ってはいない。関連領域において環境ブランド・エクイティに関する研究もなされているが，環

---

[20] 現在行われているCSR会計には，CSR活動ごとの費用対効果を測定する活動分類型CSR会計や，企業が生み出した付加価値をどのようにステークホルダーに分配しているのかを表す付加価値分配型CSR会計などがある。

境ブランドの経営資本化といった観点からではなく，環境問題に取り組むという行為それ自体に価値を認め，それを支援するような会計ツールを開発することは困難であろうか。現在，多くの人々が組織や社会や国境の壁を越えて，活動を開始している。その意味では，環境への取り組みは，その必要性を訴える意識啓発の段階から，具体的な実践の段階に移ってきている。理念や規範，主観的価値といった抽象物について会計がなし得ることは少ないが，現実の具体的な活動に対してならば会計ができることは少なくない。会計で人や組織，あるいは社会を統治することは難しいが，いかに統治されているのかを会計の眼で分析することは可能である。その意味で，環境会計にせよ，CSR会計にせよ，会計というフレームワークを用いることの意義を確認し，会計ツールとしての構成要素の明確化と，計算システムとしての論理構造について，さらなる検討を深めていかなければならないであろう。

（千葉　貴律）

COLUMN 2

リコーグループの環境経営

　リコーグループは2009年3月，『中長期環境負荷削減目標』を設定した。これは，持続可能な社会の実現を目指し，2020年と2050年を照準年として，省エネ・温暖化防止に省資源・リサイクル，汚染予防を加え，世界で初めて3分野

表　リコーグループの中長期環境負荷削減目標

省エネルギー・温暖化防止	リコーグループライフサイクルでのCO_2排出総量（5ガスのCO_2換算値を含む）を，2000年度比で2050年までに87.5%，2020年までに30%*削減する。 　*1990年度比34%削減（国内）相当。
省資源・リサイクル	(1) 新規投入資源量を2007年度比で2050年までに87.5%，2020年までに25%削減する。 (2) 製品を構成する主要素材のうち，枯渇リスクの高い原油，銅，クロムなどに対し，2050年をめどに削減および代替準備を完了する。
汚染予防	化学物質による環境影響を2000年度比で2050年までに87.5%，2020年までに30%削減する。

での環境負荷削減の長期的な数値目標を示したものである。

リコーグループでは，環境保全と利益創出を同時実現する『環境経営』を掲げ，環境負荷の低減を通じてコスト削減や付加価値の創造につなげる取り組みを行ってきた。また2005年には環境負荷の抑制について，「先進国は2050年に環境負荷を現在の1/8にする必要がある」との認識を『2050年長期環境ビジョン』として示した。今回設定された中長期環境負荷削減目標は，長期環境ビジョン実現のため，先進国の企業として自らが負うべき責任を，具体的目標にまで落とし込んだものである。これについて『リコーグループ環境経営報告書2009』では，今後2050年を見据えた実効性の高い活動を展開するとともに，社会全体の低環境負荷社会への変革に貢献するために，「環境産業革命」の担い手の一員として革新的な環境技術開発に挑戦していくグループとしての決意を示している (pp. 3-4)。

((株)リコー社会環境本部環境コミュニケーション推進室スペシャリスト，横浜国立大学大学院国際社会科学研究科博士後期課程　**松尾　敏行**)

演習問題

1　環境効率の考え方を実際に応用し制度化している事例の1つとして，建築環境総合性能評価システム (CASBEE: Comprehensive Assessment System for built Environment Efficiency) がある。この評価システムのなかで，環境効率の考え方がどのように使われているのか，調べてみなさい。

2　貴君の受講している授業を環境マネジメントの対象とした場合，どのようなマネジメントが可能であるか，環境影響と環境側面の関係を用いて説明しなさい。

3　いわゆる会計公準の1つに「貨幣的評価の公準」がある。環境会計において，この公準はどのように扱われるのか，考えてみなさい。

4　環境会計手法を標準化しようとしたとき，どのようなフレームワークを用いたら有用性を獲得することができるか，検討してみなさい。

第4章

環境報告会計

　環境会計は，1990年代後半から日本企業の間に急速に普及した。その直接のきっかけとなったのは，環境省から公表された「**環境会計ガイドライン**」である。同ガイドラインは，企業などが自らの環境保全についやした投資額や費用額すなわち環境保全コストとその環境保全効果さらには経済効果を認識・測定・報告する仕組みを明らかにしている。企業外部へ報告する環境会計としては，環境報告書や持続可能性報告書などで公表されている環境報告会計と財務諸表で公表されている環境財務会計をあげることができる。環境会計ガイドラインは，前者に大きな影響を及ぼしており，日本企業の**環境報告会計**は，そのほとんどがこれに準拠して作成されている。本章では，同ガイドラインの主な構成要素と日本企業における実践状況を解説し，これにもとづいて，環境報告会計の今後の展開の方向性を明らかにしていく。

1　環境報告会計と環境会計ガイドライン

1.1　環境会計ガイドラインの発展の経緯

　環境省（当時環境庁）は，環境保全コスト情報の把握・公表のためのガイドラインを設定するために，1996年に「環境保全コストの把握に関する検討会」を設置した。その背景には，環境保全コストの把握が環境保全活動さらには健全な事業活動にとって不可欠な要素となり，環境報告書などによって開示された当該情報が企業評価の重要な尺度になってきているという当時の現状認識があった。この2年後に行われた「**環境にやさしい企業行動調査**」では，調査回答

企業の約 8 割がガイドラインの必要性を認めており，環境省の認識を裏付けた結果となっている。

同検討会の審議の成果は，1999年に『環境保全コストの把握及び公表に関するガイドライン～環境会計の確立に向けて～（中間とりまとめ）』として公表され，「環境会計に関する企業実務研究会」や日本公認会計士協会・専門部会との共同研究会などを経て，環境会計ガイドライン（2000年版）としてまとめられた。同ガイドラインは，2002年と2005年に改定が行われている。本章で，2005年版を中心に解説する。

環境会計ガイドラインが提示する環境会計のフレームワークは，環境保全コストとその環境保全効果および環境保全対策に伴う経済効果の 3 つから構成されており，環境保全コストと経済効果は貨幣単位，環境保全効果は物量単位で測定される。この 3 つの構成要素は，図 4-1 に示されるように，企業活動の経済的側面を表した財務パフォーマンスと環境的側面を表した環境パフォーマンスの 2 つの側面をリンクさせる形で示すことができる。

環境会計情報は，環境報告書の報告事項の 1 つであり，環境保全コストデータは財務会計データと共通する部分も多いことから，環境会計の対象となる期

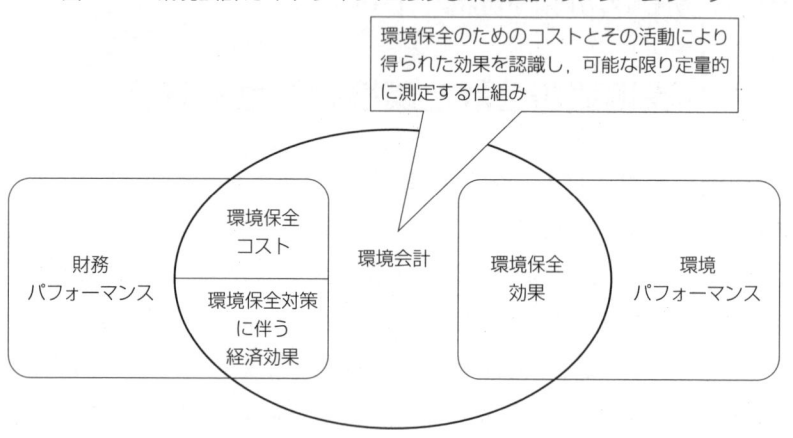

図 4-1　環境会計ガイドラインにおける環境会計のフレームワーク

（出所）環境省［2005］p. 2 より抜粋。

間と範囲もこれらと同一であることが望ましい。たとえば，企業活動では，関係会社（子会社および関連会社）に生産移転しているケースもあることから，連結財務諸表上のこうした関係会社も環境会計の対象となる。ただし，具体的な環境会計の範囲の設定においては，環境保全上の重要度に応じて連結の対象となる企業集団が設定される。

環境会計ガイドラインで示された環境会計のフレームワークは，日本企業の環境会計導入に大きな影響力を及ぼしており，図4-2の環境省の調査では2007年度に761社の日本企業が環境会計を導入しているが，その多くが環境会計の3つの構成要素を把握している（環境省［2008］）。また，ガイドラインでは，業種を特定しない環境会計の一般モデルが示されていることから，建設，ガス，ゴム，石油，食品製造，食品流通，鉄道，機械，化学などの業界団体では，ガイドラインをベースに業界独自の環境保全活動を組み込んだ業界用の環境会計ガイドラインを公表している。

1.2 環境会計情報の開示

環境会計ガイドラインでは，環境保全コストとその影響を把握するが，その情報提供目的は，環境会計の外部機能である環境報告会計と環境会計の内部機能である環境管理会計の両方を視野に入れている。本章では，前者を取り上げ

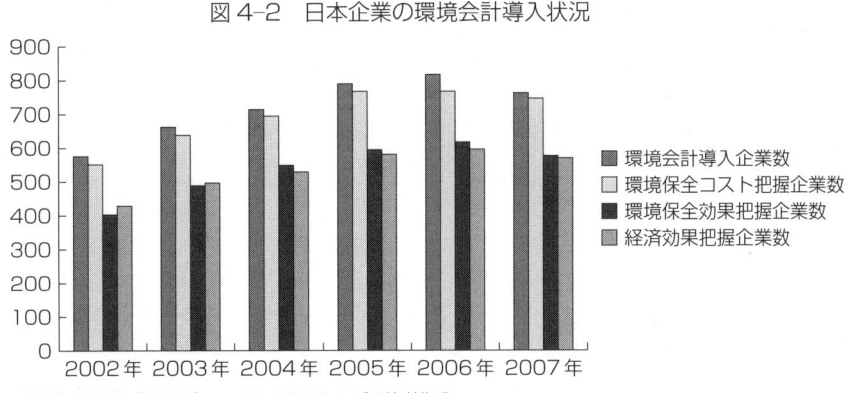

図4-2 日本企業の環境会計導入状況

(出所) 環境省［2008］pp. 64-69にもとづき筆者作成。

る。環境情報の開示については，環境省より環境報告書ガイドライン［2007］が公表されており，環境会計はその開示項目の1つとなっている。

　環境省の既述の調査では，1,406社が環境情報の開示を行っており，そのうち629社が環境会計情報を開示している。また，環境情報を環境報告書，サステナビリティ報告書などを用いて開示している企業は，1,011社である。

　環境情報や環境会計情報の開示は，ステークホルダーとのコミュニケーションツールの役割をはたす。具体的な役割としては，まず，外部の利害関係者への説明責任の遂行があげられる。たとえば，環境問題については，消費者，取引先，投資家，金融機関，地域住民，NGO，行政などの利害関係者に，環境負荷の現状とその削減の取り組み状況を説明する必要がある。

　つぎに，それぞれのステークホルダーの意思決定に役立つ情報の提供があげられる。たとえば，投資家は，環境保全活動への資源配分の大きさとその効果から，当該企業の環境効率，環境リスク，ビジネスチャンスを読み取り，消費者，地域住民，NGOなどは，企業が企業活動や製品で展開している環境戦略について，それぞれの関心領域を中心に分析することができる。

　このように，定期的に公表される環境保全活動，環境保全コスト，環境保全効果，経済効果の情報がステークホルダーによって評価されることで，企業は

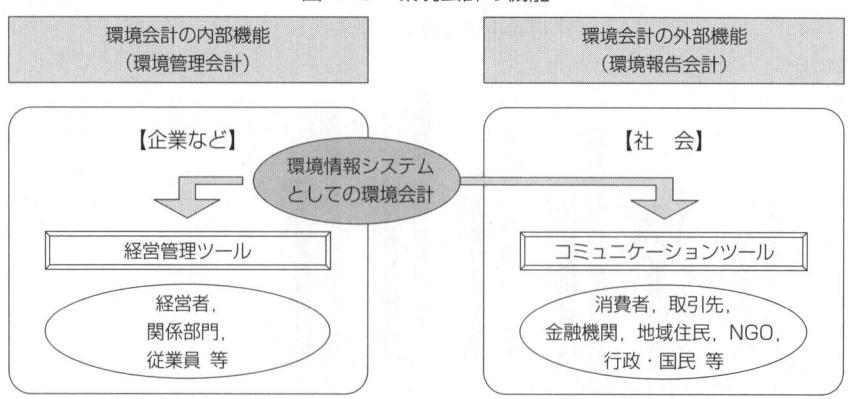

図4-3　環境会計の機能

（出所）環境省［2005］p.3にもとづき筆者作成。

次年度以降の環境保全活動，環境予算などに利害関係者の評価を反映し，環境保全活動をより社会的なニーズに沿った形で推進することになる。

2　環境保全コスト

2.1　環境保全コストの定義

環境保全コストは，環境保全目的で投入された投資額および費用額であり，貨幣単位で測定する。ここで，環境保全とは，環境負荷の発生の防止，抑制または回避，影響の除去，発生した被害の回復またはこれに資する取組を意味し，そこでは，社会的費用の内部化や社会的便益の創出（第2章参照）が行われる。したがって，環境保全コストの認識基準としては，環境保全のために投入されたことを条件とする目的基準が取られている。

環境保全コストのうち，投資額はその環境保全効果が長期間に及ぶ資産への投入額であり，費用額は当期に発生した環境保全のための費用である。環境保全費用額には，環境保全投資に計上されている資産の減価償却額が含まれている。

環境保全コストは，当該企業が環境問題全体および個別環境問題へ投入した経営資源の大きさを貨幣額という共通の単位によって表示する。企業の全体コストに対する環境保全コストの割合や個々の環境問題に投入された環境保全コストの大きさは，企業の環境保全活動の戦略や状況を示す重要な指標の1つである。もちろん，環境保全コストの大きさが環境保全活動への取り組みの熱心さやレベルの高さをそのまま表すわけではなく，企業規模，業種，生産方法，現状の環境保全対策のレベルなどによって投入される環境保全コストは異なる。したがって，環境会計では，環境保全コストと環境保全活動，環境保全効果，経済効果の関係を把握することが重要になってくる。

2.2 環境保全コストの種類

(1) 事業活動別の分類

環境会計ガイドラインでは，環境保全コストの代表的な分類方法として，事業活動に応じた分類を提示している。すなわち，表4-1で示される6種類のコストに分類される。表4-1はガイドラインで提示されている外部公表用フォーマットにしたがって岡村製作所が公表している環境保全コストである。集計範囲として，6社からなる企業集団が設定されている。

事業エリア内コストは，本社，工場，営業所などのように，企業が直接的に環境負荷の発生を管理できるエリアで発生するコストで，3種類に細分される。すなわち，環境基本法に定められた大気汚染，水質汚濁，土壌汚染，騒音，振動，悪臭，地盤沈下などを防止する公害防止コスト，地球温暖化，オゾン層破壊などを防止する地球環境保全コスト，資源の効率的利用，廃棄物の発生抑制・適正処理を行う資源循環コストである。

表4-1 事業活動別の環境保全コスト分類

集計範囲：オカムラグループ（岡村製作所，関西岡村製作所，エヌエスオカムラ，山陽オカムラ，オカムラ物流，オカムラサポートアンドサービス）
対象期間：2008年4月1日～2009年3月31日
環境保全コスト (単位：百万円)

分類	主な取り組みの内容	投資額	費用額
1. 事業エリア内コスト	事業エリア内コスト集計	81	563
1-1 公害防止コスト	大気汚染・水質汚濁・悪臭防止等	15	270
1-2 地球環境保全コスト	温暖化防止・オゾン層保護・省エネ等	64	117
1-3 資源循環コスト	節水・雨水利用，廃棄物削減，リサイクル等	1	177
2. 上・下流コスト	グリーン購入，製品・容器包装回収・リサイクル等	―	195
3. 管理活動コスト	環境負荷の監視・測定，EMS運用等	―	206
4. 研究開発コスト	環境配慮製品開発，製造時の環境負荷低減等	―	338
5. 社会活動コスト	環境保全団体への支援等	―	1
6. 環境損傷対応コスト		―	―
7. その他コスト		―	―
合計		81	1,304

（出所）岡村製作所［2009］p.49より抜粋。

上・下流コストは，事業エリアに投入される原材料などの生産にかかわる上流域と，事業エリアから産出された財・サービスの利用・消費・廃棄にかかわる下流域で発生する環境保全コストである。たとえば，環境配慮型の製品を購入するいわゆるグリーン購入で，通常製品の購入価格と比較して追加的に発生するコストが上流コストであり，容器包装の環境負荷低減，製品の回収・リサイクル・適正処理などで発生するコストが下流コストである。

環境管理コストは，環境マネジメントシステムの整備・運用などの環境負荷の削減に間接的に貢献するコストや環境情報の開示などのステークホルダーとの環境保全にかかわるコミュニケーションのためのコストである。研究開発コストは，環境負荷の少ない製品，製造プロセス，物流，販売などを研究開発するためのコストである。社会活動コストは，事業活動には直接の関係がない，ボランタリーな自然保護，緑化，景観保護，寄付などの社会貢献のためのコストである。環境損傷対応コストは，企業活動が環境に与える損傷に対応するために発生したコストである。たとえば，自然修復，環境保全に関わる損害賠償などである。これら6種類の分類に入らないものは，その他のコストとして分類される。

(2) 環境保全対策分野別の分類

環境保全コストの分類は，ガイドライン2000年版以来，事業活動別分類が提唱されてきた。日本企業のほとんどは，同分類にもとづいた環境保全コストの開示を行っており，開示様式の標準化が進んでいる。ただし，企業によって事業形態や環境保全対策の体系が異なるため，2005年版では，環境保全対策分野ごとの環境保全コストの分類も提示している。そこでは，地球温暖化対策，オゾン層保護対策，大気保全対策，騒音・振動対策，水環境・土壌環境・地盤環境保全対策，廃棄物・リサイクル対策，化学物質対策，自然環境保全対策の8つの対策分野が示されている。

表4-2は，環境活動領域分類にもとづいて集計した環境保全コストを，事業活動別分類に変換して開示している横浜国立大学の事例である。ここでは，

表4-2 環境活動領域別分類と事業活動別分類のリンク

(単位:千円)

事業活動別分類 \ 環境活動領域別分類		①地球温暖化対策 高効率冷暖房装置、断熱等、照明関係更新等	②オゾン層保護対策	③大気環境保全 集塵機設置、アスベスト対策工事、調査等	④悪臭・振動・騒音対策 換気扇設置等	⑤土壌環境・水環境保全 配管整備、排水・中水道等	⑥廃棄物・リサイクル対策 一般廃棄物処理、産業廃棄物リサイクル等	⑦化学物質対策 廃液保管整備、PCB薬品庫等関係	⑧森林保全 森林伐採・整備	⑨生活環境保全 清掃、害虫駆除、防水、回り整備等	合計
(1) 事業エリア内コスト	投資額	59,719	—	1,279	1,450	16,303	773	1,449	—	—	80,973
	費用額	25,576	—	15,392	483	13,965	20,866	25,434	—	—	101,716
(1)-1 公害防止コスト	投資額	—	—	1,279	1,450	16,303	—	1,449	—	—	20,481
	費用額	—	—	15,392	483	13,965	—	25,434	—	—	55,274
(1)-2 地球環境保全コスト	投資額	59,719	—	—	—	—	—	—	—	—	59,719
	費用額	25,576	—	—	—	—	—	—	—	—	25,576
(1)-3 資源循環コスト	投資額	—	—	—	—	—	773	—	—	—	773
	費用額	—	—	—	—	—	20,866	—	—	—	20,866
(2) 管理活動コスト	投資額	—	—	—	—	—	—	—	15,909	71,941	71,941
	費用額	—	—	—	—	—	—	19,294	0	65,557	100,760
投資額 合計		59,719	0	1,279	1,450	16,303	773	1,449	15,909	71,941	152,914
費用額 合計		25,576	0	15,392	483	13,965	20,866	44,728	15,909	65,557	202,476

(注)合計金額の数値は四捨五入の関係上一致しないことがある。
(出所)横浜国立大学〔2009〕p.27より抜粋。

両分類をリンクさせることによって,他組織と比較可能な事業活動別コストと組織内部で用いている環境活動領域別コストの関係が明示されている。

2.3 環境保全コストの集計

環境保全コストは，既述の通り，環境保全目的についやされることを認識基準としているが，土壌汚染除去費用，大気汚染物質除去装置への投資などのように，環境保全だけを直接の目的とするケースと環境保全以外のコストと結合して複合コストとなるケースに分けられる。

後者の場合のコスト集計方法としては，差額集計，合理的基準による按分集計，簡便な基準による按分集計があげられる。差額集計では，複合コストから環境保全目的以外のコストを区分して，環境保全コストを集計する。これが難しい場合には，一定の合理的基準による按分集計を行う。たとえば，環境保全活動の内容もしくは従事時間に応じて環境保全活動のための人件費を集計するケースなどである。さらに，合理的基準の設定が難しい場合には，10％，50％などのような簡便的な按分比率を設定して，発生コストごとに配分を行う。

3 環境保全効果

環境保全効果は，環境保全活動による環境負荷の発生防止，抑制または回避，影響の除去，発生した被害の回復などの効果であり，重さ，熱量，容積などの物量単位で測定される。ガイドラインでは，環境保全効果を環境パフォーマンス指標ガイドライン（環境省［2003］）などにもとづいて分類している。すなわち，表4-3で示されている，事業活動に投入する資源，事業活動から排出する環境負荷および廃棄物，事業活動から産出する財・サービスの使用時および廃棄時の環境負荷，その他の4つの領域に関する環境保全効果である。測定のために用いられる環境パフォーマンス指標の具体例は，表示されている通りである。

環境保全効果は，環境パフォーマンス指標によって測定された，基準期間における環境負荷量と当期における環境負荷量の差によって算定される。多くのケースでは前期が基準期間となるが，1990年を1つの基準年とする地球温暖化対策のように，環境負荷削減計画が複数年にわたるときは，特定の基準期間を

表4-3 環境保全効果公表用フォーマット

環境保全効果の分類	環境パフォーマンス指標（単位）	前期 (基準期間)	当　期	基準期間との差 (環境保全効果)
事業活動に投入する資源に関する環境保全効果	総エネルギー投入量（J）			
	種類別エネルギー投入量（J）			
	特定の管理対象物質投入量（t）			
	循環資源投入量（t）			
	水資源投入量（m^3）			
	水源別水資源投入量（m^3）			
	…			
事業活動から排出する環境負荷及び廃棄物に関する環境保全効果	温室効果ガス排出量（$t-CO_2$）			
	種類別または排出活動別温室効果ガス排出量（$t-CO_2$）			
	特定の化学物質排出量・移動量（t）			
	廃棄物等総排出量（t）			
	廃棄物最終処分量（t）			
	総排水量（m^3）			
	水質（BOD，COD）（mg/l）			
	NOx，SOx排出量（t）			
	悪臭（最大濃度）（mg/l）			
	…			
事業活動から産出する財・サービスに関する環境保全効果	使用時のエネルギー使用量（J）			
	使用時の環境負荷物質排出量（t）			
	廃棄時の環境負荷物質排出量（t）			
	回収された使用済み製品，容器，包装の循環的使用量（t）			
	容器包装使用量（t）			
	…			
その他の環境保全効果	輸送に伴う環境負荷物質排出量（t）			
	製品，資材等の輸送量（t・km）			
	汚染土壌面積，量（m^2，m^3）			
	騒音（dB）			
	振動（dB）			
	…			

（出所）環境省［2005］p. 43より抜粋。

設定するケースもある。

　環境保全効果は，環境保全活動による基準期間からの環境負荷削減量を表しており，必ずしも環境保全活動の水準を表すものではない。たとえば，同程度

の環境保全コストでも，基準期間の環境負荷量が小さい企業よりも大きい企業のほうが，当該期間において高い環境保全効果を上げる可能性が大きい。したがって，環境保全効果と同時に，発生している環境負荷量の大きさにも注視する必要がある[1]。

環境負荷量の大きさが一定のレベルに達した場合には，環境保全効果が把握できないケースも存在する。たとえば，高いレベルの協定基準，自主基準などを達成しているケースは，環境負荷の発生を一定水準に抑制・維持することが目的となる。こうしたケースでは，環境保全コストの効果は一定の目標水準を維持しているか否かで判断する。

また，環境負荷の大きさは，環境保全活動だけでなく，売上高や生産量などの事業活動量の増減によっても変化することから，以下に示すように，当期の事業活動量と基準期間の事業活動量の比率を基準期間の環境負荷量に掛けて調整する方法も考えられる。

環境保全効果＝基準期間の環境負荷量など×（当期の事業活動量÷基準期間の事業活動量）−当期の環境負荷など

環境保全効果は事業エリア内だけでなく，事業活動から産出する財・サービスの使用時・廃棄時などでも生み出される。たとえば，新たに開発された製品を顧客が使用する時に，旧製品に比較して削減することができるエネルギー量などである。今日では，低環境負荷製品の開発が企業経営において重要になっていることから，こうした環境保全効果は，企業の環境戦略にとって大きな意味を持っている。ただし，使用時の環境保全効果を把握するためには，使用時間，使用条件，使用方法といった製品使用状況が顧客によって異なるため，一定の仮定を設けて把握する必要があり，情報開示の際にもこれに関する十分な説明が必要である。

（1） ガイドラインでは，当期に発生する環境負荷を対象とすることから，土壌汚染のようにストックとして存在している環境負荷の把握は今後の課題である。

4 環境保全対策に伴う経済効果

4.1 実質的効果

　環境保全活動に伴う**経済効果**は，環境保全対策を進めた結果，企業などの利益に貢献した結果であり，環境面と経済面で効果をもたらすことになる。効果の大きさは貨幣単位で測定される。具体的には，実施した環境保全活動の結果，実現した収益と節減された費用が考えられる。また，これらの効果は，確実な根拠にもとづいて算定される実質的効果と，仮定的な計算にもとづいて算定される推定的効果に分けられる。

　実質的効果の収益としては，事業活動で生じた不要物や使用済み製品のリサイクルによる売却収益などがあげられる。実質的効果の節減費用としては，まず，資源投入に伴う節減があげられる。具体的には，原材料やエネルギーの効率的利用と循環的利用による原材料費，省エネルギーによるエネルギー費用などの節減である。つぎに，環境負荷や排出廃棄物にかかわる節減があげられる。具体的には，法的に規制された環境負荷物質の削減に伴う法定負担金，廃棄物削減による廃棄物処理費用などの節減である。最後に，環境事故に備えた保険料などの環境損傷費用の節減があげられる。また，この他にも，環境配慮型融資制度による支払利子の節減，環境マネジメントの効率化による人件費の節減などがあげられる。

　日本企業が開示している経済効果の多くは，実質的効果である。ただし，財務会計データから直接導き出すことのできない経済効果を把握することも今後は重要である。そこでは，推定的効果の算定が必要になってくる。

4.2 推定的効果

　推定的効果も，実質的効果と同様に収益と節減費用の2つの効果に分けられる。収益としては，たとえば，環境保全活動がもたらした付加価値寄与額，先

進的取組みが新聞や雑誌で取り上げられたことによる報道効果，ホームページへのアクセスによる宣伝効果などがあげられる（リコー［2009］p.62）。節減費用としては，環境損傷を予防することによって損害賠償や修復費用を回避するリスク回避効果，製品使用時・廃棄時のコストが節減される顧客効果などがあげられる。これらの効果について，たとえば，東芝は以下のように定義している（東芝［2009］p.68，本章のコラム参照）。

リスク回避効果＝化学物質等保管・貯蔵量×浄化修復基準金額×発生件数

顧客効果＝Σ［(旧機種の年間消費電力量－新機種の年間消費電力量）×年間販売台数×電力量目安単価］

推定的効果は，財務会計データからだけでは把握することのできない，環境保全コストの多面的な経済効果を示すことができることから，企業の環境保全活動の意思決定に重要な情報となる。東芝は，上記の効果を含む推定的効果（みなし効果，顧客効果，リスク回避効果，本章のコラム参照），環境保全費用，実質的効果を図4-4で示しているが，推定的効果は実質的効果と比較して相対的により大きな効果を生み出していることがわかる。ただし，計算式で用いられて

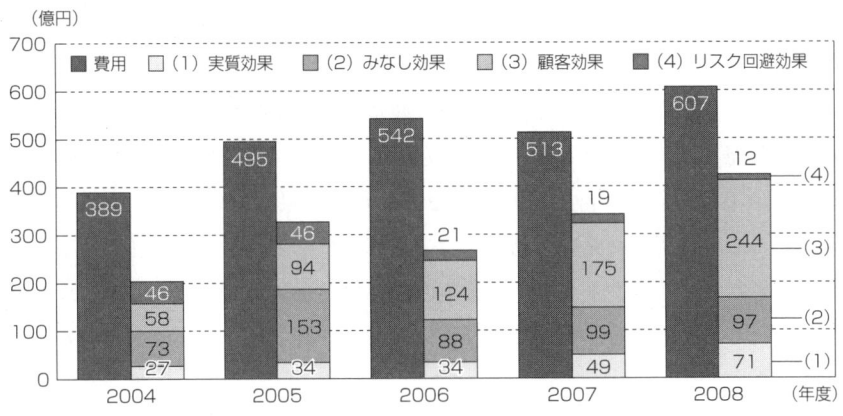

図4-4 東芝の環境保全コストと経済効果

（出所）東芝［2009］p.67にもとづき筆者作成。

いる浄化修復基準金額，発生件数，年間消費電力量などの構成要素は，仮定的な計算値であることから，情報開示においては，その前提条件の検討と明示が不可欠となる（東芝［2009］p.68）。

5 環境会計情報の拡大と利用

5.1 連結環境会計

　財務会計では連結会計が中心になっているが，環境会計においても，可能な限り広い範囲のサプライチェーンを捉えるために，企業集団を対象とした連結環境会計を実施する必要がある。

　環境会計においては，環境保全上の重要性にもとづいて連結の範囲を決定する。たとえば，環境パフォーマンス指標で測定された環境負荷量が大きい企業，環境保全コストが大きい企業，有害物質などのように環境負荷の影響度が大きい物質を扱っている企業，環境保全上重要な役割を担っている企業などである。

　連結環境会計情報の集計においては，連結範囲を決定した後に，対象となる企業や組織の個別の環境会計情報を合算する。合算する際には，連結対象企業の持分比率に応じて合算する方法と持分比率に関係なく100％合算する方法が考えられる。また，企業集団内の内部取引によって生じたコストや効果については，二重計上部分を消去する必要がある。

　たとえば，グリーン調達した原材料で製造された製品が，企業集団内の他の企業に販売され，そこでもグリーン調達として計上されたケース，使用時・廃棄時の環境保全効果が計上されている製品が企業集団内の他の企業に販売され，そこでも使用・廃棄時の効果が計上されたケース，販売額が経済効果として計上されたリサイクル品を，企業集団内の他の企業が購入して加工した上で再生材料として販売し，そこでも経済効果として計上したケースなどが考えられる。

5.2 環境保全効果の評価

環境保全効果は，物量単位によって測定されるため，対象となる環境負荷ごとに異なる単位が用いられる。企業で環境保全活動を行うには，企業全体や環境問題領域ごとの環境負荷の大きさやその増減を把握することが重要である。異なる環境負荷を単一の指標すなわち統合化指標によって評価する研究は，LCAの領域で行われてきたが，企業社会会計の時代から，その成果の環境会計への導入が試みられてきた（第2章参照）。環境会計に導入されている統合評価の方法は，評価単位によるものと貨幣単位によるものに分けられる。

評価単位による評価の代表例としては，Eco-indicator99，LIME（階層化分析法），MIPS（Materialintensität pro Serviceeinheit），スイス環境庁のエコファクター，JEPIX（Environmental Policy Priorities Index for Japan），ELP（Environmental Load Point）などがあげられる。そこでは，たとえば，被害，重量，希少性などのように指標ごとに異なる観点から重みづけが行われており，各企業は独自の判断で指標の選択を行っている。また，これらの評価指標に使われる基礎データを用いながら，企業独自の重みづけを行った指標を開示している企業もある。たとえば，アサヒビールのAGE（アサヒビール［2006］p.48），東洋インキの統合環境負荷指標（東洋インキ製造［2008］p.33），宝酒造の緑字（宝酒造［2009］pp.25-26）などがあげられる。

貨幣単位による評価については，環境会計ガイドラインでも言及されているが，代表的なものとしては，LIME（コンジョイント分析），EPS（Environment Priority Strategies for Product Design），ExternEなどがあげられる。企業における貨幣単位による評価では，さまざまな形態がみられる。

代表例としては，まず，省エネルギー，省資源などのように環境負荷削減が経済効果につながり，削減量が取得価格によって示されるケースがあげられる。つぎに，代表的な貨幣単位による評価指標をそのまま用いて環境負荷量を測定するケースがあげられる。最後に，評価単位による統合評価を行った後に，貨幣換算を行うケースがあげられる。また，貨幣換算自体もいくつかの方法で行われている。たとえば，対策費用，事後修復費用，市場価格，支払意思

額（環境保全のために支払ってもかまわない金額）などである。

5.3 環境経営の分析指標

環境会計のデータは，複数の集計項目や事業活動量の指標などを組み合せて，環境経営の分析指標として用いられ，これらを用いた環境経営の企業間比較や当該企業の期間比較が行われる。環境会計ガイドラインでは，具体例として，以下の指標をあげている。

1つめは，環境保全活動が事業規模に占める割合を分析するための指標である。ちなみに，エコカーの開発が重要な経営戦略となっているトヨタでは，2008年度の研究開発費7,698億円のうち，2,129億円が環境保全目的のものである（トヨタ自動車［2009］p. 49）。2つめは，環境保全コストがもたらす環境保全効果の効率性を分析する指標であり，コスト当たりの環境保全効果の大きさなどが示される。3つめは，事業活動と環境負荷量の関係を分析するための指標であり，事業量当たりの環境負荷量などが示される。

表4-5は岡村製作所が公表している売上高当たりの個別環境負荷量であり，

表4-4　岡村製作所の環境保全効果と経営分析指標

環境保全効果の分類	環境パフォーマンス指標	単位	2007年度	2008年度	前年度との差
事業活動に投入する資源に関する環境保全効果	総エネルギー投入量 売上高あたり	GJ GJ/百万円	989,913 4.61	877,421 4.62	-112,492 0.01
	水資源投入量 売上高あたり	m^3 m^3/百万円	418,740 1.95	316,912 1.67	-101,828 -0.28
	PRTR対象物質取扱量 売上高あたり	kg kg/百万円	195,551 0.91	150,276 0.79	-45,274 -0.12
事業活動から排出する環境負荷および廃棄物に関する環境保全効果	CO_2排出量 売上高あたり	$t-CO_2$ $t-CO_2$/百万円	44,575 0.21	39,284 0.21	-5.291 0.00
	PRTR対象物質排出移動量 売上高あたり	kg kg/百万円	174,716 0.81	141,573 0.74	-33,143 -0.07
	廃棄物等総排出量 売上高あたり	t t/百万円	17,662 0.08	14,907 0.08	-2,755 0.00
	廃棄物等最終処分量 売上高あたり	t t/百万円	174 0.00	0 0.00	-174 0.00

（出所）岡村製作所［2009］p. 49より抜粋。

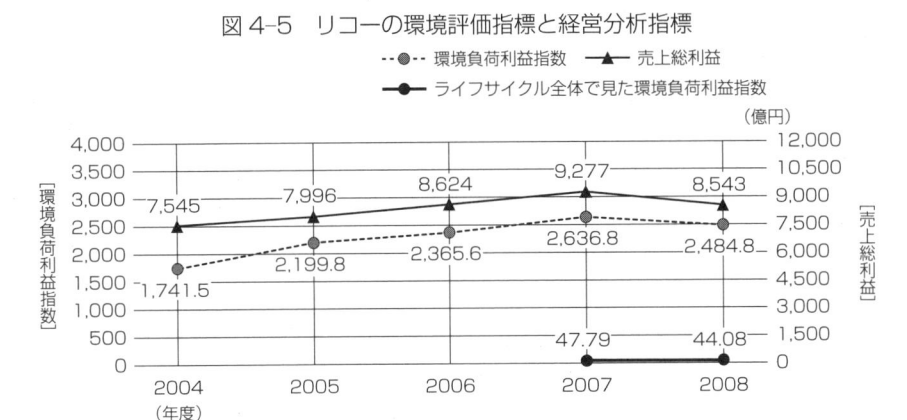

図4-5 リコーの環境評価指標と経営分析指標

・・●・・ 環境負荷利益指数　―▲― 売上総利益
―●― ライフサイクル全体で見た環境負荷利益指数

[環境負荷利益指数]
- 2004: 7,545 / 1,741.5
- 2005: 7,996 / 2,199.8
- 2006: 8,624 / 2,365.6
- 2007: 9,277 / 2,636.8 / 47.79
- 2008: 8,543 / 2,484.8 / 44.08

（出所）リコー［2009］p.5より抜粋。

　環境保全効果の絶対量に加えて，売上高当たりの効果が示されている。事業活動と環境負荷量の関係は，環境負荷単位当たりの事業活動量で表されることも多い。図4-5は，リコーが公表している環境負荷利益指数である。同指数は既述のEPSに基づいて評価した環境負荷当たりの売上総利益を表している。評価対象となる環境負荷は，リコーグループの活動から生み出されたものとリコー製品のライフサイクル全体から生み出されたものが設定されている。

6　環境報告会計の拡張

6.1　環境報告とサステナビリティ報告

　環境報告会計は，企業のホームページ，環境報告書などによって開示されている。一方で，2000年に公表された**GRI**（Global Reporting Initiative）が提示する企業の持続可能性を経済・環境・社会の各側面から把握して情報開示するための**サステナビリティリポーティングガイドライン**（**GRIガイドライン**）を自主的情報開示の指針とする企業が国際的に増加し，日本でも多くの企業が，サステナビリティ報告書やCSR報告書を公表するようになった（第6章参照）。環境省の調査では，398社がこうした報告書の中で環境情報の開示を行っている。

企業のサステナビリティやCSRを把握するための指標は，GRIガイドラインの他にも，国連グローバルコンパクト，プロジェクトファイナンスのための赤道原則，国連責任投資原則，OECD多国籍企業ガイドラインなどが公表され，ISOの規格化も進められている。

　日本では，環境領域については，環境省から環境報告ガイドラインが公表されていることから，日本企業の多くが，同ガイドラインの環境パフォーマンス指標にもとづいて環境負荷の把握と開示を行っている。一方，企業の社会的取り組みについては，GRIガイドラインが参照されてきたが，日本企業向けのガイドラインは，2009年にサステナビリティ・コミュニケーション・ネットワーク（NSC）から公表されたものが最初であり，日本における社会的パフォーマンス指標（SPI）の標準化はスタートしたばかりである（NSC［2009］）。

　NSCのサステナビリティ報告ガイドラインでは，SPIとして，以下の項目を提唱している。ここでは，SP-7で環境会計を内包したサステナビリティ会計が示されている。

- SP-0：社会の持続可能性にかかわる経営責任者の緒言
- SP-1：企業統治に関する情報・指標
- SP-2：人権に関する情報・指標
- SP-3：雇用・労働に関する情報・指標（雇用，基礎的労働条件（賃金・労働時間），労働安全衛生，教育訓練（人材育成），ワークライフバランス，ダイバーシティ（人材の多様性），労使関係）
- SP-4：消費者の権利と製品・サービスに関する情報・指標
- SP-5：地域・社会との関係に関する情報・指標
- SP-6：上記以外の社会的側面に関する情報・指標
- SP-7：企業の社会的側面に関する経済的情報

6.2　環境報告会計とサステナビリティ会計

　サステナビリティ報告では，企業活動の経済面・環境面・社会面を対象とす

ることから，環境報告会計を組み込んだ**サステナビリティ会計**が必要となる。同じ方向性をもつ会計モデルは，第2章で企業社会会計として解説されている。また，最近でも，イギリスのシグマプロジェクト，麗澤大学企業倫理研究センター・CSR会計ガイドラインなどで同様の試みがなされている。

本章では，NSCのSPIにもとづいて，ガイドラインで展開されているサステナビリティ会計を中心に解説する。まず，企業の社会的取組の場合にも，環境会計と同様に，取組についやされたコストと，そのコストが生み出す効果を把握する必要がある。これらは，表4-5のSPI計算書によって示される。そこでは，SP-1～6の社会的パフォーマンスごとに，企業の取組の方針（方針，体制，計画など），ついやされたコスト（投資額，費用額），取組の結果（総量）と効果（変化量）が示される。社会的取組に投入されたコストはCSRコストと呼ばれる。CSRコストの代表的な開示企業例としては，ユニ・チャームなどがあげられる。

SPI計算書では，社会的取組の領域ごとに，実施計画，実施計画とコストとの関係が示されると同時に，社会的取組全体における領域ごとの資源投入の大きさが明示される。なお，取組がもたらす経済的効果については，領域ごとにさまざまな形態や測定方法が考えられることから，取組の効果の中の1項目として把握され，取組全体を対象とした集計は行われていない。

表4-5　SPI計算書

SPI項目		取組の方針 （方針・体制・計画等）	CSRコスト		取組の結果	取組の効果
			投資額	費用額		
SP-1	企業統治	企業統治	××	××	統治機関の活動数	同増加数
		企業倫理	××	××	不正行為件数	同減少数
:	:	:	:	:	:	:
SP-6	その他	社会とのコミュニケーション	××	××	社会との対応状況	状況の変化
		サプライチェーンマネジメント	××	××	対象となる財・サービス	同増加数
CSRコスト合計			××	××		

(出所) NSC [2009] p.59にもとづき筆者作成。

表4-6 NSCのサステナビリティ会計

	ステークホルダー別付加価値計算書			SPI計算書					
	ステークホルダー		付加価値例	付加価値額	SPI項目	取組方針	CSRコスト	取組結果	取組効果
1	顧客・消費者		販売額	＊＊	‥	‥	＊＊	‥	‥
2	供給者		原材料費・用益費	＊＊	‥	‥	＊＊	‥	‥
3	企業付加価値		注1	＊＊	‥	‥	＊＊	‥	‥
4	従業員	正規雇用	報酬	＊＊	‥	‥	＊＊	‥	‥
		非正規雇用	報酬	＊＊	‥	‥	＊＊	‥	‥
5	地域・社会		社会への投資額	＊＊	‥	‥	＊＊	‥	‥
6	公的機関		租税公課・補助金	＊＊	‥	‥	＊＊	‥	‥
7	投資家		配当金	＊＊	‥	‥	＊＊	‥	‥
8	債権者		借入金利息	＊＊	‥	‥	＊＊	‥	‥
9	経営者		役員報酬	＊＊	‥	‥	＊＊	‥	‥
10	環境		環境保全コスト	＊＊注3	‥	‥	＊＊	‥	‥
11	その他			＊＊	‥	‥	＊＊	‥	‥
12	収支		内部留保	＊＊					
13	付加価値合計		注2	＊＊	CSRコスト合計		＊＊		

（左側10・11行目が「環境会計」に該当）

注1）創出された付加価値を表す。3＝1−2
注2）配分された付加価値の合計を表す。13＝4＋5＋6＋7＋8＋9＋10＋11＋12
注3）他のステークホルダーに配分された付加価値の重複分を控除する。
注4）「＊＊」には金額，「‥」には記述・物量・金額が入る。
（出所）NSC［2009］p.59にもとづき筆者作成。

つぎに，サステナビリティ会計の場合には，ステークホルダーごとに経済的影響の大きさを把握することが重要である。この領域については，第2章でも説明されている付加価値の配分が用いられることが多い。表4-6は，ステークホルダー別付加価値計算書によってステークホルダーごとの付加価値の創出と配分を左側に示し，右側に表4-5に示したSPI計算書に環境会計を加え，ステークホルダーごとに組み替えてリンクさせたものである。これによって，ステークホルダーごとに，配分された経営資源とCSRコストを対比させて把握することができる。ここでは，環境がステークホルダーの1つとして計上されると同時に，環境保全コストが付加価値，CSRコストの1つとして計上されていることから，企業活動およびCSR活動において環境保全コストが占める大きさ

を示すことができる。

　ステークホルダーごとの付加価値や経済的価値の配分を開示している企業の例としては，東芝，帝人，九州電力などをあげることができる。ただし，環境会計と比較すると，測定対象が広範囲で多様なことから，基本的なフレームワークや測定方法などの確立や標準化は今後の課題である。CSRへの対応は企業にとって今後避けて通ることのできない重要な経営戦略の1つになってきており，これを効率的かつ効果的に実践していくためには，サステナビリティ会計，付加価値会計，SPI計算書などの導入と公表が重要になってくる。

（八木　裕之）

COLUMN 3

東芝グループの環境会計

　東芝グループでは，環境経営の推進にあたり，自らの環境保全に関する投資額やその費用を正確に把握して集計・分析を行い，投資効果や費用効果を経営の意思決定に反映させることを目的として環境会計に取り組んでいる。

　当社グループでは1999年度に環境会計を導入し，翌2000年度に初めて外部公表を行った。以来，環境保全コストは環境省発行の「環境会計ガイドライン」に準拠した項目について，投資額と費用額を集計している。環境保全効果は，公表当初より，事業活動における環境負荷低減量を「実質効果」および「みなし効果」として金額と物量の両面で算出してきた。その後，主要製品群における環境負荷低減効果として「顧客効果」を，また将来起こりうるリスクを未然に防止した効果として「リスク回避効果」を追加するなど，環境会計体系の見直しや環境保全効果算出の精緻化を進めている。2002年度には環境会計データの第三者審査を導入し，データの正確性と透明性の確保にも努めた。さらに，2008年度からは第三者機関による審査レベルを段階的に格上げし，より厳格な評価を受けることで信頼性の向上を図っている。以下の表に，東芝グループ環境会計における環境保全効果の各項目についての考え方を示す。

　環境負荷には，温室効果ガスや廃棄物，大気汚染物質など様々な種類があるが，それぞれに負荷を表す単位が異なるため，総合的な環境負荷量の把握は困難である。一方，環境会計を経営の意思決定に役立てるには，統一された単位で環境負荷全体を表すのが有効である。東芝グループ環境会計の環境保全効果は，前年度対比による事業活動および製品使用段階の環境負荷削減効果と，将

東芝グループ環境会計における環境保全効果の考え方

実質効果	事業活動における、電気料金や廃棄物処理費用などの前年度に対して節減できた金額と有価値物売却益の合計であり、会計上の収支算出が可能な項目
みなし効果	事業活動における、大気や水域、土壌などに対する環境負荷の削減量を、カドミウム公害の賠償費用や環境基準などのデータをもとに金額換算
顧客効果	ライフサイクルコスティングのうち、顧客ベネフィットに繋がる製品の使用段階に焦点を当て、主要製品群の消費電力低減・環境負荷削減を評価
リスク回避効果	土壌・地下水等の汚染防止を目的とした環境構造物投資の前後で、リスクの減少度合いを計測し、将来起こる可能性のあるリスクを回避する効果として評価

来のリスクを回避する効果とで構成されており、それぞれを物量表示とともに金額換算することで、異なる環境負荷を同一の基準で比較することを可能にしている。

　我々は事業活動を行う上で、各種の物質を環境中に排出している。排出は当然ながら規制値以内であるものの、多くの事業者が集まれば結果として環境負荷量は増大し、その対策費用を誰も負担しない「外部不経済」の問題が生じる。当社はこの「外部不経済」の可視化・内部化を試みることで、環境対策における意思決定に反映させ、社会全体の環境負荷低減に貢献することを目指している。

　また外部機能として、環境会計データを10年以上に渡り公表してきた継続性は当社の大きな特徴である。こうした膨大なデータ量の蓄積と公表の継続性は、国内外の環境格付や環境経営ランキングなどの評価に貢献してきたと考えている。

((株)東芝　環境推進部　**藤枝　一也**)

演習問題

1　環境会計ガイドラインが示す環境会計の基本的な仕組みを説明しなさい。
2　環境保全コストの認識基準と分類方法を説明しなさい。
3　環境保全効果の測定方法と統合評価について具体例をあげて説明しなさい。
4　実質的経済効果と推定的経済効果について具体例をあげて説明しなさい。
5　サステナビリティ会計に必要な要素についてあなたの考えを述べなさい。

第5章

環境財務会計

　近年，企業の環境対策活動の増大に伴い，環境会計数値の金額および質の重要性が高まっている。重要性の高い環境会計数値は，企業の財政状態・経営成績・キャッシュフローを判断する上で重要な要素となるため，財務会計制度の枠組みの中に取り込み，適切に認識・測定・開示する必要がある。

　企業の環境対策活動には，環境法規制に関連した資産除去，土壌汚染調査・対策，地球温暖化対策ならびに排出量取引等がある。これら環境対策に投じる環境保全コストは企業外部（社会ならびに地球）の便益（環境保全効果）を目的としているが，これまで財務会計が扱ってきたコストは，基本的に企業内部の便益（経済効果）を目的としている。したがって企業外部の便益を目的とする環境保全コストを財務会計で扱うためには，既存の財務会計制度を環境問題ならびに環境対策活動特有の性質に適合させなければならず，そのために財務会計基準の整備あるいは新たな基準設定が必要となる場合がある。本章ではそのような環境財務会計基準の整備・制定の動向を踏まえ，財務会計制度の枠組みにおける環境会計について論ずる。

1　環境財務会計の国際的動向

　環境問題に関わる事項を財務会計領域でどのように扱うかという問題は，欧米・国際機関等でも検討され，1980年代後半から各種指針や報告書が公表されてきた。またアメリカの財務会計基準審議会（FASB; Financial Accounting Standards Board）や国際会計基準審議会（IASB; International Accounting Standards Board）では，

顕在化する個別の環境問題に実務上対応する形で，環境関連の財務会計基準を設定してきた。本節では，欧米，国際機関を中心に進展している環境財務会計の理論，制度，企業実務に関する動向を把握し，その基礎概念を明確にする。

1.1 CICAおよび国際機関による報告書

カナダでは，環境問題に関連する事象の財務会計制度での扱いを検討し，1993年に職業会計士団体かつ基準設定団体である**カナダ勅許会計士協会**（CICA; The Canadian Institute of Chartered Accountants）が『環境コスト及び負債―会計及び財務報告の問題』（CICA [1993]）を公表した。これにより財務会計上の環境コストや環境負債の会計処理方法が規定されたが，その後CICAは独自で研究を行う方法から，**GRI**（Global Reporting Initiative）等の国際機関に協力する方向へと転換した。その背後には，環境報告や環境会計をめぐる国際的な進展があった。

また国連の動きをみると，**国連貿易開発会議**（UNCTAD; United Nations Conference on Trade and Development）の多国籍企業委員会「会計・報告の国際基準に関する国連政府間専門作業グループ」では，1989年に会計・報告分野におけるグローバルな発展問題の1つとして環境財務情報開示に取り組むことを表明した。この政府間作業部会では，環境支出と環境負債の規模が増大しているにもかかわらず，年次報告書において環境問題が適切に取り上げられず，企業に広範な自由裁量を許したのは会計基準の欠如にあるとの問題意識にもとづき，年次報告書の中に環境財務情報を開示するための施策が広がった。1997年に『企業レベルでの環境財務会計・報告』と題する報告書の中で「年次報告書のための環境報告フレームワーク」を規定し，1999年に『環境コストと負債のための会計及び財務報告』（UNCTAD [1999]）を規定した。

このような動きは世界的に広まり，ヨーロッパ会計士連盟（FEE; Fédération des Experts Comptable Européens）は1999年に『環境問題に対する国際会計基準のレビュー』（FEE [1999]）を公表した。また欧州委員会は2001年に『年次決算と年次報告書における環境問題の認識・測定・開示』（EC [2001]）と題する勧告

を公表し，企業が年次報告書において環境関連事項の開示を促進するよう勧告した。勧告の付属文書では環境負債と環境費用の認識・測定・開示に関するガイドラインを示し，加盟国企業に適用するよう勧告，2002年にEC指令案を公表した。2005年1月からすべての欧州連合（EU; European Union）域内の上場企業で国際会計基準が適用されるようになり，これに関連してEUの会計諸規定を整備するため年次・連結会計に関する指令の改正（会計法現代化指令）が採択され，EU各国で年次報告書における環境・社会関連情報の開示規定が設けられてきた。

1.2 アメリカにおける環境関連のGAAP

アメリカでは1970年代初頭から環境保護のための主要な環境法が制定され，証券市場や企業経営に影響を与えてきた。また諸種の環境法を遵守するための環境コスト・環境負債等の会計数値は企業の財務会計にも重要な影響を及ぼすため，企業の環境上のインパクトと，財政状態・経営成績・キャッシュフローとの関係を認識できる首尾一貫した会計基準の整備・制定が求められた。このような背景の下，1980年代後半から1990年代に環境問題に関連する財務会計基準が相次いで公表された。

1980年代後半，アスベスト汚染に対する社会的関心が高まり，企業所有の建物からのアスベスト除去が求められた。それに伴い，1989年にFASB緊急問題専門委員会第89-13号「アスベスト除去コストの会計」（EITF89-13）が制定された。その後，環境保全コストを**資本的支出**（capital expenditure）とするか**収益的支出**（revenue expenditure）とするかが議論され，1990年に同第90-8号「環境汚染処理コストの資本化」（EITF90-8）が制定され，さらに環境コストに対して環境負債を認識する際の会計上の問題点に関して，1993年に同第93-5号「環境負債の会計」（EITF93-5）が制定された。特に環境修復負債の会計処理および開示の問題は重要な環境財務会計事項として検討が重ねられ，1996年に**米国公認会計士協会**（AICPA; American Institute of Certified Public Accountants）から，環境負債に関連した実務指針第96-1号「**環境修復負債**」（SOP96-1）が公表された。

SOP96-1は主に過去の活動に起因する環境汚染の改善・修復・浄化等により発生する環境コストに対する負債を規定したもので，将来発生する環境コストに対する負債の会計処理については，2001年にFASB財務会計基準書第143号「資産除去債務の会計」(SFAS143) が公表された。各産業において長期保有資産の取得・建設・開発または通常の運転時に資産除去債務が発生するが，これらを会計としても適切に認識し，環境被害の改善を目指さなければならない。この他FASBは，同第144号「長期性資産の減損又は処分に関する会計」(SFAS144) (2001年)，同第146号「撤退または処分活動に関連するコストの会計」(SFAS146) (2002年)，解釈指針第47号「条件付資産除去債務の会計―FASB SFAS 143号の解釈指針」(2005年) など，環境コスト・負債に関連する会計基準等を公表してきた。

1.3　国際財務報告基準（IFRS）

財務会計の分野ではIASBによる会計基準の国際化・調和化が進み，環境財務会計にもその影響が及んでいる。IASBでも"財務的側面に影響を及ぼす環境会計情報は，既存の財務会計制度の中で検討する"というスタンスを取っており，環境問題に関連する会計基準を相次いで公表している。主なものをあげると，**国際財務報告基準**（IFRS; International Financial Reporting Standards）第5号「売却目的で保有する非流動資産及び廃止事業」(IFRS5) (2004年)，同第6号「鉱物資源の探査及び評価」(IFRS6) (2004年)，国際財務報告解釈指針委員会 (IFRIC; International Financial Reporting Interpretations Committee) 解釈指針第1号「廃棄，原状回復及びそれらに類似した既存の負債の変動」(2004年)，同第5号「廃棄，原状回復及び環境復旧基金から生じる持分に対する権利」(2004年)，同第10号「特定の市場への参加から生じる負債―電機・電子機器廃棄物―」(2004年) などが公表されている。

また2005年1月には，世界最大規模となる**ヨーロッパ排出量取引制度**（EU-ETS; European Emission Trading Scheme）が始まった。これは政府が総排出量を定め，参加企業に対して一定の排出枠（キャップ）を無償または有償で配分する

キャップ&トレード方式を採用しており，所定期間終了時に実際の排出量と等しい排出枠の供出が求められる。この際，排出枠をどのように会計処理するかが問題となり，2004年12月にIFRIC解釈指針第3号「排出権」が公表された。この解釈指針は，排出量取引枠を無形資産として公正価値で財務諸表に計上するとともに，企業には排出に応じて排出枠を供出する義務を負債として認識することを求めた。しかしヨーロッパ財務報告助言グループ等から懸念が表明され，排出量取引の実態をより適切に会計処理するため，既存の基準である国際会計基準第38号「無形資産」(IAS38)および同第39号「金融商品：認識及び測定」(IAS39)の改訂を前提として検討すべきとして，2005年6月に廃止された。

EU諸国，オーストラリア，カナダ，韓国，インドなど，世界100か国以上がIFRSを導入または将来的に導入することを表明し，アメリカ，および日本も最終的にアダプトする可能性がある。2005年より，日本の**企業会計基準委員会**（ASBJ; Accounting Standards Board of Japan）とIASB間で**コンバージェンス**に関連するプロジェクトを進め，2008年12月に日本基準はIFRSと同等の評価を得た。そのプロジェクトの1つとして，日本でも2008年3月に「資産除去債務に関する会計基準」および「適用指針」が公表された。次節以降，日本の環境財務会計の現状および今後の展開を，環境財務会計基準の動向を踏まえて論ずる。

2　資産除去債務の会計

ASBJは2008年3月に「資産除去債務に関する会計基準」，および同適用指針を公表した。これは有形固定資産の除去に関わる費用の将来キャッシュ・フローを見積り，現在価値に割り引いた金額を資産と負債に両建計上するという会計処理を要求するものである。本節では，当会計基準における会計処理の内容を概観するとともに実務上の影響を考察する。今後予想される環境法規制の強化・拡大は，資産除去債務に関連する認識対象の拡大を導き，当該債務の金額的な重要性を高めるであろう。かくして資産除去債務の会計処理の必要性は一層高まることが予想され，企業の動向が注目される。

2.1 「資産除去債務に関する会計基準」制定の経緯と概要

　有形固定資産の除去に関する将来の負担を財務諸表に反映させることは投資情報として役立つという認識にもとづき，アメリカFASBおよびIASBでは資産除去債務の会計を基準化し，日本の会計基準においても重要な検討課題となっていた。そこでASBJとIASBとのコンバージェンスにおける検討プロジェクトの１つとして資産除去債務が取り上げられ（2006年3月），最終的に2008年3月に，企業会計基準第18号「資産除去債務に関する会計基準」（以下，本会計基準）および企業会計基準適用指針第21号「資産除去債務に関する会計基準の適用指針」（以下，適用指針）が公表された。

　本会計基準の内容を理解するに当たり，最初に「**資産除去債務**」についての定義を明確にする。「資産除去債務とは，有形固定資産の取得，建設，開発又は通常の使用によって生じ，当該有形固定資産の除去に関して法令又は契約で要求される法律上の義務及びそれに準ずるものをいう。」（基準3項 (1)）

　この定義における「**有形固定資産**」とは財務諸表等規則において有形固定資産に区分される資産のほか，建設仮勘定やリース資産など，財務諸表規則において「投資その他の資産」に分類されている投資不動産についても，資産除去債務が存在している場合には対象となる。つぎに有形固定資産の取得，建設，開発又は通常の使用の「通常の使用」とは，有形固定資産を意図した目的のために正常に稼動させることであり，不適切な操業等の異常な原因によって有形固定資産を除去する義務が生じた場合には本基準の対象とはならない。なお通常の使用によって生じた土地の汚染除去の義務も，それが当該土地の建築物等の資産除去債務と考えられるときには，本会計基準の対象となる。有形固定資産の「**除去**」とは，有形固定資産を用役提供から除外することであり，具体的な様態としては，売却，廃棄，リサイクルその他の方法による処分が含まれるが，転用や用途変更は使用を継続するものであり含まれない。また当該有形固定資産が遊休状態になる場合は除去に該当しない。

　「法律上の義務及びそれに準ずるもの」には，有形固定資産を直接的に除去する義務のほか，有形固定資産の除去そのものは義務でなくても，有形固定資

産を除去する際に当該有形固定資産に使用されている有害物質を法律等の要求による特別の方法で除去する義務も含まれる。ただしこの場合に資産除去債務の計上の対象となるのは，当該有形固定資産の除去費用全体ではなく，有害物質の除去に直接関わる費用である。また企業が負う将来の負担を財務諸表に反映させることが投資情報として有用であるとすれば，それは法令又は契約で要求される法律上の義務に限定されるものではない。したがって本会計基準では，債務の履行を免れることが不可能な義務など，法律上の義務とほぼ同等の不可避な義務も含まれる。具体的には，法律上の解釈により当事者間での清算が要請される債務に加え，過去の判例や行政当局の通達等のうち，法律上の義務とほぼ同等の不可避な支出が義務づけられるものが該当する。ただし有形固定資産の除去が企業の自発的な計画のみによって行われる場合には，法律上の義務に準ずるものには該当しない。

2.2 資産除去債務の会計

(1) 資産除去債務の負債計上

　資産除去債務は，有形固定資産の取得，建設，開発又は使用によって発生した時に負債として計上する。法律上の義務等にもとづく資産除去債務に該当する場合には，有形固定資産の除去に係る支払いが不可避に生じるため，債務として負担している金額が合理的に見積もられることを条件に，資産除去債務の全額を負債として計上し，同額を有形固定資産の取得原価に反映させる会計処理（資産負債の両建処理）を行う。**引当金処理**に関しては，有形固定資産の除去に必要な金額が貸借対照表に計上されず，また国際的な会計基準とのコンバージェンスに資するという観点からも不十分である。ただし，特別の法令等により合理的な費用配分と考えられる場合には採用することができる。

　資産除去債務の履行時期や除去方法が明確でないため金額が確定しない場合でも，履行時期の範囲および蓋然性について合理的に見積もるための情報が入手可能なときは，合理的に見積もることができる場合に該当する。たとえば将来キャッシュ・フローの発生確率の分布の推定により当該発生額が見積り可能

な場合には，負債計上が要求される。それでもなお資産除去債務発生時に当該債務の金額を合理的に見積もることができない場合には，これを計上せず，合理的な見積りが可能となった時点で負債計上する。資産除去債務を合理的に見積もることができない場合とは，決済日現在入手可能な全ての証拠を勘案し最善の見積りを行ってもなお，合理的に金額を算定できない場合をいう。このような場合には注記を行わなければならない。

(2) 資産除去債務の算定

資産除去債務の算定は，有形固定資産の除去に要する割引前の**将来キャッシュ・フロー**を**現在価値**に割り引いた金額とする。このときの将来キャッシュ・フローの見積りは，生起する可能性の高い単一の金額，または生起し得る複数の将来キャッシュ・フローをそれぞれの発生確率で加重平均した金額とする。これらの見積り金額に，インフレ率や見積り値から乖離するリスクを勘案する。また合理的で説明可能な仮定および予測にもとづき，技術革新などによる影響額を見積もることができる場合には，これを反映させる。

見積りキャッシュ・フローがその見積り値から乖離するリスクは将来キャッシュ・フローの見積りに反映されるため，**割引率**は，将来キャッシュ・フローが発生すると予想される時点までの期間に対応する貨幣の時間価値を反映した無リスクの税引前利率とする。この場合，原則として将来キャッシュ・フローが発生するまでの期間に対応した利付国債の流通利回りなどを参考に，割引率を決定する。資産除去債務については，信用リスクを反映させた割引率を用いるよりも，退職給付債務と同様に無リスク割引率を用いることが現在の会計基準全体の体系と整合的であると考えられる。なお割引前将来キャッシュ・フローが税引前の数値であることに適合させ，割引率も税引前の数値を用いる。

(3) 資産除去費用の資産計上と費用配分

資産除去債務に対応する除去費用は，資産除去債務を負債として計上したときに，当該負債計上額と同額を関連する有形固定資産の帳簿価額に加える。このような会計処理（資産負債の両建処理）は，有形固定資産の取得に付随して生じる除去費用の未払いの債務を負債として計上すると同時に，対応する除去

費用を当該有形固定資産の取得原価に含めることにより，当該資産の投資について回収すべき額を引き上げる。すなわち，有形固定資産の除去時に不可避に生じる支出額を付随費用と同様に取得原価に加えた上で費用配分を行い，資産効率の観点から有用と考えられる情報を提供する。また当該除去費用は，法律上の権利ではなく財産価値もなく，独立して収益獲得に貢献するものでもない。したがって独立した資産として計上するのではなく，有形固定資産の稼動にとって不可欠なものと考え，有形固定資産の取得に関する付随費用と同様に処理する。さらに減損会計適用の際には，資産除去費用部分の二重認識を避けるため，将来キャッシュ・フローの見積りに資産除去費用部分は含めない。

資産除去債務に関連する有形固定資産の帳簿価額の増加額として資産計上された金額は，**減価償却**を通じて，当該有形固定資産の残存耐用年数にわたり各期に費用配分される。土地の原状回復費用等は，当該土地に建てられている建物や構築物等の有形固定資産の減価償却を通じて各期に費用配分される。

(4) 資産除去債務の見積りの変更

割引前将来キャッシュ・フローに重要な見積り変更が生じた場合には，資産除去債務に対する負債，および関連する有形固定資産の帳簿価額に加減し，残存年数にわたり減価償却を通じて費用配分を行う（**プロスペクティブ・アプローチ**）。これは国際的な会計基準との整合性，および日本の会計慣行において，影響額変更後の残存耐用年数で処理する方法が一般的であることによる。調整額に適用する割引率は，キャッシュ・フローの増加部分については新たな負債の発生と同様，その時点の割引率を適用し，キャッシュ・フローが減少する場合には負債計上時の割引率を適用する。

(5) 開　　示

①貸借対照表上の表示

　資産除去債務は，貸借対照表日1年以内にその履行が見込まれる場合を除き，固定負債の区分に資産除去債務の適切な科目名で表示する。貸借対照表日1年以内に資産除去債務の履行が見込まれる場合には，流動負債の区分に表示する。

②損益計算書上の表示

　資産計上された資産除去債務に対応する除去費用に係る費用配分額，および時の経過による資産除去債務の調整額は，損益計算書上，当該資産除去債務に関連する有形固定資産の減価償却と同じ区分に計上する。資産除去債務履行時の帳簿上の資産除去債務残高と，実際の支払額との差額は，損益計算書上，原則として当該資産除去債務に対応する除去費用に係る費用配分と同じ区分に計上する。

③キャッシュ・フロー計算書上の表示

　資産除去債務履行による支出額は，キャッシュ・フロー計算書上「投資活動によるキャッシュ・フロー」の項目として取り扱う。資産除去債務の履行については，「営業活動によるキャッシュ・フロー」と「投資活動によるキャッシュ・フロー」の両方が考えられるが，本基準において資産除去債務に対応する除去費用は有形固定資産の取得に関する付随費用と同様に処理すること，固定資産の除去に伴う支出は固定資産の売却収入の控除項目とすることを考慮すると，投資活動によるキャッシュ・フローとして扱うことが整合的である。

　固定資産の取得に伴う資産除去債務の認識は，資金の移動を伴わずに資産および負債を計上するものであり，資産除去債務が将来の支出となることから，重要性がある場合には「重要な非資金取引」として注記する。

2.3　基準適用関連事項

　本会計基準および適用指針は，2010年4月1日以降開始する事業年度から適用される。ただしそれ以前の適用も可能である。適用初年度の期首残高の調整方法は**キャッチアップ・アプローチ**を採用し，資産除去債務に対応する除去費用の期首残高は資産除去債務発生後の期間の減価償却額に相当する金額を控除した金額とする。適用初年度の新たな負債計上額は時の経過により当初発生時よりも増加し，資産に追加計上される除去費用の金額は過年度の減価償却費相当分だけ減少する。このため，負債増加額のほうが資産増加額よりも大きくなる。この初年度の期首差額は当該年度の損益として一時に計上する。

環境法において，有害化学物質の規制や措置が定められており，それらを含有する有形固定資産の解体・撤去・処分時に本基準の対象となる可能性がある。本会計基準では，資産除去債務の対象となる有害物質ならびに環境法については特定していないが，建築物には多種多様の有害物質が使用されている可能性があり，それらを含有する建築物や施設の解体・撤去・処分時には法令にもとづく処分が要求され，本会計基準の資産除去債務の認識対象となる。このような資産除去債務の会計処理をシステマテックに推進していくためには，環境専門家，法務専門家，財務・経理専門家等が連携して実施していく必要があろう。

3 土壌汚染の会計

3.1 土壌汚染対策法とその改正

企業の環境対策活動の誘因として環境法の影響は大きい。近年の日本の代表的な環境法に2002年制定，2003年施行の「土壌汚染対策法」があり，企業は法律遵守に起因して土壌汚染調査・対策費用を負担し，状況によって負債認識を要求される。このような実務レベルでの対応は企業会計にも重要な影響を及ぼす。そこでまず「土壌汚染対策法」と2009年に提出されたその改正案について概観する。

(1) 土壌汚染対策法制定の背景と概要

近年問題となっている土壌汚染は，1960年代以降の高度経済成長とハイテク経済に起因し，1980年代頃からは市街地における土壌汚染判明事例が増加し，社会問題としてクローズアップされた。かつて企業は自然価値の評価および環境保全の思量なく事業活動を行い，そのような産業社会において土壌汚染が発生してきた。しかし持続可能な産業社会への転換を目指す上で，土壌汚染対策は重大な社会的要請事項となった。

市街地における土壌汚染問題の背景には工場跡地の再開発による住宅地への転用，工場周辺の都市化等があり，地中に蓄積されてきた重金属・揮発性有機

化合物等の有害物質が顕在化し，土壌汚染判明件数が高い水準で推移した。そこで国民の安全と安心を確保するため，土壌汚染の状況の把握，および土壌汚染による人の健康被害の防止に関する措置等の対策を実施することを内容とした「土壌汚染対策法」が，2002年に制定，2003年に施行された。法律の対象となる特定有害物質は，土壌含有に起因して健康被害を生ずる恐れのある26項目が政令で定められ，土壌汚染調査の結果，基準値を超える場合には，都道府県などの指定区域に登録し台帳を作成し公開する。

(2) 土壌汚染調査・対策の状況と改正案

土壌汚染対策法の施行により法律にもとづく調査・対策が実施されてきたが，問題点，検討事項も浮かび上がってきた。そこで環境省中央環境審議会で審議を重ね，2009年に「土壌汚染対策法の一部を改正する法律案」を閣議決定した。改正の趣旨は，汚染土壌の適切かつ適正な処理を図るため，①土壌汚染状況把握のための制度拡充，②土壌汚染措置の明確化，③汚染土壌の適正処理，についての規制の新設その他所要の措置を講ずることである。法律案文，要綱，新旧対照表等が環境省より公表されているが，ここではその内容を概観した上で，会計的インプリケーションおよび具体的な会計処理方法について論ずる。

①土壌汚染状況把握のための制度拡充

日本に先立ち1980年に米国で制定された通称**スーパーファンド法**は，①厳格責任，②連帯責任，③遡及責任を課す厳しいもので，当事者の故意・過失，廃棄・処分時点での環境法の遵守に関係なく責任が追及された。また浄化費用が巨額であるため，汚染懸念のある土地の再開発が滞り流動性が低下する事態も生じた。このような教訓を活かし，日本の土壌汚染対策法は土地の利用状況に応じ個々に設定された浄化発動要件となり，土壌汚染対策法施行前に使用が廃止された有害物質使用特定施設に係る土地については適用が除外された。そのため法制定後も，法律にもとづく調査は1％，条例・要綱にもとづくものが5％，自主的調査が94％，また法律にもとづく対策は2％，条例・要綱にもとづくものが13％，自主的対策が85％であった。自主的調査・対策の契機は土地売

買，土地の形式変更，土地資産評価，ISO等であるが，実際には自主的調査が圧倒的多数であり，これを法律の枠組みに取り入れ，汚染地の情報開示の拡充，適切かつ確実な管理・対策へと改正された。

②土壌汚染措置の明確化

土壌汚染の措置は摂取経路の遮断（盛土，舗装，封じ込め等）を基本とし，他に掘削除去や原位置浄化等があるが，実際には圧倒的に掘削除去が採択された。掘削除去は搬出に伴い汚染を拡散させるおそれがあり，かつ良質な埋め戻し材を必要とする。土壌汚染地は日本全国で約11.3万haと推計されており，現状の掘削除去中心の対策を続けると搬出汚染土壌の処分場が不足するおそれがある。またより安価な措置が認められているにもかかわらず掘削除去を選択することにより，巨額な土壌汚染対策費用の発生という経済的不合理を生じ，**ブラウンフィールド問題**を引き起こす恐れもある。したがって合理的な対策を促進するため，汚染の状況，健康被害の恐れ（一般人の立ち入りや地下水の飲用の可能性等）の有無に応じた区域分類を行うとともに，必要な対策を明確化した。

③汚染土壌の適正処理

掘削除去に伴う搬出汚染土壌の不適切な処理または投棄は，搬出先の環境負荷要因となる。上記②で示したように土壌汚染対策として掘削除去が選択されることが多く，搬出汚染土壌は年間約300万トン以上と推計される。しかし汚染土壌の搬出は有害物質を他の場所に移したに過ぎず，かえって汚染拡散の恐れがある。また近年，搬出汚染土壌の処理に関して残土処分場や埋立地等における不適正処理や，土地造成における盛土材料への汚染土壌混入事例も顕在化している。搬出を抑制し原位置でのリスク低減措置（**オンサイト処理**）の技術開発・普及を推進するとともに，汚染土壌の搬出については運搬・保管・処分に関する基準を定めた。

3.2 「資産除去債務に関する会計基準」制定と土壌汚染対策法改正の会計的影響

前節で述べた「資産除去債務に関する会計基準」の制定，および前項土壌汚染対策法の改正は，土壌汚染の会計にどのような影響を及ぼすのか。環境法規制の強化・拡大は資産除去債務の認識対象の拡大を導き，当該債務の質および金額の重要性を高める可能性が考えられる。そこで本会計基準の土壌汚染への適用を概観した上で，土壌汚染対策法改正の会計的影響を検討する。

(1) 「資産除去債務に関する会計基準」の土壌汚染への適用

本会計基準における資産除去債務は，有形固定資産の取得・建設・開発又は通常の使用により生じるものを対象としているが（基準3項(1)），土壌汚染調査・対策義務が通常の使用によって生じ，それが当該土地に建てられている建物や構築物の資産除去債務と考えられる場合には，本基準の対象となる（同26項）。なお，資産計上された除去費用は有形固定資産の減価償却を通じて各期に費用配分されることを考えると，土地に関連する除去費用（土地の原状回復費用等）は当該土地が処分されるまで費用計上されないのではないかと考えられるが，土地の原状回復等が法令又は契約で要求されている場合の支出は，一般に当該土地に建てられている建物や構築物等の有形固定資産に関連する資産除去債務と考える。したがって土地の原状回復費用等は，当該有形固定資産の減価償却を通じて各期に費用配分される（同45項）。つまり土地のような非償却資産であっても，土壌汚染調査・対策が法律または契約で要求される場合には，当該土地に建てられた建物や構築物に関連する資産除去債務とみなして会計処理する。

土壌汚染が懸念される土地であっても，これまで売却・処分時以外は会計対象とされることは少なかったが，土壌汚染対策法制定による法的義務や，売却時に買主から土壌汚染調査・対策を要求されて締結した契約上の義務が本会計基準の適用対象となり，当該土地に建てられた建物や構築物の資産除去債務となる。本基準では建物等の法定耐用年数終了時に資産除去を認識することが規定され，建物等の除去予定がない場合でも法定耐用年数に合わせて認識する。

(2) 土壌汚染対策法改正の会計的影響

　土壌汚染対策法の改正により，自主的調査を取り込んだ法制度が拡充し，一定規模以上の土地の調査義務が拡大した。これにより土壌汚染調査・対策義務の拡大，ならびに資産除去債務の適用対象の増加を導き，土壌汚染調査・対策費用および負債が増加する。

　つぎに土壌汚染の措置方法の明確化に伴い，資産のスクリーニングがより細やかに行われ，経済的合理性が見出せる。土壌汚染の措置として，土壌環境基準を満たす完全な掘削除去を実施するのか，より対策費用の安い盛土・封じ込め等により汚染リスクを管理するのかによって，費用の見積り額が大きく異なる。また土壌汚染の指定区域の分類により，対策費用の試算も容易になる。資産除去債務の算定について適用指針では，「有害物質に汚染された有形固定資産については，法令等によりその平均的な処理作業が定められ，その工程が明確にされているため，ほぼ画一的に将来キャッシュ・フローを見積もることができる場合がある。」(適用指針19項) と述べている。指定区域の分類の改正は，将来キャッシュ・フロー算定根拠の明確化に活用できる可能性が高い。

　土壌汚染対策法の改正に伴い，土壌汚染債務の認識対象が拡大し，かつ見積り額の算定が改善され，土壌汚染に関する会計的対応が高まるものと考えられる。

3.3　土壌汚染の会計

　土壌汚染リスクは環境的側面だけでなく，経済的側面，社会的側面からも重大な問題であり，適切な会計的対応が求められる。企業にとって重大な土壌汚染リスクを明らかにし，土壌汚染対策に伴うコストや負債，また土壌汚染による資産価値の低下等を財務諸表にオンバランスすることにより，土壌汚染の影響を含めた企業の正しい経済実態を表す必要がある。そこで土壌汚染に対する会計処理方法について検討する。

(1) 減　損　会　計

　土壌汚染認識時，当該土地の資産価値は一般に低下していると考えられる。

土地の正しい資産価値を表すためには地価の減少分を認識する必要があり，資産価値の減額に対しては**減損会計**の適用が考えられる。減損とは資産の収益性の低下により投資額の回収が見込めなくなった状態であり，減損会計適用に当たってはまず減損テストを行い，土地の**回収可能価額**が簿価を下回っている場合には，その差額を「**減損損失**」として損益計算書に計上し，同額直接資産を減額させる。

（借方）減損損失（P/L）　××　（貸方）土地（B/S）　××

土壌汚染認識時，減損損失の計上とともに土地の簿価を直接回収可能価額まで減額するので，貸借対照表の資産・資本が減少する。

　ただしこのときの減損額は，汚染前の簿価と，土壌汚染浄化・修復により物理的改善が見込める水準において算定される簿価回復額との差額に留めるべきである。減損会計を適用すると土地の簿価が直接切り下げられ，その後浄化・修復等による地価の回復は認識しない。したがって減損会計は，土壌汚染対策により資産価値を回復させる見込みのある汚染土壌には適用すべきではない。

(2) 負　債　認　識

　土壌汚染対策法の制定により，企業の土壌汚染調査・対策は**法的義務**となった。つまり土壌汚染は土地の資産価値を低下させるだけでなく多額の債務をもたらす可能性があり，それらを会計として適切に認識すべきである。土壌汚染に対する負債を財務諸表にオンバランスするためには，将来の土壌汚染対策コストをできる限り正確に見積もる必要があるが，土壌の浄化・修復作業は，その方法や活動期間，技術の進歩などに不確定要因が多種存在するため，将来コストの支払時期や金額に不確実性を伴い，負債金額の合理的な見積りが可能かどうかが論点となる。

　アメリカで公表されたSOP96-1「環境修復負債」は環境負債の認識・測定・開示を包括的に扱った会計基準であるが，そこでは財務会計基準書第5号「偶発債務の会計」（SFAS5）を適用し，負債の認識要件を (1) 発生の可能性，および (2) 金額の合理的な見積りとした。しかし2000年に財務会計概念書第7

号「会計測定におけるキャッシュ・フロー情報と現在価値の利用」(SFAC7) が公表されると，その後制定された会計基準では，負債の認識要件を測定可能性に置くようになった。これにより負債支払いのために必要な将来キャッシュ・フローを現在価値に割り引いた金額を公正価値と考え，公正価値の測定が可能であれば財務諸表に負債計上するという会計処理が行われるようになった。

　土壌汚染問題というのは個々の事例によって性質が異なり，その負債測定に当たっては事例ごとに不確定要因が異なるため，個別対応しなければならない。このような測定上の問題を有する土壌汚染に対し，起こりうるシナリオごとの将来キャッシュ・フローを算出し，それぞれの確率によって加重平均した**期待キャッシュ・フロー**を無リスク利率で現在価値に割り引くという方法は有効である。土壌汚染に関する将来支出は企業にとっての現在の債務であるが，これまで不確実性の高さにより見積りが困難であり，負債認識が推進されてこなかった。しかし今後測定方法の検討により，環境債務に対する負債認識が改善されるのではないだろうか。

　(借方) 土壌汚染修復費用 (P/L)　××　(貸方) 土壌汚染修復負債 (B/S)　××

　土壌汚染修復義務が企業にとって現在の債務であり，かつ負債認識要件 (上記考察においては測定可能性) に適合するならば，第一段階として負債認識し，その後どのように浄化・修復しても完全には汚染前の土壌水準への回復が見込めない場合に限り，第二段階として，汚染前の簿価と，浄化・修復により物理的改善が見込める水準において算定される簿価回復額との差額部分についてのみ減損会計を適用すべきである。このような会計処理方法を適用することにより，財務会計における土壌汚染の認識，および土壌汚染を含めた企業価値評価の有効性が高まるものと考える。

4 排出量取引の会計

4.1 地球温暖化対策の重要性

1992年にブラジルのリオ・デ・ジャネイロで開催された「環境と開発に関する国際連合会議（地球サミット）」において「**気候変動枠組条約**」が締結され，1995年より毎年「**気候変動枠組条約締約国会議**（COP; Conference of the Parties to the United Nations Framework Convention Climate Changes）」が開催されている。1997年のCOP3（京都）では**京都議定書**が議決され，2008年から12年までの先進国の**温室効果ガス**（GHG; Greenhouse Gases）排出量の削減目標値が設定された。この数値目標達成に当たっては，直接的な削減とともに，**市場メカニズム**を利用した**クリーン開発メカニズム**（CDM; Clean Development Mechanism）[1]，**共同実施**（JI; Joint Implementation）[2]，および**排出量取引**等の手法が認められ，国際的に取り組みが推進されている。

このように排出量取引は地球温暖化問題解決のための一施策であり，ヨーロッパ，アメリカ，オーストラリア等の先進各国で導入が図られている。本節では開発が進みつつある排出量取引制度の概要，および会計処理方法について論ずる。

4.2 排出量取引制度

排出量取引とは，温室効果ガスの市場における取引を認めるものであり，その市場規模において以下の4つの制度に分類される。

(1) 国際排出量取引……各国を対象とした国際間での排出量取引
(2) 域内排出量取引……特定地域内の各国・企業等を対象とした域内での

---

[1] 先進国が途上国において排出削減プロジェクトを行い，その結果もたらされる排出削減量を先進国のクレジットとすることのできる制度。
[2] 先進国間で排出削減プロジェクトを行い，その結果もたらされる排出削減量をプロジェクトを行った国がクレジットとして得ることができる制度。

排出量取引（例EU-ETS）
(3) 国内排出量取引……特定国内のみの企業等を対象とした国内での排出量取引（例日本の自主参加型排出量取引制度）
(4) 社内排出量取引制度……特定の企業内の各部門・部署を対象とした企業内での排出量取引

また排出量取引にはその取引形態において，以下2つの種類がある。
(1) キャップ・アンド・トレード（C&T）……温室効果ガスの総排出量を設定し，個々の主体の上限排出枠（キャップ）を他の主体に移転することを認める排出量取引
(2) ベースライン・アンド・クレジット（B&C）……温室効果ガスの総排出削減事業を実施しなかった場合（ベースライン）と実施した場合とを比較した温室効果ガス排出削減量をクレジットとして認定し，このクレジットを取引する排出量取引（例CDM）

4.3 排出量取引の会計

(1) 排出量取引制度のインフラとしての会計

排出量取引の先駆としては，1970年代からアメリカでSO_2やNO_Xの排出削減手法として用いられた。またEUではCO_2について，2002年にイギリス排出量取引制度（UKETS; United Kingdom Emission Trading Scheme，現在はEU-ETSに合流）が実施され，2005年からはヨーロッパ排出量取引制度（EU-ETS）が開始された（本章第1節1.3項参照）。この他，アメリカならびにカナダ，ニュージーランド，オーストラリア各国でも今後排出量取引が実施される予定がある。日本では，2008年10月から排出量取引の国内統合市場の試行的実施の仕組みの1つとして，試行排出量取引スキームが開始されている。

こうした排出量取引制度の実施に伴い，そのインフラとしての会計処理の明確化が求められる。日本ではASBJが2004年に実務対応報告第15号「排出量取引の会計処理に関する当面の取扱い」を公表したが，トレーディング目的の取引やC&T型の取引が欠落していた。近年さらに先行する排出量取引の実務に

対応すべく，ASBJでは再々度同実務対応報告の改正を行った。そこで，すでに実施されている排出量取引のインフラとしての会計を，実務対応報告第15号の最終改定（2009年6月）（以下，本報告）にもとづき検討する。

(2) 排出量取引の会計処理

①排出クレジットとは何か

本報告における排出量取引は京都メカニズムによるクレジットを対象とし，CO_2換算量で示される。特徴としては，所有権の対象となる有体物ではなく，法定された無体財産権ではないが，取得および売却した場合には有償で取引されることから，財産的価値を有している。このように法定された無体財産権ではないが，無形の財産的価値があることから，無形資産と考えられる。

②排出クレジットの取引

本報告が規定する排出クレジットの取得目的には，(1)将来の自社使用（排出削減に充当）目的と，(2)第三者への販売目的があり，それぞれについて取得方法別に会計処理を規定している。

(1) 将来の自社使用目的の場合の会計処理

a 有償で取得する場合

将来の自社使用を見込んで排出クレジットを他者から購入する場合，「無形固定資産」または「投資その他の資産」の購入として会計処理を行う。時間の経過による減価や陳腐化はないと考え減価償却は行わないが，「固定資産の減損に係る会計基準」の対象となる。資産として計上された排出クレジットは，自社の排出削減に充てられたときに費用計上する。

出資を通じて取得する場合は，個別財務諸表上，金融商品会計基準にしたがって会計処理し，出資先が子会社または関連会社の場合には，連結財務諸表上，連結会計基準および持分法会計基準にしたがって，連結または持分法により会計処理する。

b 無償で取得する場合

試行排出量取引スキーム等において政府から排出枠を無償で取得する場合には，事後精算により取得する場合と事前交付により取得する場合が考えられる

が，ともに当該取引は暫定的なものとみて取得時には会計上，取引を認識しない。

(2) 第三者への販売目的の場合の会計処理（有償取得のみ）

他者から購入する場合には通常の商品購入と同様の会計処理を行い，引渡しを受けた段階で取引を認識する。取引原価により棚卸資産として処理し，期末における正味売却価額が取得原価よりも下落している場合には当該正味売却価額を貸借対照表価額とする。

出資を通じて取得する場合は，自社使用目的の場合と同様の会計処理を行う。

以上検討してきた排出量取引の会計は，当面実務において必要と思われる会計処理を規定したものであり，C&T型の取引は規定されていない。しかし今後日本でもC&T方式による取引を導入する可能性があり，前提の変更に応じて再検討する必要がある。

持続可能な産業社会を目指していく上で，地球温暖化対策つまり低炭素社会の実現は重要な課題である。今後も温室効果ガスの排出が制約されていく以上，各国・各産業界における排出量削減目的の投資が求められ，その一手段として，排出量取引の利用が一層重要視されていくであろう。それに伴う会計的取扱いについては，今後も注視が必要である。

（植田　敦紀）

COLUMN 4

環境財務会計と環境報告書環境会計の相互補完―環境債務の開示例―

リコーグループは従来から，国内外の生産系・非生産系を含めた全所有地・借用地に対する土壌・地下水汚染の調査と対策を実施し，その状況を「環境経営報告書」上で開示してきた。その内容は地下水汚染調査と浄化状況の一覧表に加えて，これまでに「調査・対策に要した費用」の実績と「今後要する費用」の見積額を記載するものであった。

これに対して，『リコーグループ環境経営報告書2008』では，その記載が一変した。すなわち従来の開示内容であった過去の「調査・対策に要した費用」の実績と「今後要する費用」の見積額（非割引額）に代わって，つぎのような項

目を開示したのである.

    a 資産除去債務の将来支出見積額：　　　　　　　　　4.9億円
    b 上記aを会計処理の考え方に従って割引計算した額：　2.6億円
    c （財務会計上の債務以外に）
       法令や契約などにより将来負債となる可能性のあるもの：　12.4億円
    d 自主的な取り組みとして実施する浄化・モニタリング費用：　12.2億円

　これは，2008年3月31日に環境問題に関連する事象を取り扱う日本初の財務会計基準といえる「資産除去債務に関する会計基準」が公表され，2010年度から適用されることを受けたものである．上記金額は，リコーグループの財政状態・経営成績に重大な影響を与えるものではないとの判断のもと，財務報告における開示項目には含まれなかった．しかし環境経営報告書における上記の開示は，財務会計における環境情報開示の広範な可能性を示すものである．

　上記の項目aおよびbは，財務会計基準にしたがった環境債務額とその算定基礎額（割引前金額）であり，財務諸表におけるオンバランス項目に直結するものである．また項目cは可能性としての債務であって，財務報告においてはオフバランス項目として開示される意義がある．さらに項目dは，法律等によって要求される範囲を超えた企業としての自主的取り組みに要する費用である．このように，環境経営報告書における環境債務の開示は非常に大きな発展可能性を持つものであって，今後は財務報告との連携が強まるものと考えている．

　　　　　（（株）リコー社会環境本部環境コミュニケーション推進室スペシャリスト，
　　　　　　横浜国立大学大学院国際社会科学研究科博士後期課程　**松尾　敏行**）

演習問題

1 財務会計分野において，財務会計情報の認識と環境会計情報の認識とでは，どのような点が異なるか．
2 資産除去債務の会計処理において，当初認識時に借方・貸方に計上する各勘定科目は，それぞれ財務諸表のどこに属すか．
3 企業活動の誘因として環境法の影響は大きいが，企業会計が影響を受ける環境法にはどのようなものがあるか．
4 企業の土壌汚染を負債認識する際，金額の合理的な見積りが可能かどうかが問題となる．土壌汚染の負債認識要件および金額の測定方法について検討せよ．
5 温室効果ガスの排出量削減手段として市場メカニズムを利用した手法が認められているが，具体的にどのような手法があるか．

第6章

持続可能性報告と会計

1 企業の社会的責任を巡る議論の変遷

1.1 日本における企業の社会的責任論の萌芽

企業の社会的責任（CSR; Corporate Social Responsibility）は，19世紀末から20世紀初頭のアメリカにおいて台頭してきた問題である。この時期のアメリカでは，経済に対する巨大企業の支配力が高まり，企業権力を抑制しようという動きがみられた。社会からの批判に対し，アメリカの企業家は，企業には株主のための利潤追求に匹敵する別の責務があるという認識をもち始めた。これが，企業の社会的責任の源流とみられるものである。当時の社会的責任は，慈善原理（Charity Principle）と受託者原理（Stewardship Principle）の両概念によって構成されていた[1]（松野・堀越・合力 [2006] pp. 107-111）。

日本において企業の社会的責任に関する組織的な検討がなされたのは，経済同友会が1956年に公表した「経営者の社会的責任の自覚と実践」決議においてであり，この決議をもって，日本における企業の社会的責任論の基点とする考え方がある（川村 [2004] p. 3）。これに対し，国内における企業の社会的責任論は戦後の経済復興の中で生成・展開してきたとし，経済同友会の決議以前から研究者による議論がなされていたとする主張もある（松野・堀越・合力 [2006]

---

[1] 慈善原理にもとづく社会的責任は，利潤の一部を自発的に社会的弱者の支援等に使用すべきであるという考え方であり，受託者原理は，企業を社会的組織の一部と捉え企業経営は社会を構成する多様な人々の利益を考慮して行われるべきとする考え方である。

pp. 64-67)。経済同友会の主張する社会的責任は，環境汚染や健康被害の発生をある程度想定したうえで，企業の責任範囲を事後的・対症療法的な取り組みに限定しようとするものであったといえよう。

1.2　産業公害からの脱却と企業の社会的責任論の展開（1970〜1990年）

(1)　成長の限界と企業の社会的責任

1960年代末には公害対策基本法をはじめとする公害関係法が相次いで制定され，企業の社会的責任は，企業活動の社会性と合法性の視点に立って公害対策を実行するという環境法遵守の問題として展開された。1972年，ローマ・クラブによって『成長の限界』が公表された。同書は，環境汚染と資源枯渇等によって人類は破局へ向かう危険性があると主張し，資本主義的な経済成長および企業活動の限界を提示した。同書の警告がいまだに色褪せていないことはいうまでもない。むしろ，今日の地球環境問題の現状から振り返ると，**持続可能な成長**（sustainable development）[2] 概念の原点をここに求めることができよう。

　国内の公害問題に目を向けると，1971〜73年に判決が下された四大公害訴訟第一次訴訟は，いずれも被害者（原告）側の勝訴となり，被害者に対する抜本的な救済制度の確立が，加害企業ならびに国に求められた。公害被害の救済に対して導入された無過失賠償責任の考え方は，これまで企業活動の経済的責任の優位性を主張し，企業活動と公害被害の因果関係が科学的に証明されない場合には，やみくもに企業へ責任を課すべきではないと主張してきた産業界の姿勢に転換を促すきっかけとなったのである。

(2)　利潤と企業の社会的責任の相克

　1965年，経済同友会は「新しい経営理念」を公表し，利潤を敢えて無視し高踏的な議論を弄んでいるようでは，国内外の競争に勝つことも社会的責任を遂行することもできないとして，利潤の重要性を主張した。四大公害訴訟では，

（2）　ブルントラント委員会の報告書『地球の未来を守るために』（1987年）において，「将来世代の欲求を満たしつつ，現代世代の欲求をも満たすような発展」と定義された。

経済至上主義がもたらした環境破壊や健康被害に対して企業の社会的責任が問われたにもかかわらず，利潤追求こそが社会的責任であると再び主張された。

　この時期，日本の研究者によって議論された企業の社会的責任の主要論点は，社会的責任と企業利潤の関係をどのように整合的に説明し得るのかというものであった。議論の方向性を簡単に述べれば，社会的責任と企業利潤の関係を同格，並存，調和という視点から整合的に説明しようという論調が主流であり，環境保全等への責任を利潤（経済的責任）に優る企業の社会的責任として位置づけようとするとする動きはみられなかった（松野・堀越・合力［2006］pp. 83-97）。

　1973年，経済同友会が発表した「社会と企業の相互信頼の確立に向けて」は，企業の活動が社会的要請に合致することによって企業は発展するとの認識に立って，社会的責任の遂行方策を提示したが，具体的実効性を保障するものではなかった（鈴木［1992］p. 120）。

　企業の社会的責任に対する関心の高まりは，社会的責任の視点から企業評価を行うという試みとしても現れた。日本経済新聞社「企業の社会的責任貢献度評価基準」(1974年)，日本生産性本部「総合社会的責任指標」(1974年)，通商産業省「新しい企業の経営力指標」(1976年)等の新しい評価指標が提示されたが，会計情報に基づく財務的価値と関係性についての理論的説明が欠如していたことから社会に定着することはなかった。

　法的分野で企業の社会的責任が議論されたのは，1974〜81年の商法改正時である。その内容は，株式会社法の体系において企業の社会的責任をどのように取り扱うかという問題であり，具体的には，(1) 株式会社法中に会社の社会的責任に関する一般規定として，取締役に対し，社会的責任に対応して行動すべき義務を課する明文の規定を設けることを検討すべきか，あるいは，(2) 株式会社法の個々の制度の改善を通じて，会社が社会的責任を果たすことを期待するという方向で検討すべきかが論点となった（中村［1999］pp. 82-83）。

　一般的に前者が積極説，後者が消極説と位置づけられていた。積極説の主張は，巨体化した株式会社は株主の利益とは異なる企業独自の利益を有し，会社

そのものが社会的存在であるからには，会社自体が社会性・公共性を有するというものである。一方，消極説の主張は，社会の中には，株主，債権者，従業員，下請業者，消費者，地域住民など多様な集団が存在する。どの集団の利益を，どの時点で，どの程度守るかを明らかにしない限り，結局は経営者の判断に一任することになり，社会的責任に関する一般規定をおいたとしても実効性に欠けるというものであった。結局，企業の社会的責任概念の多義性・弾力性のゆえに法的概念にはなり得ないという消極的意見が支配的となり，商法における企業の社会的責任の法的問題は，その後ほとんど議論されないまま今日に至っている。

1.3 地球環境問題と企業の社会的責任（1991年以降）

1990年代以降は，環境問題が企業の社会的責任における最大の関心分野となった。1989年，アラスカ沖で発生したバルディーズ号による原油流出事故を教訓として，1992年に「**セリーズ原則**」が制定された。同原則には企業の社会的責任，環境マネジメントの実施，環境報告書による情報開示などが明示されており，環境保全活動の行動指針となった。

メドゥズ (Meadows, D. H.) は『成長の限界』(1972年) に続く『限界を超えて』(1992年) の中で，持続可能な社会の構築を目指した技術開発，環境法規制・環境政策の強化，環境意識の高揚などの試みにもかかわらず，環境汚染のフローが持続可能な限界を既に超えていると指摘している (Meadows [1992])。資本主義的市場メカニズムにおいて，技術開発や法規制の強化だけでは地球環境問題を解決できないならば，市場メカニズムそのものを見直す必要があるのではなかろうか。

2007年2月に公表された「**気候変動に関する政府間パネル**」(IPCC; Intergovernmental Panel on Climate Change) 第4次評価報告書では，大気中の二酸化炭素，メタン，一酸化二窒素の濃度は，産業革命前よりはるかに高くなっており，二酸化炭素の増加は，主に人間による化石燃料の使用が原因であると結論づけている。

化石燃料の使用を加速させる過程で，中心的な役割を担ってきたのが企業と市場である。資本主義の下で，株式会社と呼ばれる利潤追求を最大の目的とした組織が誕生した。株式会社は企業規模を拡大することによって，より多くの利潤を追求した。企業規模の拡大に大きな役割を果たしてきたのが株式市場の存在である。今日では，多国籍企業がグローバル経済の主役の座を占めているが，こうした大企業の強大な経済力が，国境を超えて地球環境や人々の生活に多大な影響をもたらすことが懸念されている。

　IPCC第4次評価報告書で地球温暖化の主因と指摘された人為的活動の中で，企業とその活動を支える市場の影響は非常に大きいと考えざるを得ない。市場原理主義者は，あらゆる問題を市場に委ねておけば市場が最適解を提示してくれるとの考え方の下で，地球が温暖化しているとしても，それは人間活動の結果ではなくて自然現象であり，人間が環境にどんなに影響を及ぼそうとも自然は自己修復機能をもっていると主張してきた。

　市場経済メカニズムに内部化されていない環境問題に対する最適解を，市場が提示してくれるというのは幻想に過ぎない。なぜならば，われわれは環境問題を外部不経済として敢えて経済メカニズムの枠外に置いてきたからである。環境問題を外部不経済と位置づける従来の市場経済メカニズムが，破壊された地球環境を復元する機能をもたないことはいうまでもないことである。

　1992年，国際連合の主催によりブラジルのリオ・デ・ジャネイロで開催された地球環境サミットで提示された経済的手法によって環境問題を解決するという**サステナビリティ**(持続可能性)の本質は，**外部不経済**として切り捨ててきた環境問題を市場経済メカニズムに組み入れ内部経済化することを意味している。

　市場原理主義がもたらした過度な成長至上主義は，経済的格差の拡大など様々な弊害を招いた。サッチャー政権が推進した市場経済化路線の弊害が目立ってきたイギリスでは，ブレア前首相の下で福祉重視型の資本主義への転換を試みた。彼は市場原理主義のように成長や効率を最優先とするのではなく，地球環境保全やゆとりと思いやりのある社会づくりを優先することによって，サステナブル社会を構築しようと試みたのであった。

EUが新しい資本主義モデルを志向する要因の1つとして，統合によって価値観の異なる国々が共生することを求められていることをあげることができる。EUではSocial cohesion（社会結合）がキーワードとなっているが，彼らは異なる経済思想や社会観を統合した資本主義モデルを確立することによって，共生の実現を目指したのである。

EUでは，企業に対して成長至上主義を捨て，社会的責任を企業経営の中核に位置づけることを求める動きがみられる。そこで注目されているのが，**社会的責任投資**（SRI; Socially responsible investment）[3]である。これまでの株式市場は，企業の社会的責任を評価する意思や機能をもたなかった。SRIとは，市場における企業価値形成メカニズムに企業の社会的責任に関する評価をビルトインさせる仕組みである。

環境保全等に一定の予防的効果を維持していくためには，環境法規制や環境政策が効果をもつことはいうまでもない。しかしながら法や政策による規制は，その性質上，ミニマムなベンチマークにとどまる可能性も捨てきれない。持続可能な社会の構築に向けた展望を示すならば，企業の社会的責任と市場に

表6-1　日本における企業の社会的責任論の変遷

時代区分	第Ⅰ期	第Ⅱ期	第Ⅲ期	第Ⅳ期	第Ⅴ期	第Ⅵ期	第Ⅶ期
期間	1948~56年	1957~62年	1963~69年	1970~83年	1984~90年	1991~94年	1995年~現在
社会的責任論の変遷	経営学研究者による問題提起	経済同友会の問題提起と議論	社会的責任論の低迷①	社会的責任論の隆盛	社会的責任論の低迷②	社会貢献論の展開	社会的責任論の再認識とグローバル化
環境問題の変遷	産業公害 (1945~70年)			都市生活型公害 (1971~76年)	アメニティ政策の展開 (1977~87年)	地球環境問題 (1988年~現在)	
経済同友会の提言	経営者の社会的責任の自覚と実践 (1956年)		新しい経営理念 (1965年)	企業と社会の相互信頼を求めて (1973年)	1990年代の企業経営のあり方 (1985年)	新世紀企業宣言 (1991年)	企業白書 (1998年~)

(出所) 松野・堀越・合力 [2006] pp.64-67, 鈴木幸毅 [1992] pp.129-131, 経済同友会資料にもとづき筆者作成。

---

(3) 社会的責任投資は，資産運用上の投資基準として，従来の財務的側面だけでなく，環境・社会・倫理の各側面をもあわせて評価することによって投資対象を選別する投資プロセスと定義する。

おいて形成される企業価値を結びつけることが不可欠である。企業経営者の最大の関心事が企業価値を高めることであるとするならば，企業価値を構成する要素としての社会的責任の位置づけを市場メカニズムの中で明確化することが最も効果的な方法といえよう。

1.4 企業の社会的責任と企業価値の相克

1980～90年代，市場原理主義やグローバリズムの渦中にあったアメリカやイギリスによってもたらされた株価重視の風潮は日本国内でも流行し，多くの企業が株価重視経営を標榜し始めた。その結果，株価は企業価値を表す最も効率的かつ公正なものであると主張された[4]。こうした株価至上主義を標榜する経営者は，現在の株価を吊り上げる見返りとして会社の将来を抵当に入れているのであり，そのツケを払わされるのは，次世代の株主，顧客，従業員であるとの指摘もなされている（奥村・酒井訳［2002］p.7）。

短期的な利益追求が企業のみならず，社会を衰退させる可能性を含んでいることを忘れてはならない。CSRが企業経営に求めている諸要素は必ずしも短期的利益に結びつくとは限らない。つまり，経済的成果のみにフォーカスした経営では，企業の短期的業績にマイナス影響を及ぼす可能性のあるものは，社会的責任に関する要素も含めてすべて排除されてしまう危険性を孕んでいる。

2000年，イギリスでは年金法（Pensions Act of 1995）が改正され，年金基金の受託者は企業の社会的責任に関する投資方針（SRI基準）を有するか否かを開示し，SRI基準を有する場合には投資方針（SIP; Statements of Investment Principles）に社会的責任に関する具体的な投資方針を盛り込むことが義務づけられた。この法改正は，市場メカニズムを通じて企業の社会的責任と企業価値を直接結びつけることを企図したものである。改正年金法は投資家に対してSRIを強要するものではないが，イギリスの株式市場において高い占有率を持つ**機関投資家**の多くが企業の社会的責任を投資基準に取り入れたことから，企業経営者に対

（4） 現代証券投資理論の骨格をなす効率的市場仮説の考え方であり，公開されたニュースや材料は全て株価に織り込まれており，株価は常に適正価格になっているという主張。

して大きな影響を与えたのである（長谷川［2002］pp. 15-27）。

企業活動の持続可能性に対する評価は，市場における企業価値の形成と結びつくことによって，初めて企業行動に影響を与えることができるのである。つまり，企業の社会的責任に関する評価が企業価値と結びつかなければ，企業行動を持続可能性へ転換させることは難しい。1970年代に試みられた社会的責任に関する評価が失敗した理由はここにあるといえよう。市場における企業評価メカニズムが内包する問題は，地球環境を保全しつつ持続可能な成長を実現するという目的意識が欠如していることである。

「グローバルな市場経済は，地球温暖化のみならず，地球環境の汚染・破壊を防除する力学を内蔵していない。したがって，地球環境の保全のためには，グローバルな市場の力を制御することが必要である」（佐和［2000］pp. 221-222）と指摘されるように，これまで市場が外部不経済として切り捨ててきた企業活動の持続可能性を企業価値の形成プロセスにビルトインさせるための新しい

図6-1　企業価値と評価スキーム
＜Credit Rating＞から＜Sustainable Rating＞へ

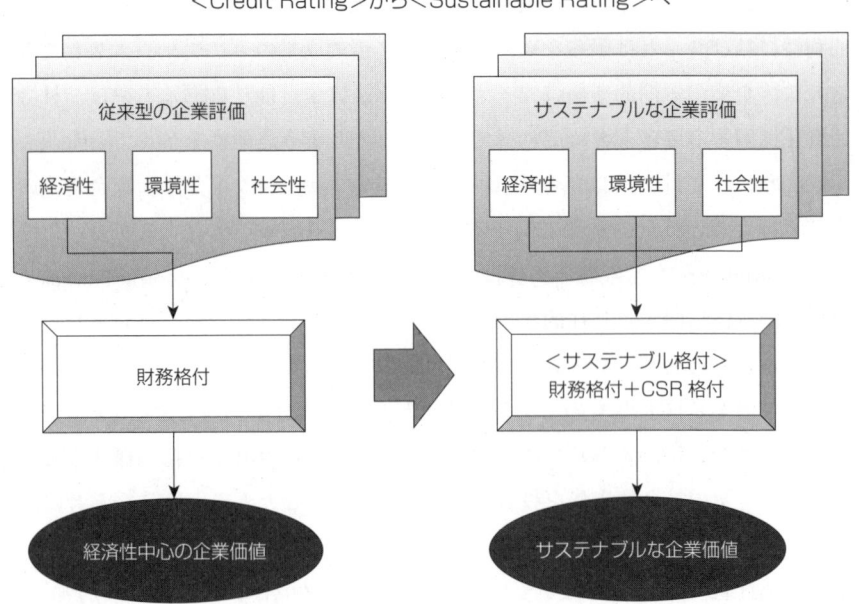

ルールを市場に付与する必要があるといえよう。市場で形成される企業価値の構成要素を〈経済性のみ〉から〈経済性＋環境性・社会性〉へ拡大することは，企業経営に本質的な変革を促す可能性を秘めているのである。

多様な価値観をもつ市民社会とのコミュニケーションを積極的に展開することで，企業は変化する社会における企業の役割と責任を意識しつつ，経営行動を常に自律的に修正していくことが求められる。適切な社会とのコミュニケーションなくして，企業価値の向上はあり得ないのである。CSR経営を支える羅針盤として，企業コミュニケーションの重要性がますます高まると予想される。

2 持続可能性報告と環境／CSRコミュニケーション

2.1 日本企業の環境／CSRアカウンタビリティ

企業が環境／CSR報告書を発行する理由として，2つの要因が考えられる。第1は，1999年に国内企業を対象とした社会的責任投資（SRI）の1形態である**エコファンド**の運用が開始され，環境経営情報が企業評価や株価に直接的な影響をもつ可能性が高まってきたことを背景に環境経営能力に関する情報発信を企業に促す動きが活発化したこと。第2は，環境報告書作成の指針となるフレームワークに関する基準整備である。

GRI（Global Reporting Initiative）の「経済的，環境的，社会的パフォーマンスを報告する持続可能性報告のガイドライン（以下，**GRIガイドライン**）」や環境省の「環境報告書ガイドライン」が提示されたことによって，企業は一定のフォーマットで環境報告書の作成ができるようになった。たとえば「GRIガイドライン」では，経済性要素，環境性要素，社会性要素のそれぞれ要素毎にビジョンと目標を策定し，それを実現していくための方針，組織体制，マネジメントシステムを開示することを企業に対して求めている。

企業の経済的活動に関する情報開示は，伝統的には企業会計が担ってきた領域であり，企業活動の制約条件（＝経営資源）として，ヒト，モノ，カネのみ

が想定されていた時代においては，財務報告書を通じて企業活動の実態が明らかにされてきた。しかし，地球環境問題が企業活動の制約条件であるとの認識が普及したことから，環境／CSR報告書を媒体として環境保全やCSR活動の全体像を開示する企業が増えているのである。

環境／CSR報告書を発行する企業が拡大しているということは，消費者，株主，従業員など直接的な**ステークホルダー**（利害関係者）だけではなく，地域住民や市民など多様なステークホルダーとの相互依存によって企業が存続しているという認識を経営者自身が強く抱くようになっていることを示している。財務報告書によって示される企業の経済的要素に対する評価は，足下の業績動向や将来的な競争力が評価され，最終的には市場において株価という形で表される。しかし，環境的要素や社会的要素は伝統的な投資理論では評価要素とはされておらず，さらに環境的要素や社会的要素に対するステークホルダーの評価も明確な形で株価へ反映される訳でもない。しかし，雪印や日本ハムの例[5]が示すように，環境や社会に反する企業活動に対するステークホルダーの評価は企業の存続を左右するほど厳しい形となって現れる。したがって，企業は生き残りをかけて環境／CSR報告書等を通じて情報開示を行い，ステークホルダーとのコミュニケーションを図る努力を続けていく必要がある。

図6-2は，直近4年間における東京証券取引所第1部上場企業の中で環境／CSR報告書を発行している企業数の推移を示したものである。2003年，経済同友会が，第15回企業白書『「市場の進化」と社会的責任経営―企業の信頼構築と持続的な価値創造に向けて―』を発表したのを契機に，国内企業の多くが相次いでCSRへの取り組みを開始した。こうした動向を踏まえて，2003年は日本におけるCSR元年と位置づけられるようになった。

日本企業のCSR活動の特徴は，CSR委員会やCSR推進室の設置などの社内体制整備や社員教育の実施にとどまらず，環境保全やCSRに関する企業活動報告を行うべく，事業活動に伴う環境／CSR情報の収集と開示への取り組みに着手

---

(5) 2000年6月，近畿地方を中心に雪印乳業の乳製品による集団食中毒が発生（雪印集団食中毒事件）し，2002年には雪印食品と日本ハムによる牛肉偽装事件が発覚した。

したことである（鈴木・所［2008］p. 94）。その結果，東証第1部上場企業のうち，環境／CSR報告書発行企業は2005年の558社から2007年の620社へと着実に拡大してきた。しかし，2008年には発行企業数が608社にとどまり，2003年以降，初めて発行企業数が前年を下回る結果となった。環境／CSR報告書発行企業の減少は，2007年に発生したアメリカの住宅バブル崩壊に端を発した国際的な金融危機による景気減速の影響も少なくないとみられるが，一方でCSRに取り組む企業の固定化傾向がみられることも要因の1つとして考えられる。

表6-2は東証1部上場企業の環境／CSR報告書の発行状況を業種別に示したものである。環境／CSR報告書を発行している企業は608社であり，東証1部上場企業に占める割合は35.6％である。発行企業608社のうちCSR報告書および社会環境報告書を発行する企業は442社で，発行企業全体の72.7％を占める。2003年以降，環境報告書からより企業活動の広範な領域をカバーするCSR報告書へ移行する傾向がみられる。

業種別では，電力・ガスや製造業で報告書の発行比率が高い反面，非製造業の発行比率は相対的に低くなっている。CSRに対する社会の関心の高まりを受けて，環境に与える負荷が大きい電力・ガスや製造業では，環境保全活動に積

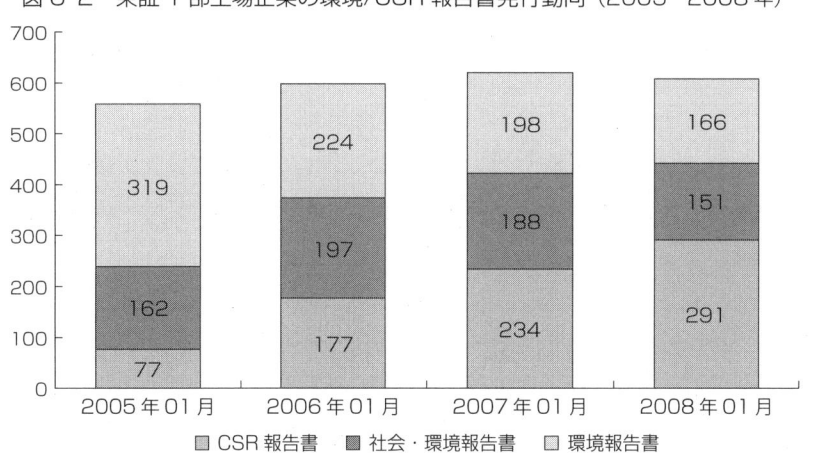

図6-2　東証1部上場企業の環境／CSR報告書発行動向（2005−2008年）

年月	CSR報告書	社会・環境報告書	環境報告書
2005年01月	77	162	319
2006年01月	177	197	224
2007年01月	234	188	198
2008年01月	291	151	166

（出所）銀泉リスクソリューションズ［2009］p.3にもとづき筆者作成。

表 6-2　東証 1 部上場企業業種別　環境/CSR報告書発行状況（2008 年 10 月）

(単位：社，%)

業種	東証1部上場企業数	報告書発行企業数	比率	CSR報告書発行企業数	比率	社会環境報告書発行企業数	比率	環境報告書発行企業数	比率
水産・農林	5	3	60.0%	1	20.0%	1	20.0%	1	20.0%
鉱業	6	3	50.0%	2	33.3%	0	0.0%	1	16.7%
建設	103	47	45.6%	20	19.4%	13	12.6%	14	13.6%
食品	69	42	60.9%	14	20.3%	17	24.6%	11	15.9%
繊維	46	11	23.9%	7	15.2%	0	0.0%	4	8.7%
紙・パルプ	12	9	75.0%	2	16.7%	3	25.0%	4	33.3%
化学	154	95	61.7%	40	26.0%	28	18.2%	27	17.5%
石油・石炭	11	6	54.5%	5	45.5%	1	9.1%	0	0.0%
ゴム	12	5	41.7%	1	8.3%	3	25.0%	1	8.3%
窯業	30	17	56.7%	4	13.3%	6	20.0%	7	23.3%
鉄鋼	35	13	37.1%	4	11.4%	3	8.6%	6	17.1%
非鉄金属	26	18	69.2%	10	38.5%	1	3.8%	7	26.9%
金属	38	8	21.1%	3	7.9%	3	7.9%	2	5.3%
機械	123	35	28.5%	15	12.2%	7	5.7%	13	10.6%
電気機器	160	98	61.3%	45	28.1%	18	11.3%	35	21.9%
輸送用機器	62	37	59.7%	9	14.5%	16	25.8%	12	19.4%
精密機器	23	9	39.1%	6	26.1%	3	13.0%	0	0.0%
その他製造	47	19	40.4%	13	27.7%	2	4.3%	4	8.5%
商業	279	47	16.8%	21	7.5%	14	5.0%	12	4.3%
金融・保険	141	24	17.0%	23	16.3%	0	0.0%	1	0.7%
不動産	52	5	9.6%	4	7.7%	1	1.9%	0	0.0%
陸運	35	16	45.7%	9	25.7%	6	17.1%	1	2.9%
海運	10	5	50.0%	2	20.0%	3	30.0%	0	0.0%
空運	4	2	50.0%	2	50.0%	0	0.0%	0	0.0%
倉庫・運輸	19	1	5.3%	1	5.3%	0	0.0%	0	0.0%
情報・通信	97	14	14.4%	14	14.4%	0	0.0%	0	0.0%
電力・ガス	17	16	94.1%	12	70.6%	1	5.9%	3	17.6%
サービス	94	3	3.2%	2	2.1%	1	1.1%	0	0.0%
全体	1710	608	35.6%	291	17.0%	151	8.8%	166	9.7%

（出所）銀泉リスクソリューションズ［2009］p.5 にもとづき筆者作成。

極的に取り組み，それらの成果を外部に開示することによって，経営の透明性を向上させようとする姿勢が強い。

これに対し非製造業では，環境保全活動の対象が紙・ゴミ・電気などの使用量削減に限定されることが多く，環境保全活動の効果が収益に反映されにくいことや，製造業に比べ外部ステークホルダーからの圧力が相対的に少ないことなどが要因とみられる。現在では，CSRに関する情報開示はあらゆる企業に対して求められていることであり，どの企業が報告書を発行しているのかではなく，どの企業が報告書を発行していないのかという問題となっている。企業経営の質を評価するうえで，環境／CSR報告書の発行はもはや当たり前品質と位置づけられる水準に到達しているといえよう。

2.2 持続可能性（サステナブル）報告の国際的なフレームワーク
(1) GRIガイドライン

GRIは，持続可能性（サステナブル）報告のガイドラインの作成と普及を目的として米国ボストン（現在の本拠地はアムステルダム）で設立された非営利組織である。2000年に「GRIガイドライン第1版」が発行され，2002年には第2版が出されている。2006年10月，第3版のガイドライン「**G3ガイドライン**」への改訂が行われた。持続可能性（サステナブル）報告書の「G3ガイドライン」への移行は，2008年までに実施されている。

図6-2で示したCSR報告書発行企業（291社）および社会環境報告書発行企業（151社）の中で，GRIガイドラインに準拠している企業は244社／442社（55.2%）を占めている。この244社の中で「G3ガイドライン」へ移行した企業および「G3ガイドライン」と「G2ガイドライン」を併用している企業は180社／442社（40.7%）である（銀泉リスクソリューションズ［2009］p. 6）。

「G3ガイドライン」での重要な変更点は，「**マテリアリティ（重要性）」原則**と「**GRIアプリケーション・レベル**」導入の2点である。「マテリアリティ（重要性）」原則では，企業の事業活動の中で，経済的，環境的，社会的に大きな影響をもたらす事項，あるいはステークホルダーの意思決定や評価に多大な

影響を及ぼす重要性の高い事項については，持続可能性報告書に優先的に盛り込むことが求められている。企業は，これまでのような網羅的な報告から脱却し，発行企業自らが「マテリアリティ」原則にもとづいて記載内容を検討し，優先順位をつけた報告書へとフレームワークを改訂する必要が生じることとなる。

「GRIアプリケーション・レベル」とは，報告書がGRIに準拠している程度を示すための指標であり，報告書作成者のレベルに応じて，初級レベル（C），中間レベル（B），上級レベル（A）とランクづけられている。各レベルの報告基準は，GRI報告枠組みの適用や範囲の程度を反映しているが，報告書が外部保証を取り入れている場合は，プラス（+）を各レベルにつけることが可能であり，実質的に6段階のレベルが設定されている。

(2) 環境コミュニケーション規格 (JIS Q 14063／ISO14063)

2007年6月，「環境マネジメント―環境コミュニケーション―指針及びその事例」(JIS Q 14063: 2007) が発行された。図6-3で示したように，この規格はISO 14063 (2006) をもとに，内容や対応する国際規格の構成を変更することなく作成された規格である。

環境マネジメントシステム (EMS; Environmental Management Systems) を効果的に運営するためのコミュニケーション原則や運用体制，環境コミュニケーションに関する方針，戦略，活動に関する実践的なガイドラインである。この規格には，企業がステークホルダーと効果的な双方向のコミュニケーションを行うことやコミュニケーションの成果を評価し，コミュニケーションの方針や戦略の見直しを行うこと等が規定されている。

ISOでは，社会的責任に関するガイダンス規格である「**ISO26000**」が審議されつつある。この規格では，報告書発行組織とステークホルダーの信頼感を強化することが持続可能性報告の重要な目的であると位置づけられており，この規格が発行された際には企業のコミュニケーション活動にも大きな影響を与えるであろう。

2 持続可能性報告と環境／CSRコミュニケーション　103

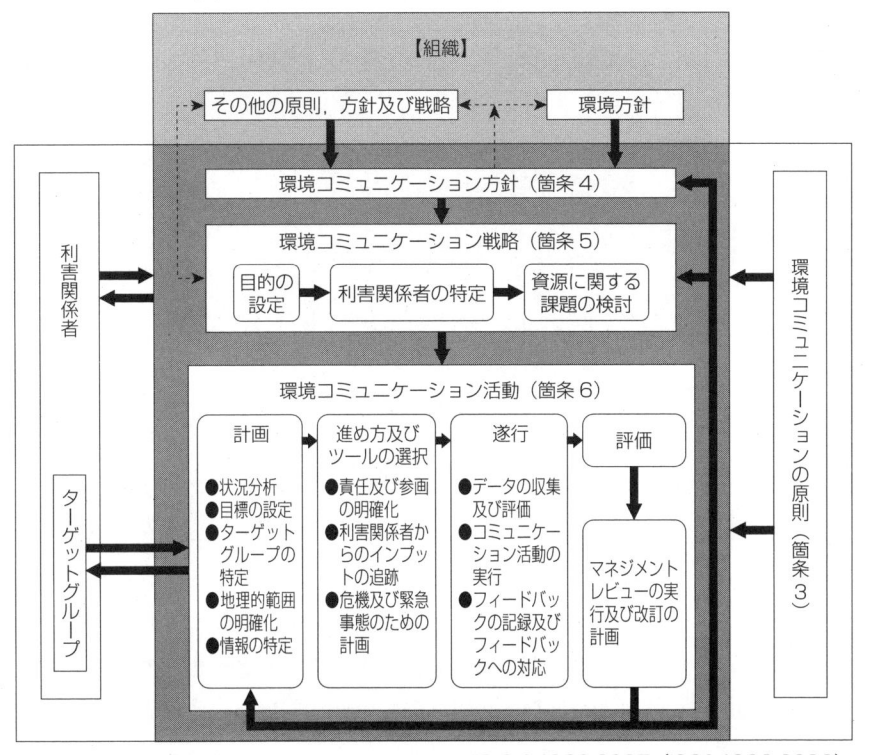

図6-3　環境コミュニケーション規格の概念図

[【組織】環境コミュニケーション方針（箇条4）、環境コミュニケーション戦略（箇条5）：目的の設定→利害関係者の特定→資源に関する課題の検討、環境コミュニケーション活動（箇条6）：計画（状況分析、目標の設定、ターゲットグループの特定、地理的範囲の明確化、情報の特定）／進め方及びツールの選択（責任及び参画の明確化、利害関係者からのインプットの追跡、危機及び緊急事態のための計画）／遂行（データの収集及び評価、コミュニケーション活動の実行、フィードバックの記録及びフィードバックへの対応）／評価→マネジメントレビューの実行及び改訂の計画。左：利害関係者、ターゲットグループ。右：環境コミュニケーションの原則（箇条3）。上：その他の原則，方針及び戦略／環境方針]

JIS Q 14063:2007（ISO14063:2006）

（出所）鈴木・所［2008］p.108にもとづき筆者作成。

2.3　ステークホルダー・エンゲージメント

　企業が持続可能性を高めていくためには，環境／CSRコミュニケーションを通じてステークホルダー・エンゲージメントを積極的に展開していくことが必要となろう。つまり，報告書発行企業からステークホルダーに対する一方通行的なコミュニケーションではなく，企業がコミュニケーション活動の自己評価を繰り返しながら，双方向コミュニケーションから**パートナーシップ**を生むコミュニケーションへと発展させていくことが求められているのである。

　図6-4は，サステナブル・コミュニケーションの展開イメージを示したも

図 6-4 サステナブル・コミュニケーションの展開

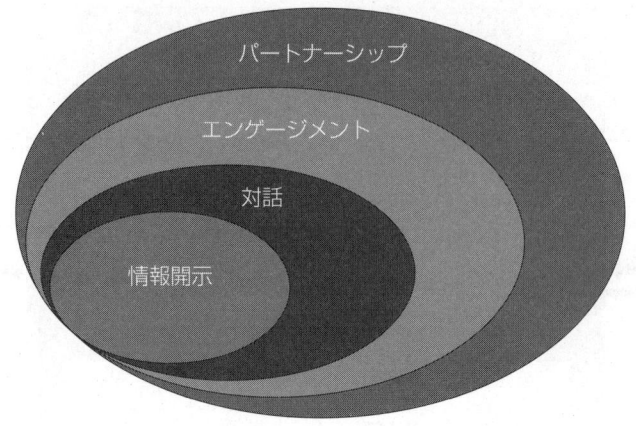

パートナーシップ
エンゲージメント
対話
情報開示

のである。企業はGRIガイドラインやISO環境コミュニケーション規格にもとづく持続可能性報告によって「透明性」を確保した情報開示を行う。つぎにステークホルダー・ミーティング等を通じてマルチステークホルダーとの対話を推進する。マルチステークホルダーとの対話を通じて顕在化した諸問題について，企業とステークホルダー間，あるいはステークホルダー相互の**エンゲージメント**を高めていくことで問題への対応力や解決に向けた合意形成を深化させていく。最終的には企業とステークホルダー間にエンゲージメントとパートナーシップを醸成し，協働関係の構築を目指すことがサステナブル・コミュニケーションの目的となろう。

3 資本市場のグリーン化と持続可能性評価

3.1 サステナビリティ評価と企業会計情報

地球環境問題の深刻化を背景とした持続可能な社会の構築に関する議論が高まる中で，新しい企業経営のスタイルとして環境／CSR経営が標榜された。環境／CSR経営は，サステナブル社会の実現を目指す企業経営スタイルであり，人間社会の持続的発展を目指す共生原理に立脚して地球環境問題に対処し，修

正自己責任に立脚して社会的代位性を体現し，環境責任・貢献を至上として実践し，もって企業目的たる利潤の実現をはかる企業経営の像である（鈴木[1999] p. 72）。外部不経済として企業経営の枠外に位置づけられてきた環境問題を企業経営に内部化し，これを利潤獲得の前提条件として位置づけたものが環境／CSR経営である。

　これまで上場企業の企業価値は，その財務的成果に基づいて株式市場で形成される株式価値と認識されてきた。1990年代後半にはROA（Return on Assets；総資産利益率＝税引き前事業利益÷株主と債権者の投下資本合計）やROE（Return on Equity；株主資本利益率＝利子を債権者に支払った後の税引き後純利益÷株主の投下資本）といった資本効率を表す尺度が主要な経営指標と位置づけられた。CSRやSRIに対する関心が高まった1990年代以降においても，財務会計データの精緻な分析から将来における企業価値を推定するという市場参加者の投資行動に大きな変化はみられない。

　財務会計データにもとづく企業価値のあり方を否定するつもりは毛頭ないが，問題は企業が獲得した利潤の前提条件として位置づけられる持続可能性（サステナビリティ）に関する評価要素が，財務会計データに組み込まれていないという点である。残念ながら，現在の財務会計システムに環境性，社会性，倫理性といった企業行動の持続可能性を評価する要素を取り込むことは困難である。企業価値が財務会計情報にもとづいて形成されるとするならば，市場メカニズムのフレームワークから生み出される企業価値には持続可能性に関する要素がビルトインされていないといえよう。

　企業行動の持続可能性に対する評価のあり方を議論するうえで重要な視点は，持続可能性が企業価値とどのような関係を有し，それが市場における企業価値形成メカニズムにどのような影響をもたらすのかという点である。企業を中核とした経済的活動に起因する地球温暖化や絶えることのない企業不祥事は，財務会計情報を中心とした企業評価のフレームワークを見直し，企業活動の環境的側面や社会的側面など，いわゆる持続可能性の諸要素を企業経営の評価指標として取り込む必要性を示唆している。

たとえば，富士フイルムグループでは，環境保全に関する投資や経費，効果を「環境会計」，労働環境の整備や社会貢献などに要した費用を「労働環境・社会会計」として集計している。これらを併せたものを**サステナビリティ会計**と定義し公表している。

環境会計の目的は，社内外のステークホルダーに対する定量化された正しい環境情報の提供とトップマネジメントの意思決定に資する数値化された環境情報の提供を目的としている。特に社外への経済効果を「お客様への効果」[6]として公表している点に特徴がある。

一方，社会的側面のアカウンタビリティを担う「労働環境・社会会計」は，従業員の労働環境の整備および社会貢献に費やした金額を集計し，富士フイルムグループ全体の取り組み状況を把握することを目的としている。表6-3は，2006～2008年度における社会的側面における投資額の推移を示したものであるが，ステークホルダー別・実施項目別に投資額が開示されており，これまで定性情報にもとづく評価が中心であった社会的側面の活動を数値化したことは，企業のサステナビリティ性評価の信頼性向上に寄与するものといえよう。

市場メカニズムが持続可能性評価と財務会計情報を結びつける機能をもつことによって，企業行動に本質的な変革をもたらすことが可能になると考えられる。SRIは持続可能性評価と企業価値を結びつける手法の1つと位置づけられる。残念ながら，日本の株式市場におけるSRIの投資残高ウェイトが低水準にとどまっており，株式市場で形成される企業価値に持続可能性に関する評価要素がほとんど反映されていないとみるのが妥当であろう。

3.2　環境／CSR金融の意義と機能

企業は社会と共に成長するという考えが社会の共通認識へと浸透しつつある中で，多くの企業がCSRを経営の中核と位置づけ取り組みを強化している。こ

---

(6) 顧客が購入した新製品を使用した場合と，顧客が旧製品を使用した場合の環境負荷量を比較して，効果を金額に換算したもの。詳細は富士フイルムホールディングス『サステナビリティレポート2009』を参照されたい。

表 6-3 富士フィルムグループ「労働環境・社会会計」の内訳

(単位:百万円)

ステークホルダー	項　目	コスト合計 2006年度	コスト合計 2007年度	コスト合計 2008年度
従業員	労働安全性	1,149	1,462	1,865
従業員	人材育成	1,901	2,237	2,297
従業員	多様性の確保	157	180	148
従業員	働きやすい職場づくり	1,764	2,012	2,304
お客様	お客様対応・安全確保	780	652	570
将来世代	将来世代への教育活動	85	10	21
コミュニティ（地域社会・行政）	地域社会との調和	183	157	158
コミュニティ（地域社会・行政）	社会への文化芸術振興（国内）	807	1,276	1,386
国際社会	国際社会の文化・社会への配慮	38	51	63
NGO・NPO	NGO・NPOとの協働	52	10	10
調達先	製品への配慮	44	33	50
合　計		6,960	8,080	8,872

(出所) 富士フィルムホールディングス [2009] pp.45, 55 もとづき筆者作成。

うした環境変化は，機関投資家の投資行動にも少なからぬ影響を及ぼしてきた。2006年，国連グローバルコンパクトと国連環境計画金融イニシアティブが共同で策定した**責任投資原則**（The Principles for Responsible Investment）が示されると，140以上の機関投資家が同原則に署名を行った[7]。責任投資原則は，資産運用においても環境 (E)，社会 (S)，コーポレートガバナンス (G) を適切に配慮することを求めたもので，以下の6原則によって構成される。

(1) 投資分析と意思決定プロセスにESGの課題を組み込む。
(2) 株主責任を意識した株式所有者となり，株式の所有方針と所有習慣にESGの課題を組み込む。
(3) 投資対象の主体に対してESGの課題について適切な情報開示を求める。

---

(7) 2006年12月現在，責任投資原則に署名している国内の機関は三菱UFJ信託銀行，住友信託銀行，大和證券投資信託委託，損害保険ジャパン，キッコーマン年金基金，ニッセイアセットマネジメント，中央三井アセット信託銀行，みずほ信託銀行。

(4) 資産運用業界において本原則が実行に移されるよう働きかける。
(5) 本原則を実行する際の効果を高めるために協働する。
(6) 本原則の実行に関する活動状況や進捗状況に関して報告する。

　市場がCSRに関する評価機能をもつためには，市場参加者が自らの投資理念や投資行動にCSRを組み込むことが不可欠である。責任投資原則への署名は，機関投資家が自らの投資行動にCSRを組み込むことを対外的に宣言したことにほかならない。その意味で同原則に署名した金融機関や年金基金の責任は重く，資産運用におけるESG問題とどのように向き合い，どのような方針の下で新たな投資行動を展開していくのか等について，われわれに対して速やかに開示することを希望したい。

　持続可能性報告書を発行する企業の増加によって，企業活動の環境性，社会性，倫理性など，いわゆるCSRに関する情報開示が進んだ。これは，市場において企業価値の形成に関与する市場参加者の意思決定要素の１つとしてCSRの環境が整備されつつあることを示すものである。しかし，SRIファンド，サプライヤー，NPO等による利用を考慮に入れても，持続可能性報告書が市場参加者の意思決定に際して有効活用されているとはいいがたい。この状況は，企業の環境面や社会面に関する社会的にも意義の大きな情報が潜在的な多くのステークホルダーに十分伝わらず見捨てられているのに等しく，それは，持続可能な社会を構築するという視点からみると重大な社会的損失であろう。

　企業活動が量的に拡大するとともに質的にも多様化していく中で，企業行動のもたらす不確実性を適切にコントロールし，地球環境や人間の健康に対する被害を未然に防止することが，今後ますます重要になってくる。

　地球環境や人間の健康は深刻な被害が発生してからでは，いかなる政策手段をもってしても原状回復を実現することは困難である。市場が地球環境の汚染・破壊を防除するメカニズムや機能を保持していないことは明らかであるが，これは企業活動に対して予防的措置を取る有効なシステムをわれわれが保有していないことを意味する。

　地球環境破壊は，自然資源を収奪し，直接利潤に結びつかない環境対策に対

する資本投下を怠るところにその原因があり，その背景には資本の論理があることが指摘されてきた。こうした資本の論理に基づく収益至上主義を持続可能性の概念によって制御しようという合意形成がグローバル社会において図られつつある。持続可能性の本質とは，企業行動の収益至上主義的側面を抑制し，環境や社会との共生と調和を促すものであるが，企業活動による環境破壊を未然に防ぐ予防的メカニズムを株式市場がもつことによって，初めて実質に機能するのではなかろうか。

株式市場の予防的メカニズムとは何か。それは，株式市場における企業評価のあり方を根本的に変えることである。これまでのように経済性のみにフォーカスした評価から環境性と社会性を含めた評価へ変更させることによって，企業経営者の意識と行動を収益至上主義からサステナビリティ主義へ転換させることを意味している。

人間社会の物質的な豊かさを得るため，私たちが生み出した企業や市場メカニズムが地球環境を破壊し，人間の生存をも脅かす存在と化している。政策的手段によって株式市場を外部からコントロールする試みがなされたとしても市場機能を本質的に変えていくことは難しく，市場に自己変革を期待することも現実的ではない。市場は人間が付与したフレームワークにもとづいて機能するのみである。つまり，サステナブル社会の実現は，われわれ市民が経済性偏重の企業評価のフレームワークから脱却し，持続可能性を株式市場における企業評価の中核的要素として受容するか否かにかかっているといえよう。

(長谷川　直哉)

COLUMN 5

環境税と排出量取引のポリシーミックス―イギリスの事例―

イギリスでは2001年4月から，①気候変動税（CCL：Climate Change Levy），気候変動税制度の一部である②気候変動協定（CCA：Climate Change Agreement），③イギリス排出量取引制度（UK ETS：UK Emission Trading Scheme）がポリシーミックスとして採用されている。CCAを締結している企業は，CCAで年毎の排出量の上限値が決められており，年初にその決められた量の排出権を割り当て

られる。上限値以下の排出であった場合は，CCL の80％減額措置を受けることができ，その措置の2年ごとの更新も可能となる。さらに余剰排出枠を排出量取引で売却することができる。このことが企業に対する温暖化ガス排出抑制へのインセンティブになっている。CCAを達成できなかった企業は，排出量取引でオーバー分を購入することで，次回にCCLを100％支払わなければならないという罰則を回避することができる。また，2008年11月には気候変動法が発効した。同法は，2050年までに国内の温室効果ガス排出を80％削減する法的拘束力のある枠組みを世界で初めて導入したことになる。

〈気候変動法〉

①法的拘束力のある数値目標

　1990年比，CO_2排出量を2020年までに少なくとも26％削減，全ての温室効果ガスの排出量を2050年までに少なくとも80％削減する。

②炭素排出キャップ（Carbon Budget）

　カーボンバジェットは，2050年の長期目標達成に向けて道筋を示すために，イギリスのCO_2排出量を3期にわたって設定（2008-12年，2013-17年，2018-22年）し，2009年6月1日までに最終的な量が設定される。政府は，排出キャップの数値が設定されてすぐに，キャップ達成のための政策と提案について国会へ報告を行う義務を負う。

③気候変動委員会

　気候変動委員会は，政府に対する独立した専門的顧問機関として創設され，排出量キャップ（カーボンバジェット）の水準や効率的なコストの使い方について助言を行う。同委員会は，イギリスの目標達成や排出量削減の経過で政府が対応すべき点について国会に年次報告書を提出することで，透明性と説明責任を果たす義務を負う。

（長谷川　直哉）

演習問題

1　日本における企業の社会的責任（CSR）の歴史的変遷について述べなさい。
2　持続可能性報告書を入手し，各種ガイドラインへの準拠状況について分析しなさい。
3　日本企業のステークホルダー・コミュニケーションの課題について述べなさい。
4　責任投資原則の概要と企業経営に及ぼす影響について述べなさい。
5　社会的責任投資ファンドの情報を入手し，環境的側面および社会的側面に関する評価スキームを分析しなさい。

第7章

環境管理会計の体系と国際的動向

　企業を主体とした**環境会計**は，企業外部の情報利用者に対して情報開示を目的とする**外部環境会計**と，企業による環境経営戦略の策定やそれにもとづく経営管理および業績結果の内部利用者への情報提供を目的とする**内部環境会計**の2種類に分類される。そのうち，本章では，内部環境会計を対象とし，その枠組みと国際的動向について明らかにする。なお，内部環境会計については現在，欧米や日本においては，「**環境管理会計**（EMA; Environmental Management Accounting）」という名称が使用されていることから，本章でもこの名称を用いる。

1　企業の環境経営と環境管理会計

1.1　マネジメントレベルと環境会計情報

　環境管理会計（EMA）は，内部利用者による環境経営戦略の策定や経営管理の実施，そして，そうした利用者への業績管理結果の情報提供を支援するための情報システムとして機能する。しかし，内部利用者の意思決定において利用される環境会計の情報内容は，その利用者が従事するマネジメントの対象範囲，つまり，マネジメントレベルに応じて大きく異なる。これについては，シャルテッガー＝バリット（Schaltegger,S. and R.Burritt）も，図7-1のように，5つの**マネジメントレベル**ごとに会計情報の内容が異なることを概念的に示している。

　以下では，この図にもとづいて，内部利用者のマネジメントレベルと環境会

112　第7章　環境管理会計の体系と国際的動向

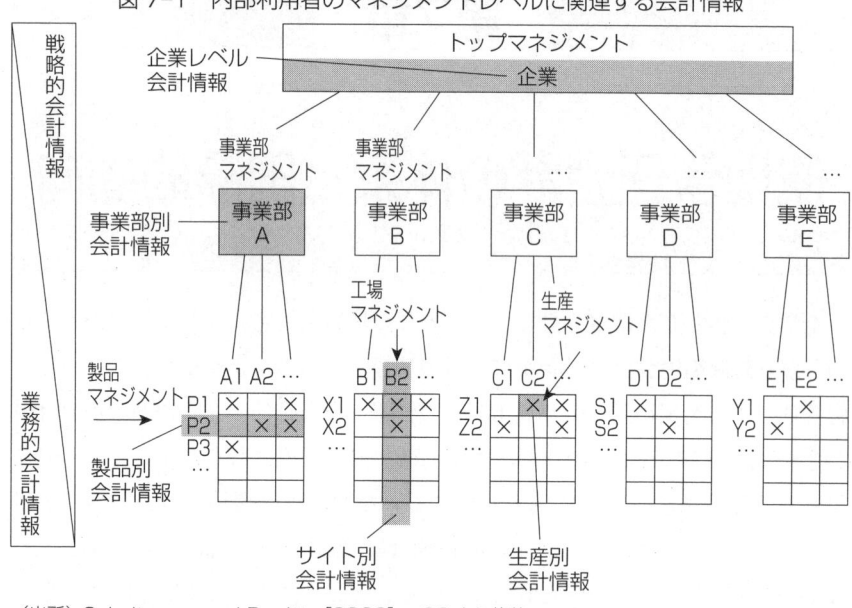

図7-1　内部利用者のマネジメントレベルに関連する会計情報

（出所）Schaltegger and Burritt［2000］p.92 より抜粋。

計情報との関係について明らかにする[1]。

（1）　トップマネジメントレベル

　トップマネジメントレベルでは，企業の経営者が，経済面（採算性）と環境面（環境影響）の両側面の関係を考慮に入れた経営戦略を策定し，これを基軸として企業全体のマネジメントを行っていく。図7-2の4象限からなるモデルは，その経営戦略モデルの1例である。

　図7-2において，横軸は環境負荷物質の発生量（絶対量）を示しており，右方向に進むにしたがって発生量が増加する。それに対し，縦軸は環境経営の実施による企業利益への影響を示している。また，社会的に認められた環境負荷量とは，国，地方自治体，業界等が設定している環境法規制（環境基準）ある

（1）　トップから製品の5つのマネジメントレベルと環境会計情報との関係については，Schaltegger and Burritt［2000］pp. 91-92 や Burritt, et al.［2002］pp. 33-34 を参考に検討した。

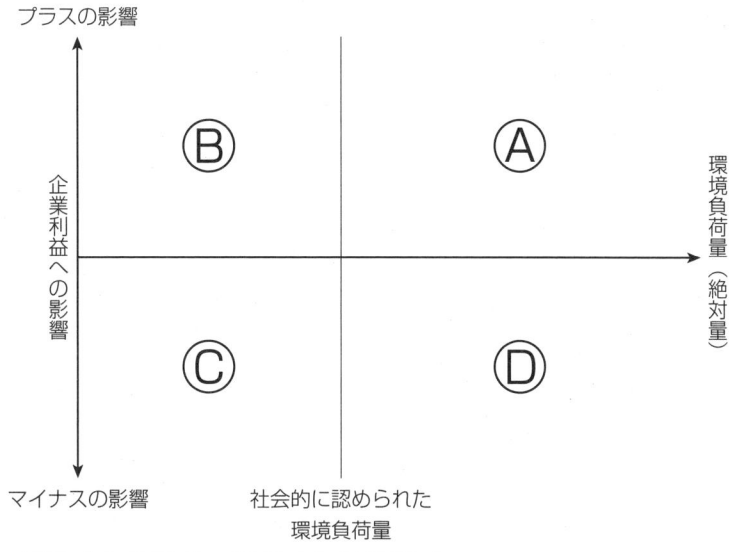

図7-2 環境経営戦略モデル例

```
              プラスの影響
                  ↑
                  │
         Ⓑ        │        Ⓐ
企                │                    環
業                │                    境
利 ───────────────┼───────────────→   負
益                │                    荷
へ                │                    量
の                │                    （
影         Ⓒ     │        Ⓓ          絶
響                │                    対
                  │                    量
                  │                    ）
                  ↓
              マイナスの影響
    社会的に認められた
         環境負荷量
```

（出所）八木［1999］p. 269にもとづき筆者作成。

いは社内規制を示している。

　さらに、ⒶからⒹは、各企業の特定時点における環境経営の状態を4つの象限に分けて表している。すなわち、第1象限Ⓐは環境経営よりも従来の経営活動に従事しているために、環境負荷量や企業利益だけではなく、社会的コストの発生も大きい状態、第2象限Ⓑは環境経営に従事しながらも、企業利益を大きく獲得している状態、第3象限Ⓒは環境経営に従事しすぎたために、企業利益があまり得られない状態、そして、第4象限Ⓓは環境経営を行わなかったために、大気汚染や廃棄物処理に対して課せられる損害賠償等といった多額の事後コストを発生させる状態である。

　そこで、たとえば、企業が当年度、企業利益を上げているが組織全体で基準値以上の二酸化炭素（CO_2）を排出している（つまりⒶの状態）ために、次年度以降にそれを基準値に近づけていくケースを考えてみる。このケースでは、経営者は、短期的にはⒸ、あるいは長期的にはⒷに向かうようにしていくために、環境基準にもとづいて、また、企業利益との影響を考えながら、排出量取引や

自然エネルギー事業等の新規環境事業への参入や，新たに導入すべき環境配慮型設備への投資決定等，環境コストをかけて環境経営の運営および管理を強化していくことが考えられる。

したがって，このレベルでは，経営者が，短期的かつ長期的な視点にもとづいて，企業全体の経営を左右する戦略的な意思決定とマネジメントを行うことから，戦略策定やマネジメントの際に必要となる組織全体の会計情報や，上記のような多額の環境コストを要する特定の事業計画や設備投資等の個別計画に関わる会計情報が利用される。

(2) **事業部マネジメントレベル**

事業部マネジメントレベルでは，事業部長等のマネジャーが，担当する事業部のマネジメントを行っていく。ここでは，その事業部の構成組織（後述する工場）全体の業績（ストック項目とフロー項目に関する成果）を評価するとともに，その結果を（1）の上位層のトップマネジメントに対して公表し，説明していく責任を負っている。また，そうした業績結果にもとづいて設定される次期以降の予算の報告や承認についても，トップに対して説明責任が伴う。そのために，このレベルでは，事業部における業績管理に役立つ会計情報（実施された環境経営成果である実績値やそれにもとづく予算数値）が利用される。

(3) **工場マネジメントレベル**

工場マネジメントレベルでは，工場長等のマネジャーが，担当する工場内外の業績管理（ストックやフローの管理）に従事する。すなわち，工場内の資材購入や生産等の各プロセスで消費される物質・エネルギーや従業員（労働時間）とそれに伴うコスト，そして，工場内外に排出される環境負荷物質（CO_2や廃水等）やその浄化コスト等の管理や業績評価である。このレベルでも，(2) の事業部マネジメントのように，工場全体の環境経営の実施結果だけではなく，次年度の予算管理も行い，そうした結果を関係事業部に対して説明していく責任を負っている。そのために，このレベルでは，工場全体における業績管理に役立つ会計情報（実績値や予算数値）が利用される。

(4) 生産マネジメントレベル

生産マネジメントレベルでは，生産管理者等のマネジャーは，担当する製品の生産プロセスの管理や効率性向上のために，そのプロセス上において一定期間発生する原価計算上のコストや環境コストといった貨幣情報や，そうしたコストの発生要因となる，生産時に消費される物質・エネルギーおよび労働や発生した環境負荷物質といった物量情報に対して関心をもっている。すなわち，ストック情報よりもフロー情報にもとづいたマネジメントが中心となる。したがって，このレベルでは，担当する製品の生産プロセスのマネジメントに役立つ一定期間のフローに関する会計情報が利用される。

(5) 製品マネジメントレベル

製品マネジメントレベルでは，担当製品の管理者等のマネジャーが，その製品にかかわる生産や販売等の特定プロセスだけではなく，すべてのプロセス，つまりライフサイクルの全プロセスで発生するトータルのコスト（原価計算上のコストに環境コストを加えた全コスト）と環境影響に関するフローデータを用いて，ライフサイクルコストの管理やそれにもとづいた製品価格の設定を行っていくことに関心をもっている。そのために，このレベルでは，製品ライフサイクルにわたって発生するトータルのコストと物質・エネルギーフローおよび環境負荷物質に関する会計情報が利用される。

1.2 環境管理会計ツールとその利用方法

内部利用者のマネジメントレベルと環境会計情報の関係については，1.1で述べたとおりであるが[2]，EMAでは，このような関係を考慮に入れてさまざまなツールを整備していくことが必要となる。そのツールについては，表7－1に示したバリット等が整理した体系表が参考になる。

---

(2) 図7－1については，あるマネジャーが他のレベルの会計情報を利用するケースは実践的にかなり存在する。たとえば，製品マネジャーは，生産レベルや工場全体の業績に関する情報内容を考慮に入れながら，トータルコストの管理方法の検討や製品価格の設定を行うことが考えられる。そのために，マネジメントレベルと環境会計情報の関係については，こうした実践的なケースも考慮に入れて検討すべきである。

表7-1　環境管理会計の体系表

		環境管理会計（EMA）			
		貨幣ベース環境管理会計（MEMA）		物量ベース環境管理会計（PEMA）	
		短期間	長期間	短期間	長期間
過去指向	一般的な情報	環境コスト会計（例えば，変動原価計算（直接原価計算），全部原価計算，活動基準原価計算）	環境配慮型設備投資	マテリアル・エネルギーフロー会計（製品，部門，企業レベルによる短期的な環境影響）	環境（あるいは自然）資本影響会計
	特別な情報	環境原価計算の意思決定に関連する事後評価	環境ライフサイクル（ターゲット）コスティング　　個々の事業における事後的投資評価	短期的な環境影響の事後評価（例えば，サイトや製品）	ライフサイクルインベントリ　　物量ベースの環境投資評価における事後評価
未来指向	一般的な情報	貨幣的環境予算（フロー項目対象）　　貨幣的環境予算（ストック項目対象）	環境配慮型長期財務計画	物量ベース環境予算（フロー項目およびストック項目）（例えば，マテリアル・エネルギーフロー活動基準予算）	長期的な物量ベース環境予算
	特別な情報	例えば，特別注文品，能力上制約を有する製品ミックス等に関連した環境原価計算	貨幣ベースの環境事業投資評価　　環境ライフサイクル予算と目標価格の設定	さまざまな活動に及ぼす短期間の制約等に関連する環境影響	物量ベースの環境投資評価　　特定事業のライフサイクル分析

（出所）Burritt et al. [2002] p.31 の Figure2.4 より抜粋。

表7-1において，EMAは，中央の2列に示された**貨幣ベース環境管理会計**（MEMA; Monetary EMA）と**物量ベース環境管理会計**（PEMA; Physical EMA）に分類されている。MEMAは，環境に及ぼす企業活動の影響を貨幣単位で捉えていく会計システムであり，PEMAは，そうした影響を物量単位で捉えていく会計システムである。

また，この表には，つぎの3つの次元，つまり期間（過去指向と未来指向），期間の長さ（短期間と長期間），情報の一般性（一般的な情報と特別な情報）が設定されている。そして，それぞれの欄には，これらの3つの次元を考慮に入れたEMAのツールが示されている。MEMAには，従来の管理会計と同じように，設備投資意思決定や業績管理（原価管理や業績評価）に必要となるツールが記載され，PEMAには，マテリアル・エネルギーフロー分析や環境影響評価のツールが記載されている。

そこで，表7-1の体系表に図7-1のマネジメントレベルにおける各種マネ

表7-2　マネジメントレベルと環境管理会計ツールとの対応表

マネジメントレベル	利用する環境管理会計ツール	
	MEMA	PEMA
トップマネジメント	環境関連設備投資決定	環境（自然）資本影響会計
	環境長期財務計画	長期物量ベース環境予算
事業部マネジメント	環境コスト会計	マテリアル・エネルギーフロー会計
	貨幣的環境予算 （ストック・フロー）	短期物量ベース環境予算 （ストック・フロー）
工場マネジメント	環境コスト会計	マテリアル・エネルギーフロー会計
	貨幣的環境予算 （ストック・フロー）	短期物量ベース環境予算 （ストック・フロー）
生産マネジメント	環境コスト会計	マテリアル・エネルギーフロー会計
	貨幣的環境予算（フロー）	短期物量ベース環境予算（フロー）
製品マネジメント	環境ライフサイクルコスト計算	ライフサイクルインベントリ分析
	環境ライフサイクル予算	特定事業におけるライフサイクル分析

（出所）Burritt et al. [2002] pp.33-34 にもとづき筆者作成。

ジャーの情報利用を対応させる形で示せば，表7-2のように表わすことができる。

このように，EMAは，企業の環境経営の戦略や組織，そして内部利用者のマネジメントレベルと密接に関連づけられる。また，EMAデータは，環境省環境会計ガイドライン等の外部報告用フォーマットにもとづいて整理し，株主や債権者等の外部利用者に対して情報提供していくことが必要である[3]。したがって，企業において，EMAは，当該企業内外の情報利用者の意思決定に応じてさまざまな情報を提供していく環境会計情報システムの中心となるシステムとして機能させるべきであると考えられる。

2　環境管理会計の国際的動向

日本では，環境省から公表された**環境会計ガイドライン**，化学業界の環境・安全・健康面を対象とした**レスポンシブル・ケア**（RC; Responsible Care），そして，環境・経済・社会の各側面を対象としたGRI（Global Reporting Initiative）の**持続可能性報告書ガイドライン**等，各種報告書内での環境会計情報開示を推進する取り組みにより，1999年以降，各企業において外部環境会計の取り組みが急速な勢いで進展した。また，EMAの研究は2002年以降，経済産業省を中心に行われている。それに対し，欧米では，90年代前半から半ばにかけて，環境保全活動を効率的に行うためのEMAの開発・実践が行われている。そこで，本節では，EMAに関してこれまでに注目すべき取り組みが行われている欧米の動向とともに，日本の取り組みの現状と課題についても明らかにする。

2.1　アメリカにおける動向

アメリカにおけるEMAの取り組みはつぎの3つの時代に分類できる（千葉［2006］pp. 229-244）。すなわち，**企業社会会計**の試みがなされた1960-70年代に

---

[3] 国連持続可能開発部によるEMAでも，その適用領域の1つとして，環境コスト等の外部報告について取り上げている（USDSD［2001］pp. 9-10）。

始まり，Exxon社の**バルディーズ号事件**発生後，環境問題の重要性が再認識され，環境コストが認知され始めた1980-90年代，そして，こうした状況に会計サイドから対応するために，**環境保護庁**（EPA; Environmental Protection Agency）によって環境マネジメントのための**環境会計プロジェクト**が開始された1990代以降である[4]。EPAは，このプロジェクト発足以来，EMAに関するさまざまなケーススタディを発表し[5]，これをもとにして1995年に環境会計入門書を公表した（EPA [1995]）。

この入門書では，環境コストに関する分類体系をはじめとし，後述する環境配慮型設備投資決定手法を意味する**トータルコスト・アセスメント**（TCA; Total Cost Assessment），**ライフサイクル・コスティング**（LCCing; Life Cycle Costing），**活動基準原価計算**（ABC; Activity-Based Costing）等といった既存の管理会計手法を利用することによる環境コスト管理の必要性とその可能性が示されている。なお，環境コストについては，表7-3に示されているように，**伝統的コスト**（conventional cost），**隠れている可能性を有するコスト**（potentially hidden cost），**偶発的コスト**（contingent cost），**企業イメージ／関係調整コスト**（image and relationship cost）といった4種類の**私的コスト**に，**外部コスト**（external cost）にあたる**社会的コスト**（social cost）を加えた計5種類に分類され，例示されている[6]。

また，2000年には，資材購入，マテハン，貯蔵，資材再利用，廃棄物処理，製品回収の各プロセスから発生する環境負荷物質やその回避・削減等に伴う環境コストおよびベネフィットの管理を目指すために，**サプライチェーン・マネジメント**（SCM; Supply Chain Management）を応用した環境会計モデルが提

---

(4) バルディーズ号事件は1989年に発生し，またEPAの環境会計プロジェクトは1992年に開始された。
(5) EPAの環境会計研究についてはEPA（http://www.epa.gov/oppt/library/pubs/archive/acct-archive/resources.htm）を参考されたい。
(6) EPAでは企業のコスト管理の方法や管理活動の規模・範囲に依存するとして，環境コストに関する明確な定義はなされていない。ここでは，表7-3に示した5つの環境コストの分類体系が提示されている。

表7-3　環境コストの分類例と内容

	外部コスト（社会的コスト）	
	隠れている可能性を有するコスト	
規制順守コスト	事前コスト	自主的コスト（規制遵守範囲以上のもの）
通知	用地研究	地域との関係づくり
報告	用地準備	監視/検査
監視/検査	認可	訓練
研究/モデリング	研究開発	監査
修復	エンジニアリングと調査	取引先の選定
記録	設置	報告書（年次環境報告書等）
計画	伝統的コスト	
訓練	資本設備	保険
検査	材料	計画
登録	労務	実行可能性調査
ラベリング	消耗品	修復
準備	公共料金	リサイクル
保護装置	建物	環境調査
健康管理	残存価額	研究開発
環境保健	事後コスト	生育地や湿地の保護
財務保証		風景美化
汚染管理	閉鎖/撤退	他の環境プロジェクト
漏洩への対応	在庫処分	環境団体や研究者への財政支援
雨水管理	閉鎖後の管理	
廃棄物管理	用地調査	
税金/手数料		
	偶発的コスト	
将来の規制遵守コスト	修復	法的費用
罰金	財産の損害	自然資産の損失
将来の施行への対応	個人の負傷による損害	経済的損失による損害
	イメージ/関係調整コスト	
企業イメージ	専門スタッフとの関係	債権者との関係
顧客との関係	従業員との関係	地域社会との関係
投資家との関係	取引先との関係	規制当局との関係
保険会社との関係		

コスト名	内容
伝統的コスト	原材料費や人件費などの従来の原価計算で利用されているコスト
隠れている可能性を有するコスト	環境コストとして本来認識されることのない隠れている可能性のあるコスト
偶発コスト	将来において一定の時点に発生する可能性を有するコスト
イメージ/関係調整コスト	企業イメージや利害関係者との関係を保持するためのコスト
社会的コスト	地域住民などの第三者によって負担されているコスト

（出所）EPA［1995］p.9のexhibit2およびpp.7-17にもとづき筆者作成。

示されている[7]。表7-4のマトリックスは，上記6つのプロセスから発生する表7-3の環境コストとそれをかけたことにより実現する環境ベネフィットの関係を表わしている。

　EPAは，表7-4のマトリックスを用いて，単一企業のみのプロセス全体で生じる無駄を省いて効率性を高めていき，それによってさらなる顧客価値の創造を目指していく**部分最適**だけではなく，他の企業も視野に入れて長期的な信頼関係を保持しながら企業相互間のプロセス管理を行い，相互に利益を享受し

---

[7] EPAは，環境コストの管理対象範囲として，サプライチェーンの全プロセスではなく，先進企業の取組事例において環境パフォーマンス改善度の目立った6つの資材管理活動を対象としている（EPA［2000］pp.4-5）。

2 環境管理会計の国際的動向

表7-4 SCMにおける環境コストと環境ベネフィット

環境コスト＼サプライチェーン	資材購入	マテハン	貯蔵	資材再利用	廃棄物処理	製品回収
伝統的コスト	生産原材料の購入高	梱包材の購入価格	有害物質のための特別貯蔵スペース	再利用された原材料からの収入	固形廃棄物の目録記載，運搬，廃棄に関する労務費と手数料	回収された製品の部品の再利用によって削減された材料費
隠れている可能性を有するコスト	サプライヤーの認証活動	再生可能なコンテナの自動運搬による効率性の獲得	流出の浄化コスト	環境効率性の向上（例：廃棄資材の削減等）	廃棄材料の数量および有害性の減少による環境保険料の削減	製品回収のための輸送コストの増加
偶発的コスト	製品管理プログラムを有するサプライヤーとの協働による環境事故リスクの削減	レーザーナイフでの切断作業を含む，人間工学や安全性の問題	従業員への有害物質の曝露とそれに伴う補償請求	土壌への廃棄物埋立量の減少による修復債務の削減	埋立地から漏洩した有害廃棄物に対する潜在的な浄化債務	
イメージ/関係調整コスト	「グリーン」なサプライヤーとの提携関係による肯定的なメディア報道	再生可能なコンテナの使用による肯定的な一般的イメージ	有害物質の曝露の減少による従業員満足の改善	原材料利用効率の向上による投資家と保険機関への魅惑能力	不当な処分場からの漏洩に関する地域住民の反発の回避による肯定的な一般的イメージ	顧客の製品の品質に関する関心の増大
外部コスト	有害物質の使用削減による生態系の改善	流出による大気および水中への不慮の排出物	流出物の深刻度および流出回数の減少による生態系への排出の減少	曝露に関連した地域住民に対する健康診断費の削減	埋め立てられた環境負荷物質の減少	材料必要量の減少による原材料の採掘および採取の減少

（出所）EPA [2000] pp.10-11のTable1から抜粋。

ていく**全体最適**を目指すことの重要性を明らかにしている。

このように，EPAを中心としたEMAの取り組みは，既存の管理会計手法に環境保全にかかわる諸要素を結びつける，というアプローチである。表7-1の体系表でいえば，MEMAが中心に展開されているといえる。こうしたEPAのプロジェクトは，2003年にテラス研究所（Tellus Institute）の中の**環境管理会計情報研究センター**（Environmental Management Accounting Research Information Center）に引き継がれて，当センターにおいてEMAの研究や世界各国の最新動向の調査等を行っている。

2.2 ヨーロッパにおける動向

ヨーロッパでは，1996年から2年間欧州連合（EU; European Union）の主要機関である欧州委員会によって**ECOMAC**（Eco-Management Accounting as a Tool of Environmental Accounting Project）と呼ばれるEMAの調査プロジェクトが実施された。現在では，**ヨーロッパ環境管理会計ネットワーク**（EMAN-Europe; Environmental Management Accounting Network-Europe）がECOMACの活動を引き継ぎ[8]，EMAの研究・調査を行っている。また，こうした国際的な調査プロジェクトだけではなく，EU内のドイツでも，注目すべき先進的な会計モデルが提示されている。そこで，ここでは，以上のヨーロッパの取り組みについて振り返ってみる。

ECOMACは，1996年から98年の2年間，欧米企業を対象としたEMA調査研究を行っている。ここでは，EMAフレームワークの検討をはじめとし，ヨーロッパでEMAを実践している84社の企業調査と15社のケース研究が行われている。こうした成果は1999年に公表された著書にまとめられている（Bartolomeo et al.［1999］pp. 81-251）。

ECOMACの研究を引き継いだEMAN-Europeは，ヨーロッパ各国だけでなく，日本や韓国等のアジア諸国を含めたEMAに関する研究・調査を行っている。ここでは，特定の経済主体やサプライチェーンを対象とした環境コスト管理手法や環境配慮型業績評価をはじめ，後述するドイツで展開された**マテリアルフローコスト会計**（MFCA; Material Flow Cost Accounting），環境会計情報システム等に関する研究動向および事例研究が紹介されている（Bennett et al.［2002］, Bennett et al.［2003］）。

こうしたEUの取り組みに対して，各国独自の取り組みとして注目されているドイツでは，1980年代後期以降，企業および政府において環境問題の取り組

---

[8] 近年，アジアにおいても環境会計に取り組む国や企業が増えてきたことから，アジア地域の環境管理会計を普及させるための情報ネットワーク組織として，2001年にアジア太平洋環境会計ネットワーク（EMAN-AP; Environmental Management Accounting Network-Asia Pacific）が韓国において設立された。設立後はEMAN-Europeと連携し，運営されている。

みが本格的に行われた（八木［2002］p. 7）。この当時，政府によって厳格な環境法規制が制定されたが，各企業は，そうした規制に遵守しながらも，経済活動によってもたらされる環境影響を正確に把握し，法規制を超えた自主的な取り組みを実施していくようになっていった。こうした現状から，ドイツの各研究機関は，まず最初に，環境への影響をもたらす環境負荷物質の総量を物量ベースで測定し，評価する管理手法の開発を始めていった。こうして登場した手法が，90年代前半にドイツの繊維メーカーのクーネルト社が導入したことで知られている**エコバランス**（Eco-balance）である。

エコバランスは，図7-3に示したように，企業（特定工場）で投入されるさまざまな物質・エネルギー（投入物）と，企業から産出される製品や各種排出物（産出物）を定量データとして把握し，その現況や今後管理すべきであると考えられる物質を明らかにしていくための物量管理ツールである。

また，90年代半ばには，連邦環境省・環境庁から**環境原価計算ハンドブック**が発表された（Bundesumweltministerium/Umweltbundesamt［1996］）。ここでは，既述したエコバランスにより把握された物量ベースの投入・産出フローにもとづいて行われる環境保全活動にかかわるコストを，従来の原価計算における一連の計算プロセスである費目別，部門別，製品別に分離計算して表示することにより，環境負荷物質と環境コストの双方の削減が意図された手法が提案されている。すなわち，エコバランスで把握される環境負荷物質フローに対して行われた環境保全措置を明示した原価計算手法となっている。

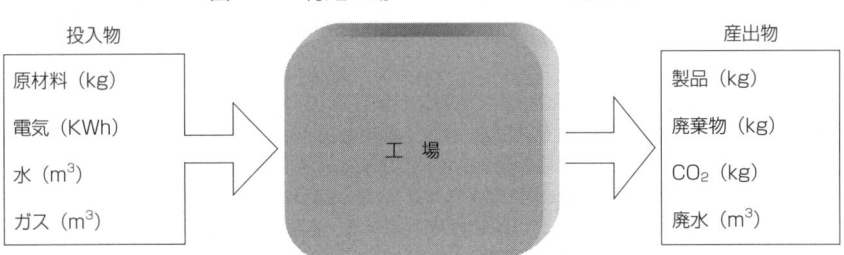

図7-3 特定工場のエコバランスの概念図

投入物
- 原材料（kg）
- 電気（KWh）
- 水（m³）
- ガス（m³）

工場

産出物
- 製品（kg）
- 廃棄物（kg）
- CO_2（kg）
- 廃水（m³）

さらに，同時期には，ドイツのアウグスブルグにある民間の環境経営研究所において，MFCAの取り組みが行われた (Strobel at al. [2000])。これは，上記のエコバランスにもとづいてマテリアルコスト（資材・原材料費等），システムコスト（減価償却費・労務費等），配送／廃棄物処理コストという3種類のフローコストデータを把握し，分析し，管理するための会計ツールである。このツールの特徴は，企業に投入されるマテリアルフローに伴って発生するコストを，製品と廃棄物（ロス）に関するものに分けて，そのロス部分を徹底的に管理することにより，環境負荷物質とコストの削減が実現できるところにある。なお，MFCAは，2001年に国連持続可能開発部（UNDSD; United Nations Division for Sustainable Development）のEMAプロジェクトでも取り上げられている（UNDSD [2001]）。また，日本でもいくつかの企業に試験的に導入され，その有効性が報告されている[9]。

このように，ECOMAC，EMAN-Europe，ドイツを中心としたヨーロッパのEMAの取り組みは，表7-1の体系表からいえば，PEMAが中心に展開され，それにMEMAを関連付ける，という形で行われている。

2.3 日本における取り組み

日本では，1999年に環境省より『環境保全コストの把握及び公表に関するガイドライン（中間とりまとめ）』（ガイドライン案）が公表された。それ以降，ガイドライン案にもとづいた環境会計ガイドラインが2000年版，2002年版，2005年版と公表されている。このガイドラインでは，内部管理と外部報告の両機能にもとづいた環境会計が取り上げられているが，その目的は主に外部報告機能となっている。このように，日本は外部環境会計が先行し，現在でも**環境報告書**

---

[9] 日本企業のマテリアルフローコスト会計の事例については，國部 [2008] pp. 103-244を参照されたい。なお，マテリアルフローコスト会計の導入事例は，大企業を対象としたものについては（株）日本能率協会MFCA導入研究モデル事業事務局のウェブサイト（http://www.jmac.co.jp/mfca/）を，また，中小企業を対象としたものについては（財）社会経済生産性本部エコ・マネジメントセンターのウェブサイト（http://www.j-management.com/mfca/）を参照されたい。

(あるいは**CSR報告書**)の中でガイドラインにもとづいた環境会計情報を公表している企業が多数存在している[10]。

こうした企業の多くは,主に外部報告のために環境会計データを組織全体で収集しているケースが多い。したがって,環境経営の管理や評価等に対して,環境会計データを利用している企業は少ないといえる。こうした現状や欧米の動向も考慮に入れ,経済産業省は2002年に『**環境管理会計ワークブック**』を公表した。このワークブックの目的は,表7-5に示した適用対象にもとづくEMA手法を開発し,その利用方法を提案していくことにある。

まず,企業・サイトを対象とした手法について,**環境配慮型設備投資意思決定手法**は,従来の設備投資手法に環境コストや効果を考慮に入れた環境保全投資の策定方法である。環境保全要素が考慮されていない従来の設備投資手法は,経済面である効率性だけが評価されるために,環境配慮を目的とした設備投資は,収益を生まない投資として却下されることになりかねない。したがって,この手法は,そうした効率性だけではなく,環境保全への有効性も加味し,これらの両方を実現できる設備に対して行っていくための投資意思決定ツ

表7-5　適用対象にもとづいた環境管理会計手法

適用対象	管理領域	手法の詳細	
企業・サイトを対象	設備投資	環境配慮型設備投資決定手法	環境予算マトリックス
	生産・物流等のプロセス	マテリアルフローコスト会計(MFCA)	
製品を対象	製品企画・設計	環境配慮型原価企画ライフサイクルコスティング(LCCing)	環境配慮型業績評価

(出所)経済産業省[2002] p.8の図表1-1にもとづき筆者作成。

---

[10] 環境省による最新の調査によれば,製造業と非製造業における上場・非上場企業2,819社(有効回答数)のうち,平成19年度は1,011社であり,平成16年度801社,平成17年度933社,平成18年度1,049社となっていることから,毎年増加傾向であることが理解できる(環境省[2008] p.83)。ただし,平成19年度は,前年度に比べて若干少なくなっているが,ほぼ横ばいと考えてよいと考えられる。

ールである。

　マテリアルフローコスト会計（MFCA）は，既述したように，企業内部の原材料やエネルギーのフローに着目し，このフローがどのプロセスでどれだけ消費され，また廃棄されているかを物量データとコストデータの双方から把握し，廃棄された原材料やエネルギーを管理していくための手法である。企業は，この手法を用いることにより，廃棄物（ロス）削減だけではなく，これに結びつく投入資源およびコストの削減についても検討することが可能となる。

　つぎに，製品を対象とした手法について，**環境配慮型原価企画**は，環境配慮型製品の企画・開発段階を中心に，技術，生産，販売，購買，経理等，企業の関係部署の総意を結集して，環境保全を考慮に入れながら総合的な原価低減と利益管理を行うための手法である。この手法の成功のポイントは適切な目標原価の設定にあり，その設定方法には，一般的に，控除法，加算法（積上げ法），統合法（折衷法）がある[11]。企業は，その方法のどれかを用いて製品開発・設計段階において目標原価を設定し，その達成をめざすことで，大きな効果獲得が可能となる。

　ライフサイクル・コスティング（LCCing）は従来，利用者による製品の効率的な取得管理のために，製造業者がその製品に関する研究開発から廃棄処分にいたるまでの全プロセスで発生するコストを測定し，管理し，伝達するためのツールである。ここに環境保全を考慮に入れると，評価対象となる廃棄処分のプロセスの後にリサイクルのプロセスが加わり，また，評価データには，環境負荷物質や環境コストも含まれる。したがって，環境保全を考慮に入れたLCCingとは，製品の仕様やデザインに，環境保全要素を関連づけたトータル

---

(11) 控除法とは，予定販売価格から目標利益を控除して目標原価を設定する方法，加算法（積上げ法）とは，技術者が従来の製品原価を出発点として，新規に追加される機能の実現に必要な原価を追加または削除し，新製品の原価を積み上げた成行原価をVEによって目標原価にする方法，そして，統合法（折衷法）とは，予定販売価格と目標利益を控除した原価をトップマネジメントの希望原価である許容原価として設定し，それと技術者によって積み上げられた成行原価を擦り合わせ，VEの利用によって原価低減活動を行い，目標原価を設定する方法である（日本会計研究学会［1996］pp. 62-69，田中［1995］pp. 53-61，櫻井［2009］pp. 346-348）。

のコストを管理するためのツールといえる。

　最後に，企業・サイトおよび製品の両方を対象とした手法について，**環境予算マトリックス**は，**品質原価計算**を応用した手法である。この手法は，予防コストおよび評価コストと実質的に損失に当たる内部失敗コストおよび外部失敗コストとの因果関係をマトリックス形式で俯瞰できるように工夫されたワークシートであるとともに，それは環境経営での計画（環境目標・目的）の立案とそれに関連するコストの予算案を論理的に検討するためのツールとされる（伊藤［2004］pp. 116-132）。すなわち，内部負担および外部負担環境ロスを明確に区別し，効果的な環境対策の計画立案と予算化を容易にすることができる。

　環境配慮型業績評価は，事業部門別の業績評価システムに，環境パフォーマンス指標を取り入れ，経済面と環境面を評価できる手法である。その具体的な方法には，各企業において用いられている環境効率指標あるいは環境経営指標といった経営分析指標や，リコーが環境経営を評価するために現在も実施している**バランス・スコアカード**（Balanced Scorecard）を用いた業績評価手法がある。

　このように，日本でも，環境省による外部環境会計だけではなく，経済産業省においてEMAの取り組みが行われている。その取り組みについては，アメリカおよびヨーロッパのモデルや既存の管理会計手法を参考にしたMEMAが中心に開発・検討されている[12]。

2.4　環境管理会計の現状と課題

　欧米と日本におけるEMAの取り組みについては，アメリカでは既存の管理会計手法にもとづいた環境コスト管理を中心としたMEMA，ヨーロッパではPEMAを基軸としたMEMA，日本ではアメリカ・ヨーロッパの取り組みを参考にし，かつ既存の管理会計手法にもとづいたMEMAに従事している。また，そうして開発・検討されたモデルの一部は実務レベルでも適用されている。そ

---

(12)　本項で取り上げた各EMA手法の詳細については，第8章を参照されたい。

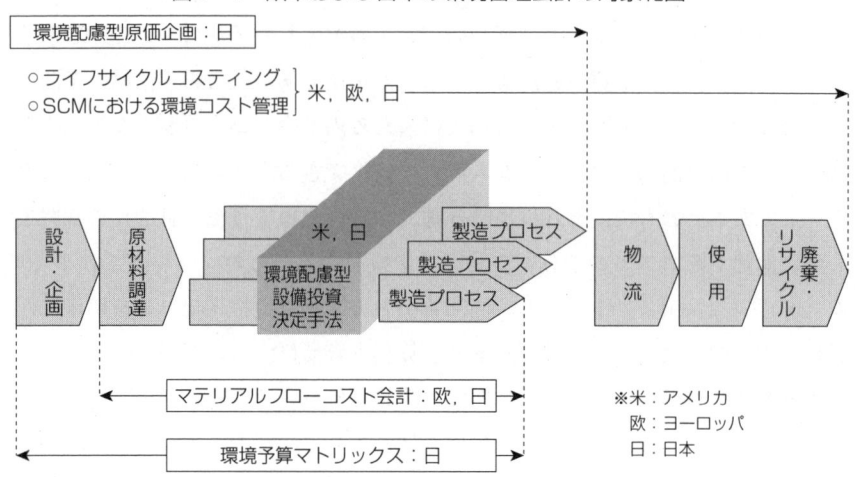

128　第7章　環境管理会計の体系と国際的動向

図7-4　欧米および日本の環境管理会計の対象範囲

- 環境配慮型原価企画：日
- ○ライフサイクルコスティング
- ○SCMにおける環境コスト管理　　米，欧，日

設計・企画 → 原材料調達 → 製造プロセス（米，日：環境配慮型設備投資決定手法）→ 物流 → 使用 → 廃棄・リサイクル

マテリアルフローコスト会計：欧，日
環境予算マトリックス：日

※米：アメリカ
　欧：ヨーロッパ
　日：日本

（出所）経済産業省［2002］p.9の図表1-2にもとづき筆者作成。

こで最後に，これまでに述べたアメリカ，ヨーロッパ，日本のEMAモデルを，マネジメントの対象範囲にもとづいて整理すれば，図7-4のように示すことができる。

　なお，ヨーロッパや日本で検討されている環境配慮型業績評価については，企業全体あるいは部門活動全体を評価対象とするツールであるために，図7-4では記載していない。また，ここでは，内部利用者の意思決定に応じてツール自体の対象範囲は変化する，たとえば，環境配慮型原価企画やMFCAをライフサイクルまでを対象とすれば，マネジメントの範囲は拡張することができる，という点を付け加えておく。

　ところで，日本では現在，企業内で収集された環境会計情報は，内部管理だけではなく，環境報告書を通じた外部報告にも利用されている。環境省では毎年，『環境にやさしい企業行動調査』の中で，環境会計情報の内部管理および外部報告への利用に関する調査を行っている。なお，平成19年度の結果をもとにした最新版では，製造業と非製造業における上場・非上場企業2,819社（有効回答数）のうち，環境会計導入企業761社を対象としている。その結果は図7-

2 環境管理会計の国際的動向　129

図7-5 環境会計情報利用の現状

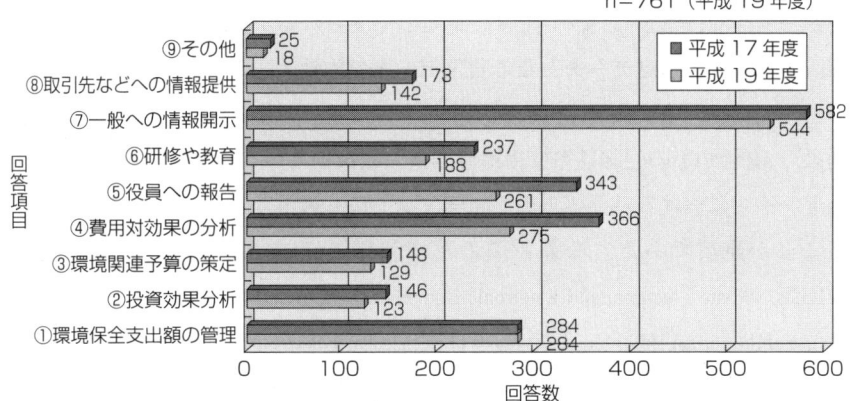

n=790（平成17年度）
n=761（平成19年度）

回答項目	平成17年度	平成19年度
⑨その他	25	18
⑧取引先などへの情報提供	173	142
⑦一般への情報開示	582	544
⑥研修や教育	237	188
⑤役員への報告	343	261
④費用対効果の分析	366	275
③環境関連予算の策定	148	129
②投資効果分析	146	123
①環境保全支出額の管理	284	284

（出所）環境省［2008］p.70 の調査結果にもとづき筆者作成。

5のとおりである。

　図7-5において，内部管理利用に着目していくと，回答項目①から⑥が該当する。その結果は各年度でばらつきはあるが，主に①環境管理目標実行のための支出管理，④環境保全対策の費用対効果分析，⑤役員への報告，⑥研修と教育に利用されていることが理解できる。しかし，結果としては，⑦一般への情報開示の回答が多い。したがって，現時点では，日本企業は，環境会計情報を内部管理や外部報告のために利用しているが，その中でも環境会計ガイドラインの影響により，外部報告用として情報利用している企業が多いことが理解できる。このように，現在では，EMAと外部環境会計との連携は十分になされていない，という状況から（國部［2007］p.20），実践的には，外部報告用の環境会計情報は，EMAのデータを上記ガイドライン用に整理されているものであるとはいいがたい。もちろん，こうした状況は，RC報告書や，GRIガイドラインに準拠したCSR報告書を作成・公表し，その中で会計情報を開示している企業でも同じことである[13]。

　しかし，前節で述べた環境経営と環境会計情報との関係から考えると，

EMAは，MEMAおよびPEMAの双方を用いて，企業の環境経営の運営および管理を行い，外部環境会計はそうした結果を企業外部に情報開示する，という形が，実践的に望ましいプロセスであると考えられる。そのためには，各企業は，両ツールの基礎データとなる貨幣データや物量データ（マテリアル・エネルギーフロー，環境負荷物質，環境コスト，環境負荷物質削減効果（環境保全効果），有価物等の売却益や費用節減効果（経済効果））を，環境省環境会計ガイドラインにおける外部報告用フォーマットにも適用できるように整備していくことが重要である。なお，この基礎データについては，ヨーロッパの**WEEE**（Waste Electrical and Electronic Equipment）**指令**および**RoHS**（Restriction of the use of the certain Hazardous Substances in electrical and electronic equipment）**指令**や[14]，日本の**循環型社会形成推進基本法**等の法規制の施行[15]，そして，製造業を中心としたサプライチェーンの経済活動がなされている現状から考えると，EPAが提示しているサプライチェーン環境会計モデルを導入し，自社内外の領域にも目を向けた環境経営の運営および管理の結果を対象にしていくべきである。そして，そうした結果を環境報告書，RC報告書，CSR報告書を通じて，外部

---

(13) RC報告書とは，化学企業が，化学物質の開発から製造，物流，使用，最終消費，廃棄に至るまで，自主的に環境・安全・健康面の対策や管理活動を行い，その成果の情報開示を促す取り組みを整理したものである。CSR報告書とは，RCよりも広く，企業の環境・経済・社会の各側面の取り組みの成果を整理したものである。RC報告書では，環境投資額が開示され，CSR報告書では，環境会計情報よりも開示内容範囲が広いCSR会計情報が開示されている。
(14) WEEE指令とは2005年8月に施行され，販売業者，生産者などに対して，設計，分別回収，リサイクルの各段階で発生する廃電気・電子機器の回収と後述する3Rを推し進める制度であり，RoHS指令とは2006年7月に施行され，電気・電子製品の使用後の埋め立てや焼却時に発生する環境負荷物質による影響を回避するために，従来の資材あるいは再生可能資材への有害物質の混入を防止するための制度である。
(15) 循環型社会形成推進基本法とは，企業（製品・販売メーカー）が製品の購入から廃棄・リサイクルまでのライフサイクルに対して一定の責任を負う「拡大生産者責任」を一般原則として盛り込んだ法律である。この法律は，廃棄物の最終処分量を削減するための発生抑制（Reduce），使用済み製品をそのまま使用するための再利用化（Reuse），使用済みの製品を原材料として使用するための再資源化（Recycle）といった3Rを規定している（日本環境認証機構［2003］pp. 56-60）。

利用者に対して報告していくことが必要であると考えられる。

(金藤　正直)

COLUMN 6

日本における環境会計情報システムの取り組み

　環境管理会計は，国内外においてさまざまな個別手法が存在し，企業内部の情報利用者の意思決定に応じて利用される。また，情報利用者は，企業外部にも存在するために，当該企業は，一定期間の環境経営の成果を環境省環境会計ガイドライン（以下，ガイドライン）にもとづいた外部報告用フォーマットを利用して，そうした外部利用者に対して情報開示していくことも必要となる。そこで，企業内外の情報利用者が，環境経営の現状や成果をリアルタイムに把握したり，マネジメントや投資に必要なデータを，必要な時に必要なだけ用いて分析・評価していくためには，各企業は，効率的に情報提供できる情報基盤，つまり環境会計情報システム（EAIS; Environmental Accounting Information System）を構築していくことが重要となる。

　日本企業ではEAISを，ERP（Enterprise Resource Planning）やドイツSAP社のSAP R/3を用いた統合情報システムの1モジュールや，表計算ソフトウェアを用いた個別システムとして導入されている。しかし，その多くは，前者では多額の開発・導入コストやメンテナンスコスト等がかかるために後者のEAISが多い。また，そうした企業は，環境会計データベースをガイドラインにもとづいて構築しているために，外部報告用のデータを収集するためのツールとして利用しているケースが多い。すなわち，環境経営の実施主体（たとえば，連結・グループ実体）によるマネジメントの結果（製品製造プロセスやその支援プロセスにかかわる環境保全活動の結果）を環境会計データとして効率的かつリアルタイムに収集し，管理し，情報提供できるシステムである。したがって，現時点では，さまざまな内部管理目的のためには利用しにくいシステムとなっている。

　そこで，内部管理や外部報告の両目的に適したEAISにしていくためには，日本のような外部報告目的も含めた包括的な環境会計手法，特に本文中でも述べたサプライチェーンや製品ライフサイクルを対象としたMEMAとPEMAの基礎データを収集し，管理し，情報提供できるデータベースを構築することが必要である。もちろん，既存の情報システム（会計情報システムや生産管理システム等）とはネットワーク化して連携し，環境会計データベースに必要とされるデータの収集を効率化していくべきである。

　企業内外への情報利用者のニーズを満たし，かつサプライチェーンあるいは製品ライフサイクルを対象としたEAISは，現時点においていまだ研究段階では

あるが，その有用性が高いことから，今後その研究の展開が期待される。

（金藤　正直）

演習問題

1　環境管理会計について簡潔に説明しなさい。
2　内部利用者のマネジメントレベルと環境会計情報との関係について説明しなさい。
3　2のマネジメントレベルと環境管理会計ツールとの関係について説明しなさい。
4　アメリカ，ヨーロッパ，日本における環境管理会計の取り組みについて説明しなさい。
5　環境管理会計の外部環境会計との連携方法について説明しなさい。

第8章

環境管理会計の手法

本章では，第7章を受け，環境管理会計の手法であるライフサイクル・コスティング，マテリアルフローコスト会計，環境配慮型原価企画，環境予算マトリックス，環境配慮型設備投資について検討する。

1 ライフサイクル・コスティング

1.1 ライフサイクル・コスティングの経緯

ライフサイクル・コスティング（LCCing; Life-Cycle Costing）とは「ユーザーの使用するシステム（設計）のライフサイクル・コストを経済的にするために，システムの開発段階でライフサイクル・コストを設計パラメーターとし，各種のトレード・オフを徹底的に行うところのシステマチックな意思決定法」（中嶋・白勢［1992］p. 280）と定義される。

このLCCingの起源は，1929年以来のアメリカ連邦政府の会計検査院による総コストを考慮した有形資産などの調達にある。アメリカ国防総省は，物品を購入した際のコストと購入した後の全使用期間にわたる使用コストおよび廃棄コストが最小となるような物品を購入することが品質保証や有効な経費支出という観点から，1960年代初めにLCCingの研究を開始したのである。そして，国防総省はこの研究をロジスティクス・マネジメント協会に委託し，1965年にLCCingという名称を初めて使用した報告書をロジスティクス・マネジメント協会が発表した。

国防総省は，有形資産などの調達先に対して全ライフサイクルにおけるコス

トが最小となるように物品の設計・開発を行うことを要求している。一方，民間での市場製品の場合には，消費者が製品を購入し，購入した後の使用時にかかるコストや家電等のリサイクル料金のような廃棄コストも発生することになる。そこで，消費者は製品購入時の評価に当たり，全ライフサイクルにおけるコストが小さくなるということを考慮するようになっている。つまり，ライフサイクル全体のコストが小さい製品を販売することが顧客満足につながるのである。そして，メーカーはライフサイクル全体のコストが小さい製品を販売しないと他社との競争に勝てない状況が生まれている。

これは，「製造企業としても，自己の製品やシステムの研究・開発段階で，そのライフサイクル・コストを予測し，ユーザーの負担するコストを経済的にするために，その製品やシステムの効果性（機能，信頼性，保全性，安全性，製作性，補給支援などのパラメーターによって評価する）を一方で考慮しながら，他方でライフサイクル・コストをも製品やシステムの評価パラメーターに加え，各種の代替案のなかから最善の案を選択するという，いわばライフサイクル・コストを作り込むLCCing（life-cycle costing; LCCing）を実施するようになってきた」（岡本［2000］pp. 831-832）ことを意味する。

さらに，地球温暖化などの環境問題に直面していることから，企業は環境保全活動に積極的に取り組んでおり，資源の採掘，製造，使用，廃棄にかかる製品のライフサイクル全体のコストおよびそれらにかかる全ライフサイクルの環境負荷物質に関する情報を把握して製品を製造することが今後重要となるであろう。

1.2 ライフサイクル・コストとは

製品が企業内で開発・生産され，消費者に販売し，消費者によって使用・廃棄されるまでにかかる全てのコストを**ライフサイクル・コスト**という。

企業の視点からみると，製品を製造し，消費者によって購入されるまで，すなわち研究開発，設計，製造，販売などのコストが発生する。一方，消費者の視点からすると製品の購入価格，使用コスト，廃棄コストなどが発生する。企

業の売上高は消費者の購入価格と同じ価格になる。

　こうしたライフサイクル・コストを発生段階別に見積り，各段階別の発生状況を示しているのが図8-1である。

　図8-1では，企業側の製造段階で発生するコストが高くなっていることがわかる。

　また，消費者が負担する廃棄コストの中には，たとえば，2001年4月から施行された家電リサイクル法（特定家庭用機器再商品化法）における家電4品目（エアコン，テレビ，洗濯機，冷蔵庫）のリサイクル料金がある[1]。

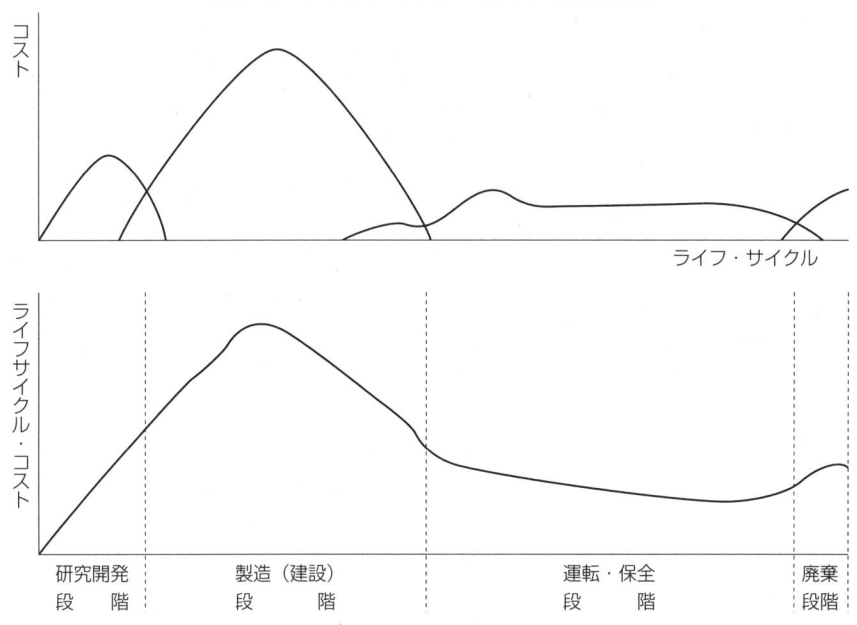

図8-1　ライフサイクル・コストの発生状況

(出所) Blanchard [1978]；宮内訳 [1979] p.39 をもとに牧戸 [1986] p.53より抜粋。

（1）　家電リサイクル法（特定家庭用機器再商品化法）とは，一般家庭や事務所から排出された家電製品（エアコン，テレビ（ブラウン管・液晶・プラズマ），洗濯機および乾燥機，冷蔵庫および冷凍庫）から，有用な部品や材料をリサイクルすることで廃棄物を減らし，資源の有効利用を推進する法律であり，これら家電製品4品目の引き取り・リサイクル料金を廃棄時に支払う法律である。

そして，ライフサイクル・コストをとらえるに当たり，自社生産の場合と購入の場合の2つが考えられる。自社生産の場合のライフサイクル・コストは，研究開発費，設計費，製造・建設費などの初期費用，運用費・保守費などのランニング・コスト，そして廃棄・撤去費用などの合計であり，購入の場合のライフサイクル・コストは，購入価格，運用費・保守費など，そして廃棄・撤去費用などの合計である。

1.3 ライフサイクル・コスティングの実施とトレード・オフ

　企業は，企業内で発生するコストだけでなく，消費者側の購入価格，使用コストおよび廃棄コストを考慮したコストを管理することが必要である。
　ライフサイクル・コストを計算・分析するLCCingでは，つぎのような段階を経て実施される。
　まず，第1段階では，企業は経営環境と企業目的を考慮し，生産または購入を意図する設備の必要性を明確にする。つぎに，第2段階ではライフサイクル・コストの分析を行い，必要な設備の原価を予測し，代替的な設備を選択した場合のライフサイクル・コストを見積り，最善の代替案を選択する。そして，第3段階では設備のライフサイクルにわたる実際の原価と計画したライフサイクル・コストを比較・分析する。
　そして，国防総省のように全ライフサイクル・コストを小さくするよう直接的な要請がある場合には，企業側でも使用コストや廃棄コストをとらえて，注文品に対するLCCingを行う。また，他社との競争に勝つために消費者の購入価格，使用コスト，廃棄コストが最小となるような製品を販売する場合にも，消費者のトータル・コストが最小になるようLCCingを行う。
　こうしたLCCingにおけるライフサイクル・コストをトータルに眺めた場合，企業側で発生するコストと購入コストを除く使用者ないし消費者側で発生するコストが常にトレード・オフの関係にある。
　つまり，消費者側の使用，廃棄段階で消費者が負担するコストを削減するためには，企業側が製品の研究開発，製造段階において，消費者側にコスト負担

がかからないようにすればよいのだが，それだけ販売価格が高くなる。販売価格を高くしないようにすると，消費者側の使用コスト，廃棄コストがかかるというトレード・オフの関係にある。

　また，運用費・保守費の削減と当初投資額の増加が信頼性や耐久性を高めることを意味するならば，このモデルでは，図8-2に示すように全ライフサイクル・コストが最小となる点で経済的に最適な信頼性・耐久性を決定しているという意味もある。図8-2において，ライフサイクル・コストの最適点は当初投資原価曲線と運用費・保守費曲線が交差する点，すなわちトータル・コストが最小となる点である。

1.4　ライフサイクル・コスティングの課題

　LCCingは，企業，消費者，そして廃棄またはリサイクル業者などにかかわるものであり，単一の実体だけで実施できるものではない。LCCingの実施は必然的に，複数の実体にまたがる視点からの原価の把握と分析が要求される。ま

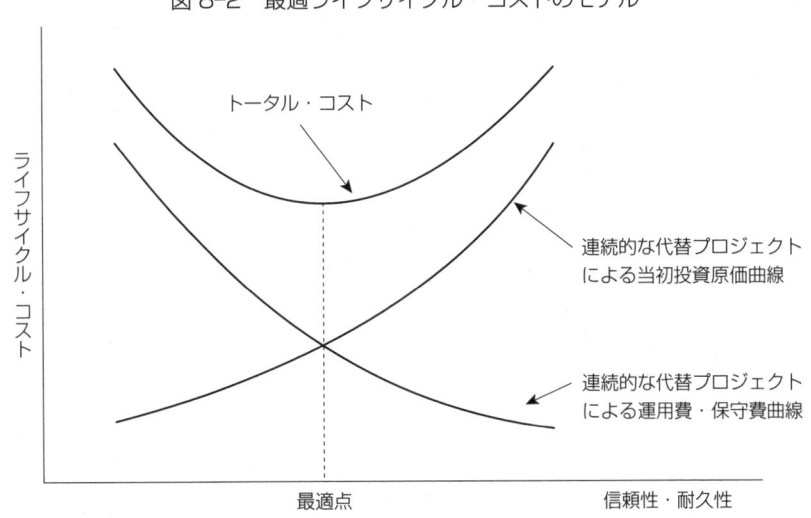

図8-2　最適ライフサイクル・コストのモデル

(出所) 小林［1991］p.160 より抜粋。

た，仮に製造者コストと消費者および社会が負担するコストとの因果関係を正しく認識できたとしても，それらをいかにコントロールしていくかが問われる。

つぎに，LCCingは，文字どおり製品のライフサイクル全般にわたるコストをできるだけ正確に予測し，トータル・コストが最小となるようにする。しかし，当初の投資と運用費・保守費および処分費の発生時点にはかなりのタイムラグが存在する。ライフサイクル・コストを正しく予測するために，タイムラグを考慮して検討・分析していくことが必要となる。

そして，環境負荷の発生の防止，抑制または回避，影響の除去，発生した被害の回復などにかかわる環境コストを考慮したLCCingは，まだ確立されているわけではない。しかし，LCCingは，環境コストをライフサイクルにわたって計算し，それを管理する手法として注目されている。LCCingの実施は，製品が社会や環境に及ぼす各種の影響について，問題の所在ならびに影響の大きさを，製品の企画・開発・設計の責任者に伝達する。そして，環境に対して重大な影響を及ぼす製品や生産プロセスについて，製品計画の見直しや生産の中止等の必要性を長期的かつ戦略的な展望のもとで評価し，トップ・マネジメントに迅速な対応をうながす。さらに，環境問題に対する企業側の努力の成果を，一般に比較することができるレベルで評価し，環境情報の開示をめざす環境報告書等の基礎データを提供することが可能となるであろう。

2　マテリアルフローコスト会計

2.1　マテリアルフローコスト会計の目的

マテリアルフローコスト会計（MFCA：Material Flow Cost Accounting）は[2]，ド

（2）　MFCAは，現在，ISO・TC207・WG8で国際規格化の案が検討されており，2011年3月にISO14051として公表される予定である。また，MFCAの導入事例は，大企業を対象としたものについては（株）日本能率協会MFCA導入研究モデル事業事務局のウェブサイト（http://www.jmac.co.jp/mfca/）を，また，中小企業を対象としたものについては（財）社会経済生産性本部エコ・マネジメントセンターのウェブサイト（http://www.j-management.com/mfca/）を参照されたい。

イツの環境経営研究所が開発した環境管理会計手法である。MFCAは，投入された原材料をマテリアルとして物量で把握し，マテリアルが企業内や製造プロセスをどのように移動するかを追跡する手法である。

そして，MFCAは，**マスバランス**と原価計算を統合したシステムである。マスバランスとは，企業外部から企業に入ってくる物質（インプット）と企業外部へ企業から出ていく物質（アウトプット）を物質の種類ごとに物量で測定・表示する方法である。基本的な枠組みは，企業へのインプットを始点として「生産過程」を経て，企業からのアウトプットを終点とする企業内プロセス間を，物質（エネルギーを含む）がどのように流れ（フロー），滞留（ストック）するかを一定期間モニターすることである。マスバランスでは，投入された物質は質量的には消滅することはなく，ストックされるか排出されるかのいずれかとなることから，物質収支は一致する。

MFCAの基本目的は次の5つである（中嶌・國部［2008］p.65）。

① マテリアルフロー構造を可視化すること
② マテリアルフローとストックを物量とコスト情報で把握すること
③ 伝統的原価計算を精緻化すること
④ あらゆる経営階層に有用で適時的な意思決定情報を提供すること
⑤ 環境負荷低減とコスト削減を同時に達成するような基準を導入すること

2.2 マテリアルフローコスト会計の計算構造

(1) コスト分類

MFCAにおけるコストは，マテリアルコスト，システムコスト，廃棄物配送・処理コストの3つに分類される。マテリアルコストとは原材料にかかわるコストであり，システムコストとは減価償却費や労務費などの加工費であり，廃棄物配送・処理コストは廃棄物の配送や処理にかかるコストである。

(2) 計算単位

MFCAでは，プロセス間にいくつかのマスバランスをとる物量センター（Quantity Center）と呼ばれる測定点（域）を設定し，その測定箇所のインプッ

トとアウトプットを物質ごとに測定・記録する。物量センターでは，製品になる良品に属する物質と廃棄物に属する物質とに区別して把握されなければならない。よって「生産過程」とは，いわゆる製品（良品）の生産過程だけでなく，負の製品である廃棄物・排出物の生産過程をも含んだ意味である。

負の製品である**マテリアルロス**を算定する方法には，具体的な製造工程などから排出されるマテリアルロスを実測する方法と，物質のフローとストックを把握・記録し，その差異をマテリアルロスとする方法がある。後者は，マテリアルの期首在庫量と投入量の合計から良品のマテリアル量とマテリアルの期末在庫量の合計を差し引いて算出された差異をマテリアルロスとする方法であり，これを図で示すと図8-3のようになる。

(3) 計 算 方 法

伝統的原価計算とMFCAの計算方法の相違について，例を用いて解説する。

1種類の原材料を投入し，1つの加工プロセスを経て，1種類の製品が生産される製造プロセスがあり，期首・期末の在庫は存在しないとする。100g当たり1,000円の原材料を500g投入し，製品1個当たりの加工費が1,000円かかり，400gの製品1個（100gは廃棄物となる）が生産されるとする。

伝統的原価計算における製造原価は，原材料費5,000円（＝500g÷100g×1,000円）と加工費1,000円の合計6,000円である。ここで，物量の観点からみる

図8-3　差異によるマテリアルロスの算定方法

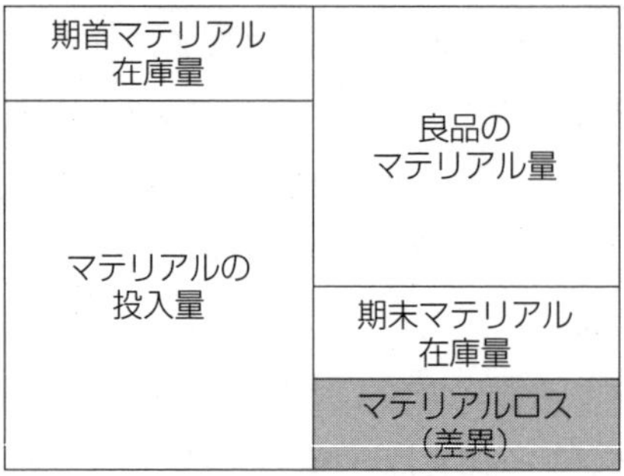

マテリアルの投入量	良品のマテリアル量
期首マテリアル在庫量	
	期末マテリアル在庫量
	マテリアルロス（差異）

と，投入した原材料は500gであるが，完成した製品は400gであり，廃棄物となった原材料100gの原価が明確に示されていないことがわかる。

廃棄物となった原材料100gの費用は原材料費に含まれており，原材料費として製品原価に含め，製品を販売して回収するという伝統的原価計算の方法は合理的であるが，廃棄物を削減するという目標を掲げた場合，廃棄物を削減する活動がどれだけの経済効果があるのかが不明である。

MFCAの場合には，投入原材料が500gであっても製品が400gであれば，製品の原材料費は500gに対する5,000円ではなく，400gに対する4,000円であると考える。そして，廃棄物100gの価値（原価）を1,000円と考えるのである。製品は販売されるものだけではなく，廃棄物も生産工程から算出されるので，負の製品とみなしている。

そして，原材料費だけではなく加工費についても負の製品に配分される。この場合には，製品と廃棄物の重量で配分される方法が合理的であると考えられるので，製品400g（80％）に対し廃棄物100g（20％）であるから，加工費1,000円は，製品へ800円（＝1,000円×80％），廃棄物へ200円（＝1,000円×20％）が配分される。よって，MFCAにおける製品の製造原価は4,800円（＝4,000円＋800円）となり，廃棄物の原価は1,200円（＝1,000円＋200円）となる。この関係を示したものが図8－4である。

さらに，廃棄物の処理コストが製品1個当たり100円かかった場合，伝統的原価計算では製品原価が5,100円（＝5,000円＋100円）となるのに対し，マテリアルフロー会計では製品原価は4,800円のままで，廃棄物の価値が1,300円（＝

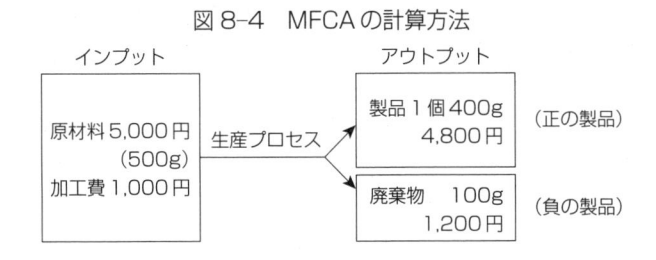

図8－4　MFCAの計算方法

インプット		アウトプット	
原材料5,000円 （500g） 加工費1,000円	生産プロセス →	製品1個400g 4,800円	（正の製品）
		廃棄物　100g 1,200円	（負の製品）

1,200円＋100円）となる。伝統的原価計算では廃棄物処理費も製品原価に含まれるので目立たなくなるが，MFCAでは少なければ少ないほど望ましい負の製品（廃棄物）の価値として明示されるので，経営者にいっそうの注目を促すことになる（中嶌・國部［2008］pp. 71-72）。

（4） マテリアルフローコスト会計の特徴

伝統的原価計算は製品原価を計算するものであり廃棄物などの物量情報は必要ないが，環境負荷物質を抑制・削減する場合には，MFCAの例にあげたように廃棄物などの環境負荷物質に関する情報が必要である。MFCAは，物量情報と金額情報の2つの種類の情報を体系的に追跡するシステムである。先のMFCAの例では，製品原価は4,800円，廃棄物の価値は1,200円であり，これらを合計すると伝統的原価計算で算出された製品原価6,000円となる。つまり，MFCAは，伝統的原価計算のデータ範囲を包含しているのである（中嶌・國部［2008］p. 73）。

MFCAでは，従来，廃棄物としてしかとらえられていなかったマテリアルロスを負の製品として正の製品と同様に金額で評価し，廃棄されるマテリアルロスを作るために加工費をどれほど費やしているのかということを可視化することが重要な観点である。MFCAは，マテリアルロスを削減することが目的であり，マテリアルロスの削減と同時にシステムコストの有効利用もしくは削減が図られるのである。そして，MFCAでは，製造工程等の全体のマテリアルロスを算出することが目的ではなく，マテリアルロスの発生場所，原材料別構成，そして構成原材料ごとのコストを提供することが目的である。つまり，マテリアルコスト，システムコスト，廃棄物配送・処理コストの総額を示すことではなく，これらのコストをマテリアルロスごとに集計した結果から，相対的にどのマテリアルロスが大きいかという情報を提供し，それぞれのコストの内訳からマテリアルロスの原因をつきとめマテリアルロスを削減することに利用されるのである（中嶌［2004］pp. 47-48）。

また，先の例で算出された伝統的原価計算の6,000円は，市場で回収されるべき最低限度の価値を示しているのに対し，MFCAの4,200円は，資源生産性

が100％，すなわち廃棄物がゼロである場合の経営面でも環境面でも理想的な生産環境のもとでの原価を仮想的に示しているにすぎない。したがって，MFCAで重視すべき数字は製品原価ではなく廃棄物原価である。廃棄物原価は，企業の廃棄物対策の実施において，企業にとって価値のある潜在的金額を示しており，廃棄物がゼロになれば，この金額が企業にとっての経済効果となるのである。ただし，廃棄物原価に配分されている加工費は，材料の投入量にかかわらず固定的な部分もあるので，廃棄物がゼロになった場合に廃棄物原価全額がそのまま利益に転化するわけではない（中嶌・國部［2008］pp.73-74）。

伝統的原価計算は市場での利益獲得に焦点を合わせており，MFCAは資源生産性の向上に注目していることから，2つのコスト計算方法はどちらかがどちらかにとって代わるものではなく，資源生産性の向上や廃棄物管理の重要性が増加している今日の生産環境では両者を相補的に活用することが望まれる（中嶌・國部［2008］p.74）。

3 その他の環境管理会計手法

3.1 環境配慮型原価企画

(1) 原価企画とは

原価企画は「製品の企画・開発にあたって，顧客ニーズに適合する品質・価格・信頼性・納期等の目標を設定し，上流から下流までのすべての活動を対象としてそれらの目標の同時的な達成を図る，総合的利益管理活動」（日本会計研究学会［1996］p.23）と定義される。

原価企画では，製品が製造される前の段階，すなわち企画・設計・開発段階において原価低減と利益管理が図られる。原価は発生するものではなく，原価を製品へ作り込むものであると考え，製品の目標原価を設定する活動が原価企画の中心である。製品の企画・設計・開発段階で顧客のニーズに応じるために，関連している部署を集結し，原価低減と利益管理を図るものが原価企画である。

図 8-5　コスト決定曲線とコスト発生曲線

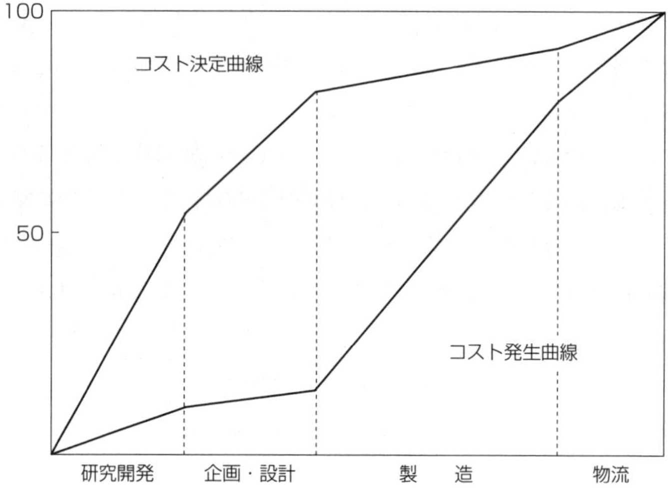

（出所）櫻井［2009］p.336 より抜粋。

図8－5は原価の発生を決定づける段階が示されているコスト決定曲線と原価が実際に発生する段階が示されているコスト発生曲線である。コスト決定曲線をみると，企画・設計段階までに原価の発生がおよそ70%から80%決定しており，コスト発生曲線をみると製造段階から実際の原価の発生割合が高くなっていくことがわかる。これは，どういう製品をどのように作るのかということは企画・設計段階までに決定しており，この段階までに決まった製造方法にそって製品が量産されるので，実際の原価の発生は企画・設計段階までに大部分が決定されていることを表している。よって，原価が決定する段階である企画・設計・開発段階を中心に原価低減を図るのである。

そして，原価企画では**許容原価**，**成行原価**（見積原価，基準原価ともいう），**目標原価**という3つの原価が用いられる。許容原価は，予定の販売価格から目標利益を差し引いて計算された原価であり，成行原価は現状を基本として技術者が積み上げげて算出した原価である。目標原価は，成行原価に改善目標を加え，その結果を利益計画から導かれた許容原価と擦り合わせ，達成可能ではあるが

レベルの高い挑戦目標として設定される。ここで目標原価の設定に当たり活用される工学的な手法が，**バリュー・エンジニアリング**（VE：Value Engineering）である。VEとは，製品やサービスの価値を，機能とコストとの関係で把握し，価値の向上をはかる手法である。これを式で示すとつぎのとおりである。

$$価値（value）= \frac{機能（function）}{コスト（cost）}$$

VEでは，製品やサービスの機能を顧客の立場からとらえて分析し，顧客満足が得られるようにその達成方法が検討される。価値を向上させるためには，たとえば機能を一定としてコストを下げたり，コストを一定とし機能を上げたりする。VEでは，機能とコストの両面から製品やサービスの価値の向上がはかられる。

(2) 環境配慮型原価企画

今日の環境問題を考えると，製品のライフサイクルという概念を取り入れることなしでは，環境負荷を減少させることにつながらない。また，環境に配慮した製品設計の重要性が増しており，リサイクルや廃棄にいたるライフサイクル・コストは製品の開発・設計段階で考慮され，ライフサイクル・コストの最小化を考慮しなければならない。製品の開発・設計段階でリサイクルや廃棄などの環境コストを管理し，低減させるための有効な手法として原価企画がある。

製品のライフサイクル・コストを最小化にすることを目的とした環境配慮型原価企画において，先述したとおり原価企画では目標原価の設定にVEが活用されるが，環境問題に対するVEアプローチの研究があり，その考え方を示すとつぎのようになる（環境VE研究会［1994］p.21）。

$$
\begin{aligned}
総合価値（Vt）&= 顧客満足価値（Vcs）+ 環境満足価値（Vks）\\
&= \frac{顧客満足機能（Fcs）}{使用コスト（Ccs）} + \frac{環境満足機能（Fks）}{環境対策コスト（Cks）}
\end{aligned}
$$

これは，顧客満足価値と環境満足価値という両方の価値を考慮しながら総合

価値を向上させていくという考え方である。そして，この環境問題に対するVEアプローチでは，環境負荷の大きさによって評価された環境満足機能の目標値または一定値を低コストで達成するための，あるいはコスト制約のもとで環境満足機能を増大もしくは最大化するためにはどうすればよいのかを検討するのである（伊藤［2004a］p.111）。

製品の研究開発，設計，製造，使用，廃棄というライフサイクルにおける環境負荷の排出およびライフサイクル・コストを最小にするための手法として環境配慮型原価企画が重要な役割を果たすのである。

3.2 環境予算マトリックス

環境予算マトリックスとは，環境保全活動に関連する予算案を合理的に算出する手法であり，環境コストの低減および利益業績の改善にも大きな効果が期待できるものである（伊藤［2004b］p.117）。

環境予算マトリックスにおける環境コストは，品質原価計算におけるPAF法の考え方に準拠し，環境保全コスト，環境評価コスト，外部負担環境ロス，内部負担環境ロスに分類している[3]。環境保全コストとは環境問題の発生を予防し，将来の支出を減少される目的で事前に支出される費用であり，環境マネジメントシステム運営費や公害対策費などがある。環境評価コストとは企業活動が環境に及ぼす影響を監視，点検，検査するための費用である。外部負担環境ロスとは，環境保全対策や検査等の不備により，地域社会や住民が被る損失であり，大気汚染や土壌汚染などの環境被害である。内部負担環境ロスとは，環境保全対策や検査等が不十分であるために，企業が被る損失であり，廃棄物処

（3） 品質原価計算におけるPAF法（Prevention-Appraisal-Failure approach）とは，品質上の欠陥の発生を早い段階から防止する目的で支出される予防コスト（Prevention Cost），製品の品質を評価することによって品質レベルを維持する評価コスト（Appraisal Cost），会社の品質仕様に合致しない欠陥材料・製品によって引き起こされるもので，製品出荷前に欠陥が発見された場合に生じる内部失敗コスト（Internal Failure Costs）そして製品出荷後に欠陥が発見された場合に生じる外部失敗コスト（External Failure Cost）に品質コストを分類するものである。

理費や賠償費用である（伊藤［2004b］p.123）。

　企業等は，内部負担環境ロスと外部負担環境ロスを削減するために，環境保全コストと環境評価コストをかけることから，環境保全コストと環境評価コストへどのくらいの予算を割り当てるのかという環境予算編成を行う。そこでつぎに，環境予算マトリックスの作成手順について表8-1を用いて解説する（伊藤［2004b］pp.127-132）。

① 環境保全コストと環境評価コストを列にとり，内部負担環境ロスと外部負担環境ロスを行に展開し，それぞれのロスの細目における現状の発生額または発生量を記入する。

② ロスの細目ごとに現在の発生額もしくは発生量を基準として重要度を5段階で評価する。ここでの重要度とは，発生額もしくは発生量の深刻度や，優先的にその削減に取り組むべき度合いである。表8-1では重要度は「3」である。

表8-1　環境予算マトリックスの基本構造

	ロスの現状値	環境保全コスト（＋環境評価コスト）			重要度	ロスの次期の目標値	難易度	絶対ウェイト	環境ロスウェイト
内部負担環境ロス	×××例	○ 2/6	◎ 3/6	△ 1/6	3	×××	4	12	6
・・・	・・・	・	・	・	・	・・・	・	・・・	・・・
外部負担環境ロス					・				
・・・	・	・	・	・	・	・	・	・	・
環境予算ウェイト								200	100%
環境予算額									

（出所）産業環境管理協会［2003］p.207より一部修正の上抜粋。

③ ロスの各細目別に今期の目標値を設定し，これを達成する難易度を5段階で評価する。表8-1では難易度は「4」である。

④ 優先度と難易度をかけあわせて絶対ウェイトを計算する。表8-1では，「12（＝3×4）」である。

⑤ 全ロスの細目の絶対ウェイトを合計し，絶対ウェイト合計を分母にとりロスの各細目の絶対ウェイトを分子にとって百分率に換算し，環境ロスウェイトを算出する。表8-1では「6（＝12÷200×100）」である。

⑥ 環境保全コストおよび環境評価コストの細目をマトリックスの列に展開し，行と列が交わる各セルに対して，環境保全コストおよび環境評価コストの各細目と環境ロスの細目との対応関係を把握し，その関係を◎強い対応，○対応あり，△弱い対応と評価して，セルに記入する。そして，たとえば，◎5点，○3点，△1点などと点数化し，この比率で環境ロスウェイトの値を各セルに配分する。表8-1では左のセルから「○2/6，◎3/6，△1/6」としている。

⑦ 環境保全コストおよび環境評価コストの細目，すなわち列ごとにセルの値をすべて合計し，環境予算ウェイトを決定し，環境予算総額を環境予算ウェイトの割合で環境保全コストおよび環境評価コストの各細目に割り当てる。

こうした環境予算マトリックスにより環境保全活動や環境評価活動を実施する際の理想的な予算配分割合が示される。そして，予算と実績を比較し分析することにより環境保全活動等の改善措置がとられ，次期の環境予算編成にも役立てることが可能となる。

3.3 環境配慮型設備投資

設備の取り替え，追加，新設などをすることなしに，改善努力だけで環境負荷物質を削減することには限界があることから，環境に配慮した設備投資が重要な役割を果たす。企業は環境に与える影響を減らすという環境対策も勘案して設備投資を実施しなければならないのである。しかし，企業が使用できる資

金は限られており，無制限に環境対策のための設備投資を実施することはできない。こうした設備投資を実施するためには，環境マネジメントにおける環境目標の優先度，重要度，緊急性を考慮して設備投資の代替案から選択しなければならない（小倉［2004］p. 83）。

こうした環境配慮型設備投資にはエンド・オブ・パイプ型とインプロセス型がある。エンド・オブ・パイプ型の設備投資とは，工場や設備から排出される排気ガスや排水などから有害物質を取り除くための設備である。一方，インプロセス型の設備投資とは，従来の生産や物流などの設備の中に環境負荷物質の消費量や排出量が削減される仕組みを組み込んでいる設備である（小倉［2004］p. 85）。

環境配慮型設備投資は，環境目標と経済性目標を同時に考慮した意思決定であることから通常の設備投資の意思決定とは異なっている。そこで，設備投資による環境負荷物質の削減効果と財務的な効果を組み込んだ環境配慮型設備投資決定の手法として活用できる環境設備投資プロジェクト比較表（表8-2）がある（小倉［2004］p. 86）。

表8-2の環境設備投資プロジェクト比較表を有効に活用するためには，環境目標の優先順位を事前に決定することが必要となる。そして，環境負荷削減量はさまざまな測定単位が用いられていることから，測定単位を統一化する必要がある。このような比較表を利用することによって，設備投資に関する経済性評価指標と環境負荷削減効果指標とを比較することが可能となり，環境設備投資の意思決定に有用な役割を果たすであろう。

表 8-2　環境設備投資プロジェクト比較表

　　年度　　事業所名　○○○事業所

投資案コード	環境設備投資案	環境投資優先度ランク	経済性					経済性評価						効果性評価											
			初期投資額（百万円）	各期業務のキャッシュフロー（百万円）	投資終了時のキャッシュフロー（百万円）	キャッシュフロー合計（百万円/年）	投資コスト（%）	設備耐用年数（年）	回収期間		投資利益率 ROI		正味現在価値 NPV		内部利益率 IRR		投資効率指数 PI		再生不能エネルギー使用削減量		清水取水削減量		温室効果ガス排出削減量		オゾン層破壊物質排出削減量		廃棄物等排出削減量		有害化学物質使用削減量	
										順位		順位		順位		順位		順位	1年当たりの環境負荷削減量	環境投資効率 順位	1年当たりの環境負荷削減量	環境投資効率 順位	1年当たりの環境負荷削減量	環境投資効率 順位	1年当たりの環境負荷削減量	環境投資効率 順位	1年当たりの環境負荷削減量	環境投資効率 順位	1年当たりの環境負荷削減量	環境投資効率 順位
11	○○○設備	A																							
12	○○○設備	A																							
13	○○○設備	A																							
14	○○○設備	B																							
15	○○○設備	B																							
16	○○○設備	B																							
17	○○○設備	C																							
18	○○○設備	C																							
19	○○○設備	C																							
	合計																								

（出所）経済産業省［2002］p.30より一部修正の上抜粋。

（小川　哲彦）

> **COLUMN 7**
>
> **マテリアルフローコスト会計（MFCA）の国際標準化**
>
> 　経済産業省は2007年6月にISO14000ファミリーの1つとして，環境調和型の企業経営を推進するためのツールである環境管理会計について，日本から国際標準化機構（ISO）に規格化の提案をするために作業を開始すると発表した。これは，廃棄物削減とコスト削減を同時に達成するMFCAなどの環境管理会計の国内外への普及の一環として位置づけられている。
>
> 　このために，環境管理会計国際標準化準備委員会（以下，委員会）を設置し，2007年6月に北京で開催されたISO/TC207総会において各国に説明する提案内容や主要関係国との調整方針等が検討され，北京総会において参加国に対し個別に提案内容の説明を行った。そして2007年11月にMFCAの国際標準化についてISO/TC207に対し正式に新業務項目提案を行い，2008年3月の加盟国による投票の結果，MFCAの規格化作業の開始が採択された。こうして，ISO/TC207に日本主導のMFCAのワーキンググループが設立され，2011年の規格発行に向けた作業が開始されている。
>
> 　委員会では，環境と経済の関連分野まで環境マネジメントの考え方を拡張する時期に来たとし，環境管理会計の国際標準化に関するメリットをつぎのように示している（環境管理会計国際標準化準備委員会［2007］p. 6）。①事業プロセスが環境と経済に与える影響が明確になる。②環境管理会計情報を利用して廃棄物削減・資源保護を推進する。③環境管理会計情報を利用してエネルギー削減を通じて温暖化防止に貢献する。④中小企業に対して経済メリットの高い環境保全手法として推奨できる。⑤実務において環境管理会計の原則を企業が独自に解釈し導入し始めていることを踏まえて，環境管理会計情報に対する解釈上の混乱をなくし，利用者の便宜を図る。
>
> 　日本主導で環境マネジメント分野における国際規格を作成することは初めてのことであり，日本企業の事例から得られたMFCAの効果を世界中に発信されることによって，今後の環境管理会計の発展につながることが期待されている。
>
> 　　　　　　　　　　　　　　　　　　　　　　　　　　　　（小川　哲彦）

演習問題

1　次の製品のライフサイクル・コストを計算し，ライフサイクル・コストが低くなる方を答えなさい。
　A：購入価格200,000円，電気料金11,000円／年，処分費3,500円，使用期間6年
　B：購入価格120,000円，電気料金25,000円／年，処分費4,000円，使用期間6年
2　マテリアルフローコスト会計の意義と課題を述べなさい。

3 マテリアルフローコスト会計の導入事例を調べ，その導入効果をまとめなさい。
4 ライフサイクル・コスティングと環境配慮型原価企画はどのように関係するか説明しなさい。
5 通常の設備投資と環境配慮型設備投資の相違を述べなさい。

第9章

自治体の環境会計

1　自治体と環境問題

1.1　自治体環境行政の現状

(1)　環境基本条例と環境基本計画

　地方自治法第一条の二では,「地方公共団体は,住民の福祉の増進を図ることを基本として,地域における行政を自主的かつ総合的に実施する役割を広く担うものとする」と規定している。この文言における「住民の福祉」は,「生存の最低条件である生活環境の確保,さらに,人間らしく生活するために必要なより快適で良好な環境の保全と創造は,そのコアの部分を構成している」(北村 [2003] p. 8) と指摘されるように,自治体の**環境行政**は,「住民の福祉」の増進に向けて自治体が果たすべき重要な責務の1つとして理解できる。

　自治体の環境行政は,**環境基本条例**(以下,「条例」)と**環境基本計画**(以下,「計画」)が根幹となっている。「条例」は,環境行政の理念,基本方針や基本施策等を明らかにするものであり,「計画」はそれらを実行に結びつける具体的な中期計画と位置づけられる。これまでに「条例」と「計画」は,大規模な自治体であればほぼすべてで,中規模の自治体でも大半で策定されている[1]。「計画」の一般的プロセスは図9-1のように示すことができる。同図から,「計画」は,PDCA経営管理サイクルを有する仕組みを志向していると捉えられる。しかし実際には,これらの仕組みがすべて整備されているか,また,仮に整備されているとしても実効性を伴っているかという点が課題となってい

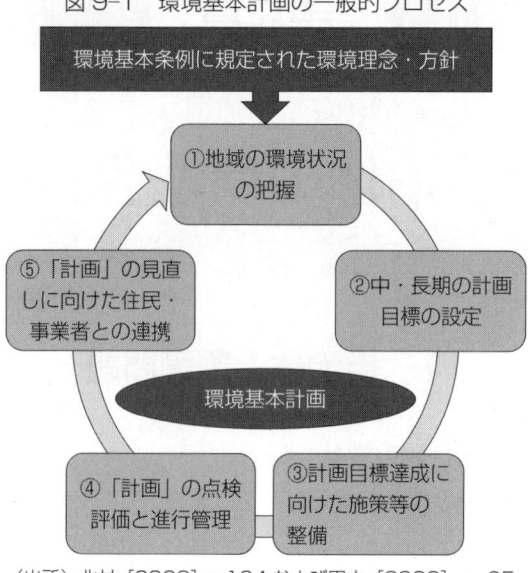

図9-1 環境基本計画の一般的プロセス

環境基本条例に規定された環境理念・方針
↓
① 地域の環境状況の把握
↓
② 中・長期の計画目標の設定
↓
③ 計画目標達成に向けた施策等の整備
↓
④ 「計画」の点検評価と進行管理
↓
⑤ 「計画」の見直しに向けた住民・事業者との連携

環境基本計画

（出所）北村 [2003] p.124 および田中 [2008] pp.65-68を参照の上，筆者作成。

る[2]。この課題に対処する方策として，**環境マネジメントシステム**（EMS; Environmental Management Systems）や環境会計が注目されている。

(2) 自治体における環境マネジメントシステムの普及

「計画」とともに自治体においてISO14001等に代表されるEMSを構築する動向がある[3]。環境省 [2008] の調査によれば，大半の都道府県と政令指定都市においてEMSが構築されている[4]。EMSを構築する目的は，多岐にわたる。具体的には，職員の意識改革，行政運営の仕組みの改革（PDCAから成る仕組みの

---

(1) 環境省 [2008] では，自治体を対象としたアンケート調査を行っている。調査実施時期は2008年2月25日〜3月29日であり，その間に全1,865団体にアンケート調査票を郵送し1,452団体（77.9％）から有効回答を得た。有効回答率の詳細は，都道府県（97.9％），政令指定都市（94.1％）および市区町村（77.2％）であった。都道府県と政令指定都市に関しては，「条例」と「計画」ともに有効回答の100％が策定済みであり，他の市区町村は，43.3％の策定率であった。
(2) 環境省 [2008] によるアンケート調査結果を参照されたい。

導入），事業者におけるEMS導入の促進，情報公開の促進等である。

　自治体におけるEMSの対象領域は，環境省［2008］の調査（EMS構築団体420団体）によれば，省エネやグリーン購入といった「自治体の通常業務」を対象とするところが圧倒的に多い（8割以上）。これはいわゆる「エコオフィス活動」として理解でき，後述する「庁舎管理」に主眼があると考えられる。

　他方，環境施策や他の施策を管理対象とする自治体も過半を超えている。これは，管轄行政区域の環境改善を対象としたものと理解できるので，後述する「地域管理」に属する取り組みといえる。ただ，環境以外の施策がEMSの対象となると回答した自治体は，4割弱にとどまり，相対的に少ない傾向にある。

　元来，「計画」がPDCAサイクルから構成され，それを担保する仕組みが整い，文書化（担当者が代わっても続けられる）されていれば，EMSを導入する必要はないかもしれない。つまり一連のPDCAサイクルは，施策を対象としたEMSそのものと理解することができる。したがって，自治体で構築されているEMSには，自治体の庁舎等における環境負荷の低減を図る活動を対象としたEMSと，管轄行政区域の環境負荷低減を目指し，「計画」と関連づけたEMSの2種類があると考えられる。前者は，事業者等の模範となる**率先行動**として，後者は，「計画」の実行・改善に資する進行管理手段としての役割を担う。しかし，EMSそれ自体は，物量を中心とした環境パフォーマンス情報が中心であるため，自治体の経常的な活動を規定する予算との連携を図りにくいという課題が指摘できる。この点は，自治体において環境会計の導入が求められる一因と考えらえる。

（3）　EMS（環境マネジメントシステム）については第3章第2.2節を参照されたい。なお，ISO14001の他にISO14004（自己宣言），環境省の「エコアクション21」，環境自治体会議の「LAS-E（環境自治体スタンダード）」および各自治体独自のEMS（たとえば横須賀市はYESと称する独自のシステムを構築している）等がある。
（4）　環境省［2008］の調査では，有効回答のうち，都道府県の97.8%，政令指定都市の93.8%，市区町村の26.0%においてEMSが構築されている。

1.2 自治体における環境会計の意義
(1) 自治体のアカウンタビリティと公会計改革

（政府）自治体では，住民に対する**アカウンタビリティ（会計責任，説明責任）**を履行するという見地から予算と決算が行われ，その結果が住民に開示されている。図9-2に即してアカウンタビリティ概念を説明すれば，まず，住民は強制的に納税を通じて政府・自治体に資金を提供しているとともに，当該資金を活用して行政活動を行う権限を与えている（図中①）。この段階で（政府）自治体は，提供された資金を適正に使用する**受託責任**を負い，それが予算書として議会で採択され，住民に開示される（図中②）。受託責任の発生によって自治体は，当該受託資金の利用のてん末を明らかにするアカウンタビリティを負い，決算書によってそれが履行される（図中③）。そして決算書の議会での承認を経て当該アカウンタビリティが解除される。なお，（政府）自治体の受託責任の確定とアカウンタビリティの履行の重要性から，政府の会計に関しては憲法（第7章）と財政法等が，また，自治体の会計に関しては地方自治法等が，予算と決算を規定している。

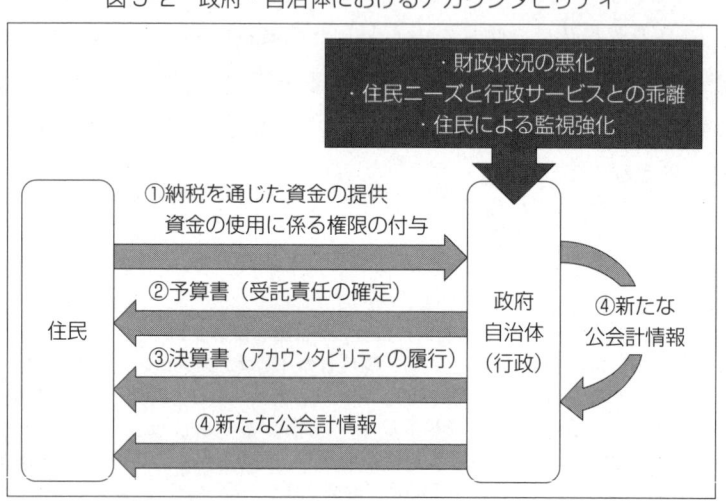

図9-2 政府・自治体におけるアカウンタビリティ

しかし，昨今の政府と自治体における財政状況の悪化や，行政が提供する公的サービスと住民ニーズとの乖離等が顕在化すると，アカウンタビリティの履行手段である従来の決算書だけでは不十分であるとの認識が高まってきた。つまり，アカウンタビリティの範囲は，これまで，**歳入歳出決算書**のような現金収支に近い情報を提供するだけで足りていたものが，**貸借対照表**等のストック情報の追加や，発生主義にもとづく**行政コスト計算書**の導入など，新たな公会計情報の作成にまで広がりつつある。その際に提供された資金（インプット）に対してどのような行政サービスを提供したか（アウトプット）ということを明らかにする**効率性**の視点，および，行政サービスの目的に照らして行った行政サービスの結果（アウトカム）がどうなったかという**有効性**の視点が読み取れる公会計情報が模索されている。同時にこれらの新たな公会計情報は，組織内部での活用も視野に入れられている点で管理会計的な機能を果たすことも期待されている（図中④）。こうした一連の公会計を巡る状況は**公会計改革**と呼ばれる。

(2) **自治体の環境に関わるアカウンタビリティ**

ここでは，自治体が環境に関連する情報を提供する**アカウンタビリティ**を，前項で説明した財務面のアカウンタビリティの延長線上に位置づけて考えたい（以下，図9-3参照）。昨今の地球規模・地域規模での環境問題の悪化は，住民に対して環境問題へのより一層の関心を惹起させる。（政府）自治体においては，環境状況の改善は住民の福祉増進と直結する問題であると考えられる。したがって，住民は管轄行政区域における環境状況の改善を（政府）自治体に期待してそのための施策等の実施に係るすべての権限を与えていると解釈できる（図中①）。このことから（政府）自治体は，管轄行政区域の環境状況の改善に関する権限の付与に伴う受託責任を負い，「計画」により当該責任が確定される（図中②）。なぜなら，「計画」には，（政府）自治体の環境状況の改善の目標とその目標達成に向けて実施する活動の予定が示されているからである。

しかし，環境に係る受託責任から生ずるアカウンタビリティを履行する手段に乏しい現状にある。この点で自治体における環境会計が担う役割が期待され

図 9-3　政府・自治体の環境に係るアカウンタビリティ

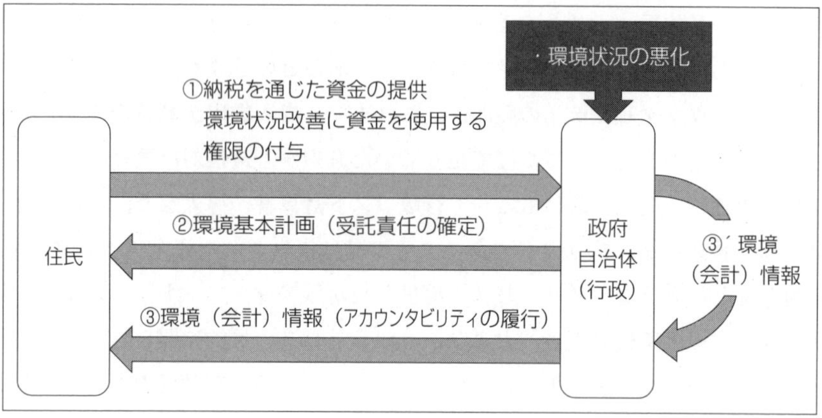

るところである（図中③）。上述した新たな公会計情報において重視されている効率性と有効性についても，環境会計情報の中で表現できる方策がいろいろと検討されている。

現在の日本の状況のうち特筆すべきは2004年に制定された**「環境配慮促進法」**[5]である。同法は，国，自治体および企業等において環境負荷低減に向けた努力等を明らかにするような環境情報が広く流布することを目的とし，国の機関に対して**「環境配慮等の状況」**を，また特定事業者に対して**環境報告書**をそれぞれ作成・公表することを義務づけるとともに，自治体や企業においてもこれらの情報の開示を求める努力規定をおいている。これにより，国の機関や特定事業者による環境に係るアカウンタビリティの履行が一部制度化されるとともに，自治体においても，同規定を踏まえて環境白書や環境報告書を作成・公表するところが多くみられるようになった。

(3)　環境政策意思決定への活用

自治体の負う環境面でのアカウンタビリティを履行する手段としての役割が環境会計に求められる一方，環境行政を担う自治体においては，環境政策・施

---

(5)　正式名称は，「環境情報の提供の促進等による特定事業者等の環境に配慮した事業活動の促進に関する法律」（平成16年法律第77号）である。

策・事務事業の立案，執行および評価に資する情報が必要とされる（図9－3の③'）。

　もし環境会計が住民へのアカウンタビリティの履行だけを目的に行われるのであれば，自治体の透明性は高まるものの，情報を作成する自治体にとっては「義務的」な作業のみが増え，環境会計から得られるメリットを感じられない可能性がある。すでに自治体においては，「計画」の策定業務とその進行管理を通じてある程度のアカウンタビリティは果たし続けていると考えられるが，それに環境会計の仕組みを重ねることは，コストに見合うベネフィットが乏しいと感じられる危険性もある。そのため，環境会計は，自治体内部における政策立案とその進行管理プロセス，すなわち**政策意思決定**プロセスに統合されることによって，その機能をより発揮すべきであると指摘できる。

　自治体の環境会計に求められるのは，住民に対するアカウンタビリティの履行のほか，環境政策の**効率性**と**有効性**を明らかにし，その政策を立案するために必要となる情報を提供することであり，さらには，環境負荷の発生と直接関連する（地域）経済政策とも連携させることが重要となる。

2　自治体環境会計の展開と課題

2.1　公営企業における環境会計

　東京都水道局では，1999年に日本の自治体として初めて環境会計情報を開示し，その後，毎年，予算版と決算版を開示している。現在では，都道府県や政令指定都市の**公営企業**の多くで環境会計が導入され，その情報は環境会計単独または環境報告書の中で開示されている。同局では，「東京都水道局環境計画」（平成19年度〜21年度）の中で環境会計を，環境対策に関する**費用対効果**を明らかにし，顧客とのコミュニケーションおよび同局の環境施策実施の判断に活用するものとして位置づけている。

　東京都水道局の環境会計情報（平成20年度予算版）を表9－1に示した[6]。基本的な枠組みは環境省「**環境会計ガイドライン**」を踏襲し，事業活動別に**環境保**

表 9-1　東京都水道局の環境会計（平成20年度予算版）

分類	主な取組の内容	投資 (百万円)	費用 (百万円)	効果 (百万円)	環境保全指標	自動車CO₂ 排出量換算 (年間2.35t-/台)
(1) 生産・サービス活動により事業エリア内で生じる環境負荷を抑制するための環境保全コスト【事業エリア内コスト】		67 -	5,112 (8,374)	6,731 (20,822)	CO₂　　12,142t-CO₂/年 (CO₂　28,821t-CO₂/年) NOx　　12,997kg/年 SOx　　13,163kg/年 (BOD　　83t-BOD/年) 発生土の有効利用　74,300t/年 低公害車の導入率　　52%	約5,200台分 (約12,300台分)
内訳 地球環境保全コスト	常用発電 太陽光発電 水力発電等 NaS電池 低公害車	- - - - 67	2,916 63 7 19 69	2,616 37 12 20 -	CO₂　　11,087t-CO₂/年 NOx　　12,997kg/年 SOx　　13,163kg/年 低公害車の導入率　　52%	約4,700台分
資源循環コスト	浄水場発生土の有効利用 同庁舎の水の有効利用 粒状活性炭の有効利用 建設副産物のリサイクル 配水管浅層埋設 自動車リサイクル	- - - - - -	320 10 - 1,189 519	457 5 - 2,808 778	CO₂　　1,055t-CO₂/年 発生土の有効利用　74,300t/年	約400台分
その他	水道水源林管理 漏水防止対策	- -	(1,392) (6,982)	(6,019) (14,803)	(CO₂　28,821t-CO₂/年) (BOD　　83t-BOD/年)	(約12,300台分)
(2) 生産・サービス活動に伴って、その上流又は下流で生じる環境負荷を抑制するための環境保全コスト【上・下流コスト】	グリーン購入 広域循環による水の有効利用	-	0	1		
(3) 管理活動における環境保全コスト【管理活動コスト】	環境ISO更新 広報 環境管理 職員研修 屋上緑化	-	82	-	ヒートアイランド現象の抑制 屋上緑化面積　7,190m²	
(4) 研究開発活動における環境保全コスト	研究開発		45			
(5) 社会活動における環境保全コスト【社会活動コスト】	多摩川水源森林隊 植生の保護・回復		25 100	- -	民有林の保護 森林荒廃の抑制	
(6) 環境損傷に対するコスト【環境損傷対応コスト】		-	-	-		
合計		67 -	5,364 (8,374)	6,732 (20,822)	CO₂　　12,142t-CO₂/年 (CO₂　28,821t-CO₂/年) NOx　　12,997kg/年 SOx　　13,163kg/年 (BOD　　83t-/年) 発生土の有効利用　74,300t/年 低公害車の導入率　　52% 屋上緑化面積　　7,190m²	約5,200台分 (約12,300台分)
費用対効果				1.367		

(注) 1 水道水源林管理及び漏水防止対策は、水道事業の本来業務であるため、カッコ内に外書きした。
　　 2 CO₂は二酸化炭素、NOxは窒素酸化物、SOxは硫黄酸化物、BODは生物化学的酸素要求量である。
　　 3 環境保全効果は、環境負荷の低減量を表記した。ただし、浄水場の発生土の有効利用は、有効利用量を表記した。
　　 4 環境保全目的とそれ以外の目的が結合した複合コストのうち、目的別に把握することが困難なものについては全額を計上した。
　　 5 環境保全コスト、環境保全効果及び環境保全対策に伴う経済効果は、水道事業及び工業用水道事業の合計を計上した。
　　 6 低公害車の導入率は、東京都指定低公害車導入率である。
　　 7 表中の数字は四捨五入しているため、合計とは一致しない。
(出所) 東京都水道局のウェブサイト (http://www.waterworks.metro.tokyo.jp/water/jigyo/kankyo20/yosan_03.html) より抜粋。

全コスト（投資と費用）と**環境保全対策に伴う経済効果**が金額表示される一方，**環境保全効果**は「環境負荷指標」として物量表示されている。環境保全コストは，上記ガイドラインに準拠しているが，金額が税抜きであることや，費用は建設費と当期費用の合計とされる点などで若干異なる。後者については，建設費が減価償却にもとづいて計算されるものとされ，概ねガイドラインと同じといえよう。

環境保全対策に伴う経済効果については，ガイドラインにおける「**確実な根拠にもとづく経済効果**」である「収益」と「節約額」のみが計上され，また，環境保全効果はCO_2をはじめとする物量による効果が示されている。この点もガイドラインに準拠している。

表9−1を概観して分かるように，環境保全コストと経済効果は，事業エリア内コストの分類における金額が全体の大半を占めている。資源循環コストにおいて水道事業固有の項目があげられている点も特徴であろう。また，本業でもある「水道水源林管理」と「漏水防止対策」が参考値ながら「事業エリア内コスト」の範疇で表示されていることがあげられる。さらに，特に住民への分かりやすさの視点から，環境保全効果を自動車のCO_2排出量に換算して示すなどの工夫がなされている。

上記の参考値を含め，環境保全対策に伴う経済効果が環境保全コスト（費用）を大幅に上回っていることも，この環境会計の特徴として指摘できる。このことは，水道局が毎年予算と決算に係る環境会計情報の開示を継続していることと無縁ではないと思われる。上記の効果（経済効果と環境保全効果）については，さらに内訳を示す表も併せて示されており，情報開示面での工夫がみられる。しかし，公営企業の場合には，環境保全対策向けの予算を確保するという必要性から費用対効果が得られるように経済効果を大きく計算しているのではないかという点も指摘されている（國部[2003] p.311）。

さらに東京都水道局では，環境会計情報作成の蓄積を生かし，費用対効果

（6） 東京都水道局の予算版は東京都水道局のウェブサイトのみで開示され，決算版は同ウェブサイトおよび年次環境報告書に掲載される。

（環境保全対策に伴う経済効果／環境保全コスト），環境対策率（環境保全コスト／料金収入）および環境保全効率（CO_2排出抑制量／事業エリア内コスト）という3つの指標を設定し，時系列で分析している。このように，環境会計情報が公営企業において活用されていることは，他の公営企業への環境会計の普及をもたらし，公営企業において環境会計が担う役割が理解されてきているといえよう。

最後に，水道局のような公益事業を営む主体の場合，公共料金との関連性を考慮する必要があろう。水道局における環境問題への対応と料金算定との関わりが明らかになることで，利用者である住民へのアカウンタビリティを果たすのに貢献すると考えられる。

2.2　一般行政部局における環境会計

(1)　自治体による環境保全活動の二面性

前項では，自治体が経営する公営企業の環境会計を取り上げたが，公営企業のうち環境会計を導入している多くは**地方公営企業法法適用企業**[7]である。法適用企業は独立採算制を必要条件とし，民間企業と同様の**企業会計方式**が採用されている。このため，環境会計の視点からいえば，民間企業とほぼ同じ会計システムを基盤として作成された情報であるといえる。公営企業であるため，自治体の使命である「住民の福祉増進」に寄与するように運営されることが求められている点で民間企業と異なるが，環境会計上は，費用対効果が強調され，環境保全活動に投下したコストに見合う効率性が強調されたモデルといえよう。

さて，上記の性格を有する公営企業では，料金収入をその収益の母体としている点で民間企業と類似するのに対し，行政サービスを提供する一般行政部局は，「住民の福祉増進」を目的とした多様な活動を行っており，会計制度も公営企業と異なり，現金収支を基本とした歳入・歳出予算と決算を基本としてい

（7）　地方公営企業については，瓦田・陳［2002］pp. 116-128参照。

る。

　こうした一般行政部局における環境に係る活動は，（公営）企業と同様に，自己の経済活動に起因する環境負荷の低減等を図る活動と，自治体が管轄する行政区域全体の環境負荷低減等を図る活動とに大別される。前者を対象とした管理は「庁舎管理」，後者を対象とした管理は「地域管理」と称され，以下のように規定される（河野［2001］p.119）。

- **庁舎管理**：「自治体の庁舎（支所，出張所などを含む）で行政サービスを提供するさいに発生する環境負荷物質の排出の抑制，削減を図る活動の管理」
- **地域管理**：「自治体が管轄する行政区域内の市民や企業など（事業者）が実施する環境負荷物質の排出の抑制，削減などの活動を推進，支援する活動の管理」

　このように，自治体の行う環境負荷の低減活動には，庁舎管理と地域管理という二面性を有している点で企業にはない特徴を有し，環境会計もまた，上記の二面性に即して，「庁舎管理型環境会計」と「地域管理型環境会計」の2方向の展開をみせている。さらに自治体では，環境にかかわる業務として廃棄物処理事業が大きな割合を占めていることから，廃棄物に特化した情報を示す取り組みもみられる。以下，それぞれの環境会計について検討する。

(2) **庁舎管理型環境会計**

　庁舎管理型環境会計の例として横須賀市のものを表9-2に掲げた。横須賀市では，2000年に環境会計に関する詳細な情報を開示して以降，毎年作成，開示してきている。そこでの環境会計の目的は，**内部管理目的**と**外部公表目的**の2つが掲げられている。内部管理目的としては，費用対効果の測定を通じて有効な環境活動を行うツールとして，また外部公表目的としては，同市の環境活動の透明性向上と住民に対するアカウンタビリティ履行があげられている。

　表9-2から，環境保全コスト分類は環境会計ガイドラインに準拠しており，それぞれの事業活動別の対策が具体的に示され，それに伴う費用が表示されている。当該コストのうち投資は除外され，費用のみが集計されている。費用は

164

表 9-2 庁舎管理型環境会計の例（横須賀市の例）（平成19年度決算）

	主な取組 （平成19年度）	費用（百万円）平成18年度	費用（百万円）平成19年度	貨幣換算効果 主な内部効果	貨幣換算効果 主な外部効果	内部効果(1)（百万円）平成18年度	内部効果(1)（百万円）平成19年度	外部効果(2)（百万円）平成18年度	外部効果(2)（百万円）平成19年度	貨幣換算のできない（左記以外の）主な効果
公害防止対策	天然ガスごみ収集車の導入 大型天然ガス車の導入 大気汚染物質の測定 ダイオキシン類排出濃度の低減 放流水質の管理 排出ガス対策型機械の使用	837	770		低公害車利用等によるNOx排出量の低減（288.7kg） 大型天然車利用によるNOx排出量の低減（46kg） 大型天然車利用によるSOx排出量の低減（3kg） コージェネレーションによるNOx排出量の低減（49kg） コージェネレーションによるSOx排出量の低減（21kg） SOx排出量の管理（77t） ごみ焼却発電によるNOx排出量の低減（1.83t） ごみ焼却発電によるSOx排出量の低減（1.44t）	0	0	4	4	大気汚染物質の除去（ダイオキシン類、塩化水素、ばいじん、カドミウム等） 水質汚濁物質の低減 大気汚染物質の排出量の低減
地球環境保全対策	太陽光発電システム導入 太陽エネルギーの利用 コージェネレーション設備の稼動 低公害車の導入 ごみ焼却発電による発電 ごみ焼却排熱利用による蒸気の供給	177	183	公用車燃料費節減 ごみ焼却発電による売電収入 ごみ焼却発電による電力費節減 排熱利用による燃料費節減	大陽光発電によるCO2排出量の低減（4.6t-CO2） ごみ焼却発電によるCO2排出量の低減（59t-CO2） コージェネレーションによるCO2排出量の低減（118t-CO2） 低公害車利用によるCO2排出量の低減（2.8t-CO2） ごみ焼却発電によるCO2排出量の低減（5,547t-CO2） 排熱利用によるCO2排出量の低減（152t-CO2）	389	327	6	5	市が地球温暖化対策活動を実施することで市民・事業者への意識啓発（環境教育の効果を含む）
資源有効利用及び廃棄物対策	雨水利用 中水道設備によるろ水の再利用 残飯の飼料化としての有効活用 公共工事における再生材料の使用 アスファルト塊の再資源化 コンクリート塊の再資源化	3	4	水道費の節減 廃棄物処分委託費の節減	水道使用削減によるCO2排出量の低減（8.6t-CO2）※ 廃車用の回収によるCO2排出量の低減（29.9t-CO2）※	24	23	0	0	森林資源の保全による生態系の維持 資源の有効利用による資源枯渇の延命
グリーン購入	再生トイレットペーパーの使用 再生コピー用紙の使用 外注印刷物への再生紙の使用 熱帯木材型枠の使用削減	4	4	再生衛生紙の利用による費用節減 購入費の節減	再生用紙の使用による森林のCO2固定機能の保全（1.7t-CO2）※ 熱帯木材型枠使用削減による森林のCO2固定機能の保全（0.07t-CO2）※	0	0	0	0	熱帯林資源の保全による生態系の維持
環境マネジメント	環境マネジメントシステムの維持管理	19	16	電気費、燃料費、水道費等の節減		74	51	0	0	職員の環境意識向上による公語施策における環境負荷低減の実践
社会活動	見学案内	9	6			0	0	0	0	地域の環境意識の向上
環境対策合計		1,049	983			487	401	10	9	（効果合計：410百万円）

※は金額として百万円に満たないため端数額に表れない。
1) 内部効果。環境対策によって結果的に節減された費用や低経済的に得られた収益
2) 外部効果。環境対策によって実現した環境負荷の低減に向けた環境の創造
注) 出典データから取り組みの種類（本庁舎、ごみ焼却場、公共工業）表記を省略した。
（出所）横須賀市環境部環境計画課[2009] pp.154-155より抜粋。

環境保全活動に関わる支出とされるが，公会計システムとの整合性の点から減価償却費は含まれず，また，廃棄物処理事業費も本業であることから除外されている。こうした点で（公営）企業の環境会計と異なる。

同市の環境会計は効果の測定，表示に工夫がみられる。まず経済効果（表では「貨幣換算効果」）は，節約等を通じて自治体自身が享受したもの（**内部効果**）と，管轄行政区域全体または社会全体が享受したもの（**外部効果**）に分けて，測定，開示されている。他方，物量による環境保全効果は，「主な外部効果」としてその具体的内容とともに測定，表示されている。そのほか，貨幣換算できない効果が記述情報として示されている。

内部効果の測定は，環境会計ガイドラインと同様に，環境保全活動に伴う実現収益と節約額とされるが，外部効果の貨幣的測定を積極的に取り入れている点でガイドラインと異なる。たとえば，表9-2「地球環境保全対策」の1つである「太陽エネルギーの利用」による内部効果として「燃料費節約額」が記録され，外部効果としてまず環境負荷削減量をCO_2換算した後，**貨幣換算係数**を乗じて求めている。すなわち以下の式で求められる。

- 環境負荷削減量のCO_2換算＝**重油消費節約量**×CO_2排出係数
- 環境負荷削減による外部効果の貨幣換算＝CO_2削減量×CO_2貨幣換算係数

ここで上記2係数の根拠が問題となるが，横須賀市では，それぞれ最近の研究成果を用いている。この点については議論があるところであるが，同市の環境報告書にはすべての項目の効果算出根拠を明らかにされている点で評価できよう。しかし，数ある換算係数の中から被害額に基づく当該係数が採用された理由は明らかにされるべきであろう。

庁舎管理型環境会計は，いわば事業者としての自治体の環境会計であり，横須賀市のほかに京都市においても当該タイプの環境会計情報を公表しているが，同市のものは，事業所別の情報も開示している点に特徴がある。

(3) 地域管理型環境会計

地域管理型環境会計の例として埼玉県のものを表9-3に掲げた。埼玉県で

表 9-3 地域管理型環境会計の例（埼玉県）

〈費用〉

分 類	環境施策の費用（千円）平成18年度決算	平成19年度決算
I 恵み豊かで安心・安全な地域社会の実現	7,645,514	8,057,729
1 大気環境の保全	617,733	848,994
2 化学物質対策の推進	201,410	292,254
(1) 化学物質の適正な管理	38,474	88,838
(2) 公共用水域・地下水及び土壌の汚染防止	162,936	203,416
3 騒音・振動・悪臭の防止	30,647	39,891
4 河川等の環境の保全、創造	240,997	344,828
5 森林、緑地の保全等の推進	6,427,134	6,363,921
(1) 森林の整備・保全	557,880	779,166
(2) 身近な田園・緑地空間の保全、創出	5,869,254	5,584,755
6 生物多様性の保全	60,345	74,388
7 環境と共生する地域づくりの推進	67,248	93,453
II 持続可能な循環型社会の構築	3,902,683	4,870,811
8 地球温暖化防止対策等の地球環境問題への対応	1,447,067	2,164,330
9 ヒートアイランド対策の推進	78,146	74,203
10 廃棄物の3Rと適正処理の推進	1,370,203	1,698,982
11 水環境の健全化と地盤環境の保全	904,086	742,476
12 環境に配慮した産業の振興	103,181	190,820
III 環境の保全と創造を推進する協働と協治の社会の構築	6,146,537	5,323,215
13 自然環境の保全と創造における協働体制	41,808	69,768
14 環境学習の推進	5,795,848	4,909,606
15 自主的な取組の推進	27,875	34,961
16 環境学習の提供と環境科学の振興	277,710	303,394
17 国際協力の推進	3,296	5,486
環境費用の合計	10,290,806	11,636,439
一般会計決算・予算（人件費を除く）	856,960,920	1,039,777,061
環境費用の一般会計決算・予算に占める割合	1.20%	1.12%

〈効果〉

課題項目	環境基本計画策定時値	平成18年度値
I 恵み豊かで安心・安全な地域社会の実現		
エコカー（低公害車）導入割合（％）	20	26
リスク・コミュニケーション実施事業所数（事業所）	8	14
古綾瀬川のダイオキシン類常時監視3地点の水質環境基準達成率（％）	0	0
公害防止主任者資格認定講習修了者数（人）	10,581	10,802
良質な水質を維持している河川の割合（％）	73	84
整備・保全されている森林等の面積（ha）	68,278	70,566
緑の保全面積（ha）	111.5	117.5
希少野生動植物の保護環境個所数（箇所）	26	32
環境基本計画策定策定市町村数（市町村）	43	44
II 持続可能な循環型社会の構築		
温室効果ガスの総排出量（CO₂換算）（千t）	42,994[※1]	—[※2]
彩の国エコアップ宣言事業者数（事業者）	406	535
1人1日当たりの一般廃棄物排出量（g）	990[※3]	1,003[※4]
5年間の業績次下面が4cm未満の地盤観測基準地点の割合（％）	91	96
III 環境マネジメント取得事業所数（事業所）	907	1,140
環境の保全と創造を推進する協働社会の構築		
（財）さいたま緑のトラスト協会会員数（人）	886	2,138
環境学習応援隊支援学校数（校）	8	55
グリーン調達推進方針策定市町村数（市町村）	34	35
環境科学国際センターのホームページ年間アクセス数（件）	49,837	52,769
海外との環境分野の研究交流のための県派遣者数（人）	77	90

注：※1と※3は平成16年度の数値、また※4は平成17年度の数値です。
また、※2は最新値（平成17年度値）が未確定です。

注：「環境施策の費用」については、再掲した事業を除いた額も併せて記載しているが、省略した。
（出所）埼玉県県民部環境政策課［2007］pp.216-207より一部修正の上抜粋。

は，主として環境施策の費用対効果を測ることを目的として平成15年版の環境白書から環境会計情報を開示してきた[8]。表9-3をみると，庁舎管理型と同様に，取り組みに係る費用とそこから得られた効果が対照表示されているが，それぞれの取り組みは，環境会計ガイドラインと異なり，同県の環境基本計画に掲げられた施策ごとに示されている点に特徴がみられる。

また，抽出されている費用額は，同県の一般会計における金額から抽出されており，また，効果は物量を中心として指標化され，「計画」に掲げられた策定時の指標と当該年度の現状値とを比較する形で表現されている。これにより，どの程度の費用をかけてその結果，地域においてどの程度の効果が表れているか，そして，「計画」が予定通り進行しているかという点が明らかになるよう工夫されている。

このように，地域管理型の特徴は，費用に関しては自己の組織の活動に伴って負担した（発生した）分が計上されるのに対し，効果に関しては，自己の組織ではなく管轄行政区域の家計や企業といった他の主体の行動に影響を及ぼした結果，管轄行政区域の環境の状況がどのように変化したかというフローとストックに関する効果が明らかにされている。

このほか，神戸市や枚方市では，庁舎管理型と地域管理型の双方に係る情報を開示している。特に神戸市の環境会計情報は最も充実している自治体環境会計の例といえよう。ここでは地域管理の特徴が出ている簡単な例として埼玉県のものを取り上げたが，神戸市の環境会計の地域管理部分は，同市の環境基本計画に掲げた施策ごとに，①環境保全コスト（投資額と費用額），②環境保全効果（物量効果），③経済効果（収入と節約額），④物量効果の貨幣換算値および⑤環境目標の達成状況，という5項目にわたる詳細な情報を開示しているだけでなく，その算定基礎に関する情報も開示している点で充実している。

「計画」と関連づける特徴を有する地域管理型環境会計では，環境施策に投入したコストと効果の関係が直接的ではない。たとえば，経済状況の悪化に起

---

(8) しかし，同県の最新版（平成20年版）の環境白書においては，環境会計に係る情報が削除されているため，ここでは，平成19年版にもとづいて記述している。

因して，管轄行政区域における生産活動が停滞すると環境負荷は低減するが，これは自治体の環境施策の効果ではない。よって，こうした外部要因との関係も考慮する必要があり，現在では，マクロ環境会計との関連づけが模索されている[9]。

2.3 自治体の廃棄物処理事業と環境会計

自治体が行う事業において廃棄物処理事業の比率が非常に高い。たとえば，市区町村の普通会計の純計決算額に占める廃棄物処理事業（し尿処理事業を含む）経費の割合は，平成18年度決算において約4.45％に及んでいる[10]。しかし，廃棄物処理事業は，公衆衛生という側面から地域環境の維持・向上に貢献するものの，自治体の本業としての側面が強いため環境会計の範囲から除外する例が多い。そのため，たとえば神戸市では，上述の環境会計に加え，同市環境局が行っている廃棄物処理事業全てを対象としてコストと効果の測定と開示を行っており，同市の廃棄物処理事業という本業とそれに係る環境保全活動との関係が明らかになるよう努めている。

廃棄物処理事業の環境会計としては，「**廃棄物会計**」[11]と呼ばれる会計モデルが2002年に市民団体により提案されている。同モデルは，1995年に制定された容器包装リサイクル法が契機となっているが，同法に取り入れられている「**拡大生産者責任**」[12]の考え方を巡りリサイクル費用の事業者，自治体および

（9） マクロ環境会計については第13章を参照されたい。
（10） 市区町村の普通会計決算額は総務省［2008］p. 8の金額を，また，廃棄物処理事業経費は，環境省大臣官房廃棄物・リサイクル対策部廃棄物対策課［2008］pp. 47-48の金額を用いた。
（11） 廃棄物会計については，びん再使用ネットワーク［2005］，八木［2006］，倉阪［2004］に詳しい。
（12） 拡大生産者責任（EPR）は2000年に公布された循環型社会形成基本法において日本に明確に導入された。EPRとは，消費後の廃製品にまで生産者の物理的責任（廃製品の収集，分別，処理を行う責任）と経済的責任（廃製品の収集，分別，処理の費用を負担する責任）を拡大して自治体や消費者から生産者に責任を移転させることを通じて生産者に環境に配慮した製品生産を行う誘因を与える環境政策上の手法である（吉野［2002］p. 47参照）。

市民の間の負担割合の問題に起因して考え出されている。廃棄物会計では，自治体における廃棄物処理とリサイクルの現状とそれにかかるコスト構造を明らかにするために独自のワークシートを作成し，のべ291自治体の協力の下2002年から4回の調査が行われている。

廃棄物会計では，まず，廃棄物の発生から処理までの物的フローを明らかにした上で原価計算が行われる。原価計算は，廃棄物の属性（可燃，不燃，粗大等）と資源物（ガラス瓶，アルミ缶，PETボトル等）ごとに行われる。当該データは集約されて調査結果として公表されているが，各自治体においても活用，開示されることが多い。

廃棄物会計は2006年の報告書をもって調査を終了しているが，その考え方は2008年に公表された環境省の「**一般廃棄物会計基準**」（以下，廃棄物基準）に引き継がれている。廃棄物基準は，政府の「廃棄物処理に関する基本方針」[13]（平成17年5月改正）における，一般廃棄物のコスト構造の正確な計算，ごみ有料化の推進，および，廃棄物処理方法の変更や新手法導入等に際し，環境負荷面と経済面の双方に関する情報を住民等に説明する，という方針を受けて策定されたものである。同基準では一般廃棄物処理事業の①原価計算書，②行政コスト計算書および③資産・負債一覧，の3種類の財務書類が作成される。

原価計算書は，一般廃棄物処理費用を4作業部門（収集運搬，中間処理，最終処分，再資源化）および管理部門に類別し，それらを廃棄物種類別（可燃ゴミ，不燃ごみなど20種類）に配賦し，最終的に各廃棄物種類別の重量当たり原価に集計したものである（図9-4参照）。これにより廃棄物種類別にどの処理段階においてどの程度の費用が発生しているかを把握できる。費用の配賦基準は，部門ごとに各費用種類別（表9-4参照）に細かく規定されており，たとえば，収集運搬部門の人件費は，収集する廃棄物に要するのべ収集運搬時間がコストドライバーに用いられる。原価計算書のデータに処理量を乗じればその期の費用が求められるが，当該情報は収益とともに原価計算書の参考情報として

---

(13) 正式名称は，「廃棄物の減量その他の適正な処理に関する施策の総合的かつ計画的な推進を図るための基本的な方針」（平成13年5月7日環境省告示第34号）である。

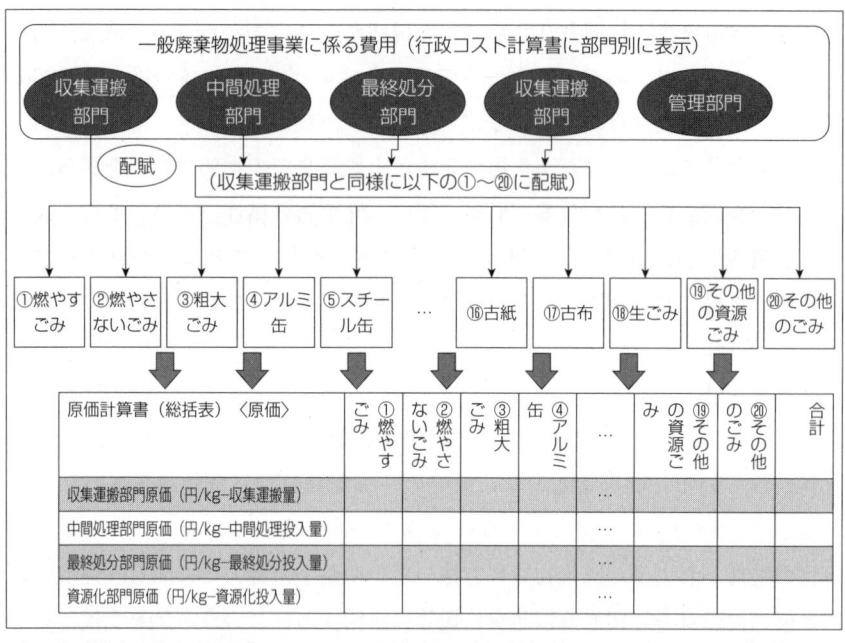

図 9-4 原価計算書の作成プロセス

	①燃やすごみ	②燃やさないごみ	③粗大ごみ	④アルミ缶	...	⑲その他の資源ごみ	⑳その他のごみ	合計
原価計算書（総括表）〈原価〉								
収集運搬部門原価（円/kg−収集運搬量）					...			
中間処理部門原価（円/kg−中間処理投入量）					...			
最終処分部門原価（円/kg−最終処分投入量）					...			
資源化部門原価（円/kg−資源化投入量）					...			

（出所）環境省大臣官房廃棄物・リサイクル対策部廃棄物対策課［2007］にもとづき筆者作成。

開示される。なお，原価計算書に含まれる費用・収益は，表9−4に示した通りである。

　原価計算書は，これまで可視化されていなかった廃棄物種類ごとの処理単価と総額を明らかにすることができ，処理手数料収入などと比較することで廃棄物処理事業の**費用対効果**が明らかになるという利点を有する。

　行政コスト計算書は，新しい公会計モデルにおいて作成される財務諸表の一つだが，廃棄物基準では，表9−4に示した費用が部門別に表示されるとともに，原価計算書で考慮されていない「経常移転支出」と「特別損失」が加えられる一方，関連する収益について「経常業務収益」，「経常移転収入」および「その他の収益」が表示される。しかし，収益と費用の差額は集計されない（集計される収益と費用の詳細は表9−4参照）。最後に**資産・負債一覧**が，上述した

表9-4 測定対象費用項目と財務書類の関係

項目			内容	開示書類(注)
経常費用	経常業務費用	人件費	「職員給料」,「退職給付引当金繰入額相当額」,「その他の人件費」	原／行
		物件費	「物品購入費」,「維持補修費」,「減価償却費」,「委託料もしくは組合負担金」,「その他の物件費」	原／行
		経費	「公債費（元本を除く）」,「借入金支払利息」,「貸倒引当金繰入」,「その他の経費」	原／行
		一般廃棄物の処理を円滑に実施するための諸施策にかかる費用		行
		その他の費用		行
	経常移転費用	扶助費等支出	社会保障給付	行
		補助金等支出	政策目的の補助金等	行
		その他の経常移転支出	上記以外の支出	行
特別損失		経常費用以外の損失		行
経常収益	経常業務収益	業務収益	「自己収入」（指定袋・シール販売収入，直接搬入ごみ手数料収入，近隣市町村からの受託収入）	原／行
		業務外収益	「その他の業務収入」（資源売却収入，充電収入）	原／行
	経常移転収入	「資産形成に資する支出金」	「国庫支出金」と「都道府県支出金」	行
		「その他の支出金」	同上	行

(注)「原」は原価計算書,「行」は行政コスト計算書を指す。
(出所) 環境省大臣官房廃棄物・リサイクル対策部廃棄物対策課［2007］にもとづき筆者作成。

フロー計算書に対応するストック計算書として作成され，廃棄物処理事業に係る財産目録として位置づけられる。

　廃棄物基準では，これまで説明してきた環境会計のように環境負荷低減の取り組みが明らかにならないため，環境保全という視点に欠ける。また，企業の原価計算期間は通常1カ月であるが，廃棄物基準では1年であるため，意思決定における迅速性を欠く懸念がある。さらにいえば，財務書類として3つの書類の作成が求められるが，それらは有機的に結びついているとはいえない。その上，情報作成主体である自治体の負担という点では，現行公会計制度と異なるシステムを前提としている上，各費目・項目ごとに廃棄物処理費用の配賦方法が異なるため事務作業の増大が懸念される。

2.4 自治体環境会計の課題と展望

　自治体環境会計に共通する主な課題をまとめると，以下の（1）～（3）が指摘

できる。

(1) 環境保全コストの範囲の問題

具体的には，自治体の本来業務（公共下水道や廃棄物処理）にかかわる費用や減価償却費を測定対象に含めるか否かである。一般廃棄物処理事業を対象とした廃棄物基準では環境保全という視点が欠落するなど，費用構造の詳細化と環境保全の視点との間でトレード・オフが存在している。また，減価償却の取り扱いは，基本的に現金主義にもとづく既存の公会計制度と，発生主義にもとづく新たな公会計の提案との間で顕在化する問題の1つであり，環境会計の土台となる公会計制度の動向を注視していく必要があろう。

(2) 効果の測定問題

前項で紹介した例では，物量による環境保全効果のみの測定の他，実現収益と節約額といった確実な根拠にもとづく効果の測定や，環境負荷削減量の貨幣換算等の取り組みが行われていた。環境保全活動や環境施策の費用対効果という側面がやや強調されすぎると，「効果を大きく表現したい」という恣意性を強調する危険性がある。また，特に地域管理型環境会計では，企業の環境会計以上に社会的コスト（効果）をその構成要素とする必要性が高い。かつては横須賀市，岩手県，山口県において貨幣的測定が行われ開示されていたが，これらの自治体はいずれもすでにこの領域の環境会計を行わなくなってしまったことに，問題の難しさが表象されている。

(3) ストック情報の欠如の問題

これまで行われている自治体環境会計は，基本的に毎年のフロー情報から構成されているが，フロー情報は，たとえばNO_xの排出量が前年度よりも〇〇トン削減された等の比較はできても，地域の環境状況というストックについては何も語らない。また，実施した環境施策や環境保全活動が将来に及ぼす影響については明らかにされない。たとえば，管轄行政区域においてどのような環境上のプラスのモノがあり，反対にマイナスのモノがあるのか，といったストック情報は，将来に行うべき環境施策や環境保全活動を示唆するものである。さらに，財務会計上の資産と負債というストックの視点から，たとえば，廃棄物

処理施設の更新の必要性や，将来における環境負荷蓄積（土壌汚染等）の浄化の必要性等，フローとストック情報を関連づける必要があろう。

(4) 自治体環境会計の展望

管轄行政区域を対象として諸施策を行う自治体にとって，本来は，地域管理型環境会計が普及・展開していく方向性が望ましいが，現状は，むしろこの領域から撤退する方向にある。一方で，廃棄物基準を志向する自治体が多くなっている。これは，環境省が強力に推進していることや，「ごみ処理の有料化」に代表される逼迫する地方財政の改善策として機能しており，管轄行政区域の環境保全という視点は欠落している。こうした動向を鑑みると，自治体においても，企業と同様に事業に係るコストの低減という経済的視点が第一義に掲げられ，「住民の福祉増進」と直接結びつく地域管理の側面が後退していることは，大きな問題といえよう。今後，経済と環境の双方の改善に貢献するような環境会計モデルの構築を図ることが，自治体環境会計の展開に必要となるであろう。

（大森　明）

COLUMN 8

政府によるエコタウン事業と北九州エコタウン

地域におけるゼロエミッション（廃物を循環させ，最終処分される廃物をゼロにする取り組み）の達成と地域産業の振興を目的として，経済産業省と環境省が1997年度から着手している共同事業である。基本的には地域における循環型社会の構築を目的とするが，廃棄物に限定されず環境負荷低減も視野に入る。自治体は，基本構想と具体的な事業内容を「エコタウンプラン」として取り纏め，経済産業省と環境省が共同承認すると，自治体および参加団体に対して国の財政的な支援が提供される。2008年6月現在，26の自治体のエコタウンプランが承認されている（政府のエコタウン事業については藤田［2007］参照）。

最初に承認を受けた自治体の1つである北九州市のエコタウン事業は，①環境政策や技術に係る教育研究，②環境に係る技術の実証研究および③リサイクル・環境ビジネスの事業化という3本柱から構成される。特に同市若松区響灘地区を中心に，さまざまな廃棄物の再資源化，再使用およびリサイクル（3R）が行われる仕組みが構築され，環境保全と産業振興の双方が追求されている。

これまで26の3R事業が展開され日本最大となっている他，47の実証研究が展開されてきた。また，政府，北九州市および企業によって通算で約601億円が投ぜられ，約1,070名の雇用がもたらされている。当該事業は，「北九州エコ・コンビナート構想」（企業等との連携による3Rに関わる新たな事業展開），「北九州エコプレミアム産業創造事業」（市内の環境配慮技術等の普及支援），「エコアクション21の取得支援事業」（中小企業のEMS取得支援）および「環境未来技術開発助成事業」（新技術・社会システムの構築支援）の4事業へと広がり，同市の環境政策の中核を担っている。なお，北九州エコタウンの詳細は，北九州エコタウンホームページ事務局のウェブサイト（http://www.kitaq-ecotown.com/）に詳しい。

（大森　明）

演習問題

1　企業の環境会計と自治体の環境会計の違いを述べなさい。
2　公営企業と一般行政部局では，環境会計の取組みに温度差がある。その原因はどこにあるか，また，一般行政部局において有用な環境会計とはどのようなものが考えられるか，検討しなさい。
3　自治体の環境会計における効果測定の現状と課題について述べなさい。
4　政府が選定しているエコタウン事業を1つ選び，その概要と問題点を述べなさい。
5　自治体の環境会計情報を入手し，自分なりに分析しなさい。

第10章

水資源と会計

　人口増加および経済活動の活発化により生活用水（上水道），農業用水および工業用水に対する水需給が逼迫している国が世界各地で増加している。

　日本においても地域によっては水需給が逼迫しているために，ダムや河口堰等の貯水施設を建設することにより水資源を確保し，地域の円滑な水供給システムの確立が図られてきた。

　本章では，生活用水に焦点を絞り，ダムなどの貯水施設の建設による水資源開発にかかわる会計問題について取り上げる。

1　水資源の現状

1.1　世界の水資源

　日本には，春雨，菜種梅雨，五月雨，梅雨，夕立，台風，時雨，氷雨さらに雪等，季節ごとの降雨をあらわす語がある。したがって，多くの地方では，季節を問わず，雨が降ると思われている。そして，"湯水のごとく金を使う"あるいは"水と安全はタダ"という語句が意味するように，日本では，水は豊富にあると思われてきた。

　図10-1は，世界各国の年降水量および水資源量等を示している。日本の**年降水量**は1,690mmで，世界平均（807mm）を大きく上回っている。図中では降雨量の多い国に属する。しかしながら，国土が狭くかつ人口が稠密のゆえに，1人当たり降水総量は4,997㎥で，世界平均（16,758㎥）の1/3以下である。そして1人当たり水資源量は3,230㎥で，これも世界平均（8,559㎥）の1/3弱という

176　第10章　水資源と会計

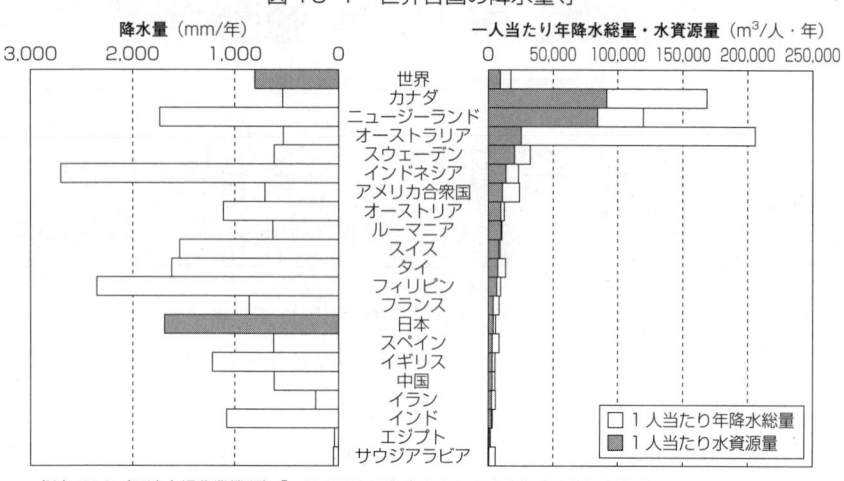

図10-1　世界各国の降水量等

（注）FAO（国連食糧農業機関）「AQUASTAT」をもとに国土交通省水資源部作成
日本の人口は総務省統計局「国勢調査」（2005年），平均降水量と水資源量は1976～2005年の平均値で，国土交通省水資源部調べ
（出所）国土交通省土地・水資源局水資源部編［2008］p.71より抜粋。

状況にある[1]。このことは，水資源の利用方法に依存するところがあるが，日本の水資源が必ずしも十分でないことを示唆している。

1.2　日本の水資源

図10-2は，日本における地域別降水量および**水資源賦存量**を示している。図10-1の日本の年降水量および水資源量は，図10-2の平均年のデータである。図10-2において，年降水量から蒸発散量を控除した量を賦存高といい，賦存高に地域の面積を乗じた積を賦存量という。

水が資源として強く意識されるのは**渇水年**である。渇水年の賦存量は2,825億m³である[2]。図10-3にみられるように2000年以降日本の**水資源使用量**（供

---

[1] 具体的数値は国土交通省土地・水資源局水資源部編［2008］，参考1-2-1表（p.234）参照。
[2] 具体的数値は国土交通省土地・水資源局水資源部編［2008］，参考1-2-2表（p.235）参照。

1 水資源の現状

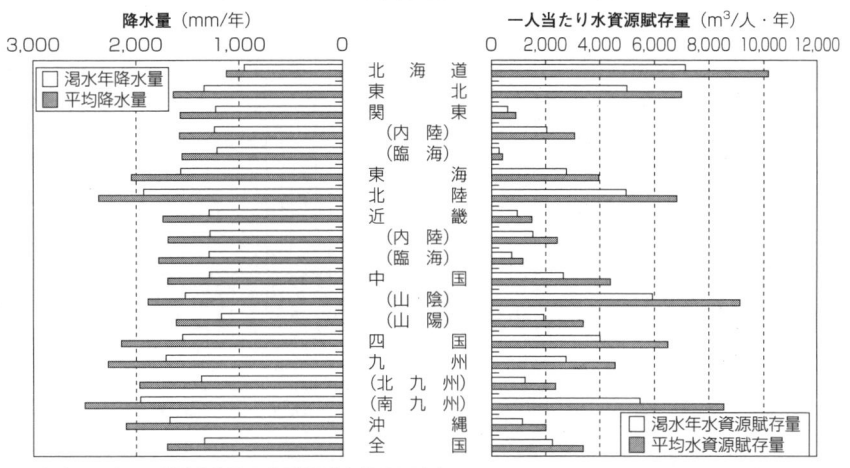

図 10-2 地域別降水量および水資源賦存量

(注) 1. 人口は総務省統計局「国勢調査」(2005 年)
2. 平均降水量は 1976～2005 年の平均で，国土交通省水資源部調べ
3. 渇水年とは 1976～2005 年において降水量が少ない方から数えて 3 番目の年
4. 水資源賦存量は，降水量から蒸発散によって失われる水量を引いたものに面積を乗じた値で，平均水資源賦存量は 1976～2005 年の平均値で，国土交通省水資源部調べ
5. 地域区分については，用語の解説を参照

(出所) 国土交通省土地・水資源局水資源部編 [2008] p.72 より抜粋。

給量) は850億m³/年未満であるから，十分余裕があるとの印象を受ける。しかし渇水年の賦存量の全量が利用できるわけではない。「実際に水資源として利用可能な量は，ダム等によって貯留可能な量により制約されるが，ダム等の開発適地やその経済効率も考えると渇水年賦存量の 6 割程度」といわれている（国土庁長官官房水資源部編 [1984] p. 5)。

図 10-2 において渇水年における 1 人当たり水資源賦存量が少ない関東，近畿あるいは北九州等では，ダム等の貯水施設を建造し，水資源の確保の努力をしてきた。この結果，これらの地域での渇水年の**水資源使用率**（水資源使用量÷水資源賦存量）は，関東地域ではその臨海部の91.1％というきわめて高い使用率となっている。近畿臨海部では56.5％および北九州部では59.0％に達している（表 10-1 参照）。関東臨海部はいうまでもないが，近畿臨海部および北九州部の 2 地域も地域内での水資源の利用可能量の限界に近づいているとみら

178　第10章　水資源と会計

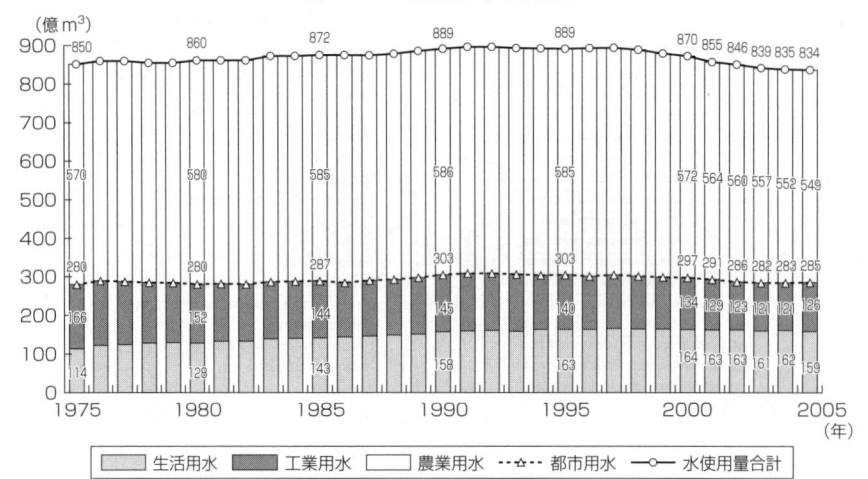

図 10-3　全国の水使用量

(注) 1. 国土交通省水資源部の推計による取水量ベースの値であり，使用後再び河川等へ還元される水量も含む。
　　 2. 工業用水は従業員4人以上の事業所を対象とし，淡水補給量である。ただし，公益事業において使用された水は含まない。
　　 3. 農業用水については，1981～1982年値は1980年の推計値を，1984～1988年値は1983年の推計値を，1990～1993年値は1989年の推計値を用いている。
　　 4. 四捨五入の関係で合計が合わないことがある。
(出所) 国土交通省土地・水資源局水資源部編 [2008] p.76より抜粋。

れる。

　水供給は地域内に限定されるものではない。しかしながら，遠方の地域での水資源の確保ならびにそこからの送水は，高い送水コストの負担以外に，伝統的に水資源の使用が特定河川流域を中心とする地域内利用の形で行われてきたことから，感情問題もあり，難しい面がある。それゆえ，水資源の使用が限界に近づいている地域で，今後，安定的に水供給を行っていくためには，まずは自地域内での水資源使用の見直しを行うとともに，場合によっては，さらなる開発の努力をする必要があろう。

　図10-3にみられるように，2000年以降における日本の水使用量は，生活用水，農業用水および工業用水のいずれも低減傾向にあり，水資源の需給関係に以前のような逼迫感はない。しかしながら，温暖化の進展に伴う気候変動によ

表 10-1　地域別の水資源使用率（2005 年）

地域	水資源賦存量（億m³/年） 渇水年	平均	水使用量（取水量ベース，億m³/年） 生活用水	工業用水	農業用水	合計	水資源使用率（％） 渇水年	平均
北海道	391	539	6.7	9.8	46.5	63.0	16.1	11.7
東北	612	850	14.3	13.7	158.4	186.3	30.4	21.9
関東内陸	162	242	10.2	8.8	56.1	75.1	46.3	31.1
関東臨海	89	134	42.0	13.1	25.7	80.8	91.1	60.3
東海	442	648	22.6	25.1	51.5	99.2	22.4	15.3
北陸	151	206	4.0	6.3	28.3	38.6	25.5	18.7
近畿内陸	75	125	7.0	3.4	19.1	29.5	39.2	23.7
近畿臨海	93	166	20.2	10.6	22.1	52.8	56.5	31.8
山陰	87	123	1.7	1.8	12.4	15.9	18.4	12.9
山陽	109	203	7.8	14.2	31.4	53.3	48.8	26.3
四国	152	263	5.5	7.4	21.9	34.8	22.8	13.2
北九州	92	198	8.9	6.0	39.4	54.2	59.0	27.4
南九州	277	407	6.0	5.6	34.4	46.0	16.6	11.3
沖縄	15	25	1.9	0.4	2.4	4.7	30.3	18.7
合計	2,749	4,127	158.5	126.2	549.4	834.2	30.3	20.2

(注) 1. 水使用量は国土交通省水資源部による推計値で 2005 年の値である。
　　 2. 水資源使用率は（水使用量）/（水資源賦存量）より算出している。
　　 3. 渇水年水資源賦存量は 1976～2005 年の 30 年間で 3 番目の少雨年からの算定値を用いている。
　　 4. 平均水資源賦存量は，降水量から蒸発散によって失われる水量を引いたものに面積を乗じた値（水資源賦存量）の 1976～2005 年までの 30 年間の平均値である。
(出所) 国土交通省土地・水資源局水資源部編 [2008] p.127 より抜粋。

る降雨パターンの変化等も予想されることから，地域によっては，水資源の需給に今後も問題がないとはいい切れない。水資源の需給が緊急の問題とされないこの時期に，これまで実施されてきた水資源開発に関わる会計問題を検討し，将来に備えることも重要と考える。

2　生活用水の供給制度

　表 10-2 にみられるように，都市用水（生活用水と工業用水からなる）の供給水源は河川水および地下水からなる。これらの 2 大水源からの供給水量の割合は，全国でみると，順に 74.7％および 25.3％となっている。地域別にみると，

2種の供給水源への依存度はかなり異なるが，概して，河川水への依存度が高い。前項で紹介した水利用率の高い関東臨海部，近畿臨海部および北九州部等の地域では，河川水への依存度が概して高い。

経済活動が活発に行われ，かつ人口稠密なこれらの3地域では，地下水からの取水は地盤沈下をもたらすので中止ないし制限されるなどのことにより，これまで河川水を中心の水資源開発が行われてきた結果が，河川水への依存度を高めたといえよう。

他方，水資源使用率の低い北海道や東北等の地域も河川水への依存度が高い。これらの地域では，比較的河川水の供給に余裕があるため，地下水に依存

表10-2 地域別の都市用水の水源別取水量（2005年）

(単位：億m³/年)

	河川水		地下水		合計
北海道	15.2	92.0%	1.3	8.0%	16.5
東北	21.9	78.4%	6.0	21.6%	28.0
関東	57.6	77.8%	16.5	22.2%	74.1
関東内陸	10.6	56.0%	8.4	44.0%	19.0
関東臨海	47.0	85.3%	8.1	14.7%	55.1
東海	28.8	60.4%	18.9	39.6%	47.7
北陸	4.9	47.6%	5.4	52.4%	10.3
近畿	32.9	79.9%	8.3	20.1%	41.2
近畿内陸	7.1	68.4%	3.3	31.6%	10.4
近畿臨海	25.8	83.8%	5.0	16.2%	30.8
中国	21.8	85.9%	3.6	14.1%	25.4
山陰	2.3	64.3%	1.3	35.7%	3.5
山陽	19.6	89.3%	2.3	10.7%	21.9
四国	8.7	67.1%	4.2	32.9%	12.9
九州	19.0	72.0%	7.4	28.0%	26.4
北九州	12.3	82.7%	2.6	17.3%	14.9
南九州	6.7	58.2%	4.8	41.8%	11.6
沖縄	1.9	86.3%	0.3	13.7%	2.2
全国	212.8	74.7%	72.0	25.3%	284.8

(注) 1. 国土交通省水資源部調べによる推計値
　　 2. 百分率表示は地域ごとの合計に対する割合
(出所) 国土交通省土地・水資源局水資源部編 [2008] p.127より抜粋。

する必要がないことから，河川水への依存度が高くなっているものと思われる。

いずれにしても，今後，一定量以上の大量の水資源の開発が必要な場合には，河川水を中心に行われることが予想される。

河川水を利用する場合，その利用者すなわち利水者は，河川管理者（国）より**水利権**を取得しなければならない。「ダム放流などの人工を加えられていない河川流水は公物あるいは無主物であって，その公物あるいは無主物を占有的に利用する権利を水利権」(樺山・布施［1977］p. 28) という。利水者は水利権の取得に当たって，当該河川に既存の利水者がある場合，この既存の利水者の水利権を侵害しないようにするための手段を講じなければならない。既存の利水者の水利権の侵害に関わる問題は主として渇水時に生じるので，新たに水利権を得ようとする利水者は，通例，渇水時の水量確保の方策として，河川上流にダムを建設し，豊水時流出量の一部を貯水するのである。

生活用水の場合，その供給事業は，原則として市町村が行うことになっている[3]。そこで，生活用水の水需給が逼迫すると，市町村別に水資源の確保をしなければならない。自らの行政区域内の地下水，湧水等の利用量に限界がある市町村は，新たな供給水源として河川水に依存することが多い。現状では，大抵の場合，多くの河川には既存の利水者がおり，それぞれの利水者に水利権が付与されている。それゆえ，これから水利権の取得を試みる市町村の水道事業体は，取得を予定している河川にダムを建設し，渇水時の放水量を確保する必要がある。

特定の河川水系から取水している諸水道事業体が，この河川水系に順次ダムを建設して水利権を取得し，水供給をする場合，現行の水利用に関わる法律制度および会計制度のもとでは，費用負担の衡平化および実体資本の維持等の会計問題が発生する。

---

(3) 水道法第6条。

3 費用負担の衡平化

3.1 原水単価

原水単価(あるいは**原水コスト**)は,ダムを建設した時点で河川水を取水する場合の単位(1㎥)当たりのコストで,**開発コスト**ともいわれる。

$$原水単価 = \frac{生活用水事業費 \{(1+0.4 \times 利子率 \times 工期)(減価償却率) + 管理費率\}}{年間開発水量}$$

この式は,ダム建設のための資金助成および原水単価の抑制等を目的とする国庫補助金額を算定するために用いられる。分子から説明しよう。

生活用水事業費は,生活用水専用のダムの場合,当該ダム建設にかかわる総事業費がこれに相当する。しかし,近年建設される多くの大規模ダムは,発電,工業用水,農業用水,治水,生活用水等いくつかの用途を兼ね備えた**多目的ダム**である。この場合,当該ダムに参加している各事業に,ダム建設のための総事業費を一定の方式で配分し,それぞれの事業の費用負担額が決定される。多目的ダムに水道(生活用水)事業体が参加した場合,この配分にもとづいて割り当てられた費用負担額が生活用水事業費である。

生活用水事業費のつぎの小括弧内項目は,ダム建設のための借入金の利子を事業費に加算するためのものである。ダム建設に当たり,実際には,事業費は建設期間全般にわたって断続的に支払われるが,原水単価の算定に当たっては,全建設期間の60%の時点で全額支払われたものとし,工期に0.4という係数が乗じられる。減価償却率は耐用年数の逆数で示される。建設期間中の借入金の支払利息を加算した事業費合計に減価償却費率を乗ずることにより減価償却費が算出される。

完成した後のダムの管理維持費として事業費に対して一定率(管理費率)が見込まれる。

以上の分子の諸項目の合計すなわち年間の経費額を,分母の年間開発数量で除すと,原水単価が得られる。年間開発数量は建造されたダムにおける生活用

水のための貯水容量ではない。複雑な概念なので，項を改めて説明する。

3.2 年間開発水量

年間開発水量は，ダムを建設し，貯水することにより，年間を通じて新たに安定的に取水することが可能になった全水量を意味する。

図10-4は，国土交通省が刊行している『日本の水資源』（通称，水資源白書）において，紹介されている河川水の開発概念図である。この図において，①に相当する水量は，既に水利権を持つ利水者（甲）の水利用，ならびに水質，生態系の保全等からなる河川流水の正常な機能を維持するための流量である。

同一河川において，②に相当する水量を取水し利用することを希望する新規の利水者（乙）が現れたとしよう。乙は甲の水利権①を侵害しないように取水しなければならない。そのためには，河川上流にダムを建設し，河川水の豊富な時期すなわち豊水期に流出されていた流量の一部（図中ⓐ部分）を貯水し，渇水期にこれを放流（図中Ⓐ部分）することにより，年間を通じて②に相当する流

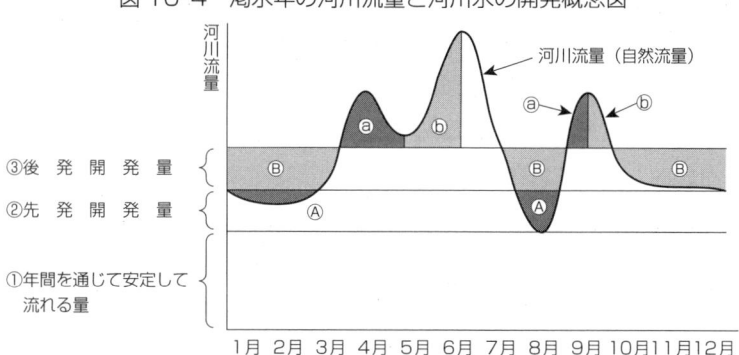

図10-4　渇水年の河川流量と河川水の開発概念図

ダムによる補給量　Ⓐ：流量②を開発するために必要なダム補給量
　　　　　　　　　Ⓑ：流量③を開発するために必要なダム補給量
　　　　　　　　　ⓐ：②を開発するときで，ダムに貯留できる量のうち実際Ⓐを補給するために使われる量
　　　　　　　　　ⓑ：③を開発するときで，ダムに貯留できる量のうち実際Ⓑを補給するために使われる量

（出所）国土交通省土地・水資源局水資源部編［2008］p.247より抜粋。

量を取水できるようにし，河川管理者より②に相当する水利権を取得する。この水利権相当の年間取水量が年間開発水量である。

ところで，同一河川に第三の利水者（丙）が現れたとしよう。丙は，先発の利水者である甲および乙の水利権を侵害しないようにするために，図10-4中のⓑに相当する豊水時流出量を，ダムを建設して貯水し，渇水期にⒷに相当する水量を放水するという方策を講じた上で，③に相当する流量を取水し利用する水利権を，河川管理者から取得することが可能となる。

3.3 原水単価上昇の原因

図10-4から明らかなように，丙は乙と等量の水利権を取得するためには，乙より貯水容量の大きなダムを建設しなければならない。このことは，一般に，丙によるダム建設のための事業費が乙のそれより嵩むことを意味する。前記の式により原水単価を計算すると，乙および丙にとっての事業費以外の数値が同値であれば，後発の利水者である丙の原水単価は，先発の利水者である乙のそれに比べて，事業費の上昇分に見合って高くなる。

かくして，概括的にいうならば，同一河川水系内に順次ダムを建設していくと，収穫逓減の法則が働き，後発のダムに依拠して取水する利水者ほど，その原水単価は上昇していくことになる。

さらに，後発のダムほど，ダム建設のための適地が少なくなり，同じ堤体積のダムを建設しても貯水容量が先発ダムほど大きくない（このことは，先発ダムと同じ事業費を要しても開発数量は少ないことを意味している）とか，後発ダムを地質や地盤が悪いところに建設するとすればさらに事業費が嵩むなどの理由により，後発ダムに依拠する利水者の原水単価は上昇する傾向にある。

また，近年，ダムが建設される水源地域への対策も手厚くなっており，このことも事業費を膨らませ，原水単価を押し上げる一因になっている（樺山・布施［1977］pp.48-57）。

後発ダムより取水する水道事業体にとって，原水単価上昇の影響は多様である。たとえば，既に原水単価の低い河川水を多量に取水している水道事業体

が，新たに原水単価の高い河川水を少量取得する場合，当該事業体にとっての平均原水単価は加重平均で算出されるので，原水単価上昇の影響は微少であろう。他方，後発ダムより取水した原水単価の高い河川水が当該水道事業体における平均原水単価を大幅に引き上げるような場合には，このような水道事業体にとって，原水単価の上昇は，諸費用削減による合理化の程度，水道料金の値上げ幅あるいは財政よりの補助金の多寡などに影響するであろう。

　個別の水道事業会計の視点からは，原水単価の上昇にかかわる会計的問題は，上述されたいずれかの対応策が採られれば一応解決ということになる。しかし，同一河川水系内において，ダムに依拠して取水している水道事業体が複数あるとき，水道事業体間における原水単価の格差をどうすべきか，という問題は残る。

3.4　費用負担の衡平化の問題

　表10-3は，前記の式にもとづいて計算した利根川・荒川水系のダム別原水単価の一覧表である。1960年代に完成した矢木沢ダムおよび下久保ダムの原水単価は名目値で約2.5円/㎥であるが，奈良俣ダム以降のダムは50円/㎥を超過している。30年間のインフレーションを調整した後の数値でも，後発ダムの原水単価は先発ダムのそれよりかなり高くなっている。

　ダム別の**原水単価の格差**が一水道事業体内で生じる場合，つまり一水道事業が複数のダムに依拠して取水している場合には，当該水道事業体内でこの格差

表10-3　利根川・荒川水系のダムの原水単価

ダム名	河川名	工事期間	総工事年数	完成時	1985年価格
矢木沢	利根川	1959〜1967	9	2.51	9.77
下久保	〃	1959〜1968	10	2.42	9.03
草木	〃	1965〜1977	13	11.27	26.39
川治	〃	1968〜1981	14	13.37	18.73
奈良俣	〃	1973〜1998	26	51.03	50.08
滝沢	荒川	1969〜2000	32	66.89	65.64
浦山	〃	1972〜2003	32	105.41	91.98

（工期（年）：工事期間・総工事年数、原水単価（円）：完成時・1985年価格）

（出所）河野［1998］p.344より抜粋。

は平均化されるので、原水単価の格差問題は起こらない。しかし、同一河川水系内に複数のダムと、これらのダムに依拠して取水している複数の水道事業体がある場合は、ダムと水道事業体の組み合わせのいかんによっては、水道事業体間でかなりの原水単価の格差が生じる恐れがある。

原水単価の低いダムより取水している水道事業体は、他に先駆けてダムを建設したのであるから、この先行投資を尊重して、原水単価の格差は止むを得ないとする考え方がある。他方、供給先つまり水道事業体の選択ができない最終利水者の各家庭の視点からは、原水単価の格差に起因する、同一河川水系内での水道料金の格差は望ましくないとする考え方がある。後者の考え方を採用すると、同一河川水系内で、ダムに依拠して取水する水道事業体間での原水単価の格差是正、換言するとダムからの取水に関する費用負担の衡平化が問題となる。

4 実体資本の維持

4.1 国土交通省の直轄ダムの場合

大規模ダムは、国土交通省（旧建設省）の直轄事業によるものと独立行政法人水資源機構（旧水資源開発公団）によるものとがある。前者によるダムの場合、ダムの建設資金は、水道事業体の借入金と原水単価の多寡を基準として交付される国庫補助金からなる。水道事業体はこれらの資金を提供してダム使用権という無形固定資産を取得する。そしてこの無形固定資産を一定年限にわたって償却する。償却費は給水原価に算入され、水道料金を通じて回収される。回収された資金は借入金の返済等に充当される。他方、水道事業体から管理費を徴収して実質的にダムを管理している国（国土交通省）は、ダムを有形固定資産として計上し、これを維持していくという会計処理はしていない。国は、ダムを河川現況台帳に記録し、以後それを"もの"として管理する。かくして、直轄事業のダムに関する現行の会計処理には、ダム本体の機能を実質的に将来にわたって維持するという発想はない。

4.2 水資源機構ダムの場合

　水資源機構ダムの場合，ダムの建設資金は水資源機構（以下，機構）が調達する。ダムが完成すると，機構は，調達した資金を当該ダムから取水する水道事業体から回収する。すなわち水道事業体により割賦金の形で機構への支払がなされ，機構は受取った割賦金をその借入金の返済にあてる。機構ダムに関わる機構サイドの一連の取引を仕訳で示すと次のようになる。

①ダム建設期間

　　（借）現　　　　　金　×××　　（貸）借　入　金　×××
　　（借）事業資産仮勘定　×××　　（貸）現　　　　金　×××

②ダム完成時

　　（借）事　業　資　産　×××　　（貸）事業資産仮勘定　×××
　　（借）受益者割賦元金　×××　　（貸）事業資産受益者勘定　×××

③決算時（事業資産の償却）

　　（借）事業資産受益者勘定　×××　　（貸）事　業　資　産　×××

④水道事業体（受益者）よりの割賦金受入時と借入金の返済時

　　（借）現　　　　　金　×××　　（貸）受益者割賦元金　×××
　　（借）借　入　金　×××　　（貸）現　　　　金　×××

　この会計処理では，決算時に，事業資産としてのダム施設の帳簿価格の切り下げが行われるだけで，減価償却は実施されないので，これに見合う資金は機構には留保はされない。

　他方，水道事業体ではつぎの2種の会計処理が行われている。その1つは，機構への割賦金支払を費用と見て，営業費用として処理するケースである。他の1つは，ダムに関わる無形固定資産を計上し，この資産を順次償却するケースである。

（ⅰ）営業費用として処理するケース

　機構への割賦金の支払時に，割賦金に関わる支払利息とともに割賦金をダム施設・設備分担金という項目で費用として処理する[4]。

(借)支　払　利　息　×××　　（貸）現　　　　金　×××
(借)ダム施設・設備分担金　×××

(ⅱ) 無形固定資産を償却するケース

　ダム完成時に，水道事業体が実質的に負担する額を，水資源開発資金あるいは借入資本金等の貸方項目で処理する一方，借方項目として直轄事業におけるダム使用権に相当する水利施設利用権あるいは水利権等の無形固定資産を計上し，これを順次償却する[5]。

①ダム完成時
　　（借）水利施設利用権　　×××　　（貸）水資源開発資金　×××
②決算時
　　（借）水利施設利用権償却　×××　　（貸）水利施設利用権　×××
③割賦金支払時
　　（借）支　払　利　息　　×××　　（貸）現　　　　金　　×××
　　（借）水資源開発資金　　×××

　これらの一連の仕訳から判断されるように，ダムの維持・更新は機構および水道事業体のいずれの会計においても考慮されていない。かくして，現行の会計制度の下では，ダムという巨大な貯水施設の恒久的維持について責任を持つ会計実体はないのである。ダムの更新時に，再建設に必要な資金を借入金あるいは税金（国庫補助金）という形で再び調達して，ダムの更新が図られねばならない。水需給システムの根幹をなすダムという重要な貯水施設の維持・更新の視点から，現行会計制度の是非について検討する必要がある。

（4）　この処理方法は東京都水道局で実施されている。費用として処理されたダム施設・設備分担金は，損益計算書の営業費用中の原水費に含められる。営業費用中には原水費の他，浄水費，配水費および給水費などの水関連の費目が見られる。

（5）　この会計処理方法は，通常名古屋水道局方式といわれている。②の割賦金支払時の借方項目の「水資源開発資金」は，水道事業決算報告書では資本的支出に計上される。

5 水系単位での原水単位の衡平化と実体資本維持の方法

　水資源開発に関わる会計問題として，同一河川水系内での水道事業体間での原水単価の格差およびダムという貯水施設の維持・更新制度の欠如を指摘した。いずれも，個別水道事業体の会計の視点からは出てこない問題である。同一河川水系という広い地域を1つの会計単位と考えるときに初めて認識しうる問題といえる。

　原水単価の格差を止むを得ないという考え方に組みしないとすると，この格差是正のための方策が考えられねばならない。

　現行の諸制度にあまり手を加えない方策として**協力金方式**が考えられる。この方式は，新規建設のダムに複数の水道事業体が参加する場合，これらの水道事業体間の原水単価の格差を考慮して，相対的に低い原水単価を享受している水道事業体に，高い原水単価を負担している水道事業体の事業費の一部を，協力金という名目で肩代わりさせるものである。この方式を採用すると，同一河川水系内に新規ダムが順次建設されるにしたがって，水道事業体間の原水単価の格差は次第に縮小していくことになる。

　しかしながら，昨今では，水需要の伸びが鈍化し，水供給に余裕が生じている。このため，新規の水資源開発のためのダム建設の見直しが行われている現状では，ダムの新規建設を前提とする協力金方式による原水単価の衡平化は期待できない状況にある。

　現行の諸制度を相当程度改変することを前提とする方策としては，同一河川水系あるいは複数の河川水系を給水区域とするような**広域水道事業体**の創設（吉江［1978］pp. 2-16）や，このような広域内にある諸水道事業体に，料金を取って原水のみを供給する**原水供給事業体**の創設（三島［1965］pp. 1-33）等が考えられる。この種の広域的事業体が創設されれば，事業体内でダム別の原水単価の差異は平均化されるので，原水単価の格差は是正される。また，この種の新組織に，ダムの維持・更新の役割を担わせれば，ダムという貯水施設の維持・

更新にかかわる会計問題すなわち実体資本維持の問題も解消する。

現行の諸制度にほとんど手を加えることなく，原水単価の格差是正と実体資本維持の2つの問題に対処する方式がある。**賦課金方式**ないし**基金方式**である。

賦課金方式の下では，同一河川水系内の各水道事業体の水道料金に，その原水単価の多寡を考慮した賦課金を加算して，受益者から徴収する。徴収された賦課金は，水道事業体とは別組織を創設し，この組織が基金として管理し，運用する。かくして，一方で，水道事業体間での原水単価の衡平を図るとともに，他方で，基金を，ダムや用水路等からなる水資源施設の改築，浚渫等の水供給システム全体の保全にとって有益な目的にのみ支出することをもって，基金に実体資本維持機能をもたせるのである（原田［1983］pp. 32-46）。

広域水道事業体，原水供給事業体あるいは賦課金方式のいずれかの方式が採用されれば，ダムという貯水施設の維持・更新について責任をもつ組織が明確になる。しかし，会計上，ダムがもつ給水能力の維持すなわち実体資本維持の視点から，いかなる評価基準を採用するかが問題となる。

ダムは他の水道関係施設と比較すると耐用年数が長いので，取り換え時の金額は，この間にインフレーションが進行すると，取得時の数倍に達することも予想される。それゆえ，取得原価をベースにした名目資本の維持を図る会計処理は，公共サービスを公平な料金で恒常的に提供する視点からは，望ましくないと考える。すなわち，名目資本維持を前提とした会計処理が行われると，ダムの更新前と更新後とでは，原水単価に極端な差異が生じる可能性がある。この場合，同一水道事業体内における受益者すなわち末端利水者の世代間で，費用負担の不公平が生じる恐れが予見される。

同時代の水道事業体間の原水単価の格差を**横断的格差**と呼ぶならば，世代間のそれは**垂直的格差**ということができる。垂直的格差を望ましくなく，かつダ

（6） 賦課金方式の提案者である原田は，修正原価に基づく賦課金を算定している。（原田［1983］）
（7） たとえば，土木工事費デフレーターの中に河川総合開発に関する指数がある。

ムの給水能力を永続的に維持するという意味で実体資本維持を図るための方策としては，広域水道事業体や原水供給事業体の料金決定あるいは賦課金方式における賦課金決定において，考慮対象のダムを再調達原価（再建設原価）あるいは修正原価で評価することが考えられる。理論的には，ダムについては，技術の発展があまり大きくないと考えられることから，既存のダムと同程度のものと取り替えられるとみて，再調達原価による評価が妥当と考える[6]。しかしながら料金あるいは賦課金の決定の都度，再調達原価を計算しなおすことは実務上大変であろうから，ダムの再調達原価を適切に表示するような個別価格指数を用いて取得原価を修正することが現実的と思われる[7]。

（河野　正男）

COLUMN 9

仮　想　水

　日本は，必要とされる食糧の60％を輸入に依存している。このことは，輸入食糧の量に見合う土地を日本が海外に「保有」しているということを意味する。これらの「保有」土地で生産された農産物に含有されている水を2000年について合計すると，約400億m³に達するとの試算がある。この水量は，国内で農業用水として使用される2000年の水量（約570億m³，図10-3参照）の70％に相当する膨大な量である。輸入農産物に含まれている水は仮想水（virtual water）あるいは間接水と呼ばれている。精製後の重量比でみると，米は3,600倍，小麦は2,000倍，大豆は2,500倍，そしてトウモロコシは1,900倍の水が必要とされる。具体的に言うと，白米1kgにつき3.6m³の水が使用されるということになる。各種の農産物につきこのような推計を行い合計すると約400億m³になるというわけである。

　仮想水は農産物ばかりでなく畜産物や工業製品にも含まれている。たとえば，牛肉100gにつき2m³の水が，紙パルプ製造業についてはその出荷額1億円につき約45,000m³の水がそれぞれ必要とされる。かくして畜産物および工業製品に関する仮想水は，2000年では，それぞれ200億m³および14億m³とされる。したがって，日本の仮想水全体の輸入量は614億m³になる。2000年の日本の水需要が870億m³程度あるから，その約70％にあたる。

　日本では渇水年以外は水需給にあまり関心がないが，仮想水を含めた水需要は約1,500億m³に及び，渇水年賦存量（2,825億m³）の50％強に当たる。渇水年の賦存量のうち実際に利用可能なのは6割程度であるから，日本の水使用の全量

を自国の水源で賄うとするとかなり危うい状況にあるといえよう。世界的に水不足が懸念されている折，水資源の使用に当たっては，仮想水についても考慮に入れる必要がある。

　　嘉田由紀子編［2003］『水をめぐる人と自然～日本と世界の現場から～』有斐閣，pp. 199-230.

　　http://hydro.iis.u-tokyo.ac.jp/Info/press200207/，アクセス日：2009年7月7日。

（河野　正男）

演習問題

1　水資源の賦存量について説明しなさい。
2　水利権について説明しなさい。
3　原水単価（原水コスト）について説明しなさい。
4　ダム建設に関わる開発水量とは何か，説明しなさい。
5　基金方式と協力金方式の異同について説明しなさい。
6　実体資本維持の考え方について説明しなさい。

第11章

森林資源と会計

1 林業の衰退と森林の荒廃

　日本は2005年時点で2,487万haの森林面積を有し，国土面積に対する森林面積（森林率）でみると約68%になり，世界でも屈指の森林大国である。日本は森林面積こそ減少していないものの，長期的な木材価格の低迷，機械化や経営の集約化が進まない[1]ことによる高コスト構造のために林業が衰退し，主伐ができるまで成長しても伐採および更新が行われないばかりか，間伐や枝打すら行われずに荒廃した森林が増加している。

　林業の衰退は，森林管理を担う中山間地域における人口流失と高齢化を招き，それらが森林の荒廃に拍車をかけるという悪循環に陥っている。森林には，温暖化の抑制，土砂災害や洪水・渇水の防止，生物多様性の保全など，数多くの多面的な**公益的機能**が存在する。林業の衰退がもたらす森林の荒廃は，経済的・社会的影響にとどまらず，地球環境全般に深刻な影響を及ぼしている。

　日本の林業が競争力を高めるためには，経営を集約化し規模をまとめ，路網を構築し機械化を進める必要がある。また，規模をまとめることで，事業量を確保でき製材・製紙会社と価格交渉ができるようになる。森林所有者に働きか

（1） 2005年農林業センサスによると，日本の森林所有者は，20ha未満の森林面積しか所有しない小規模な経営体が約83%であり，組織形態は個人事業主が約89%である。

けて規模をとりまとめるために，たとえば，京都府・日吉町森林組合は，森林施業プラン・完了報告書として，所有者別の林分を調査し詳細な見積りを提示し，作業と経費の透明性を高めている。

　森林・林業の再生は急務といえるが，そのためには，数十年にわたって造林・育林にかかる作業と経費を集計して立木資産の原価を計算し，伐採時に費用化する森林・林業の原価計算が不可欠である。本章は，**国有林野事業特別会計**における立木資産の計理を取り上げる。

2　持続可能な森林管理と法正林の概念

　持続可能な森林管理（sustainable forest management）は，1992年の地球サミットで打ち出された持続可能な開発の一環をなす考え方であり，地球環境の主要な構成要素である森林を将来にわたって適切に保全しつつ利用していこうという森林の取り扱いに関する理念である。モントリオール・プロセスや森林管理協議会（FSC; Forest Stewardship Council）は，基準・指標として持続可能な森林管理が備えるべき要件を整理している[2]。共通するのは，①森林が立木の単なる集合体ではなく生態系であり，1つの森林生態系として適切に維持しなければならないこと，②森林生態系の健全性や活力の維持を前提として，人類の多様なニーズに永続的に対応しなければならないことである。人類が森林に寄せるニーズは，森林の多面的な機能として，公益的機能と，木材生産を始めとする**物質生産機能**とに分類・整理できる。

　他方，日本の森林管理では，森林計画の作成について，明治期にドイツから**森林経理学**を導入して以降，その理念を，**国有林野事業**は基本的に変更のない

（2）　たとえば，日本が加盟するモントリオール・プロセスは，7の基準および67の指標から持続可能な森林管理が備えるべき要件を整理している。基準1：生物多様性の保全（9指標），基準2：森林生態系の生産力の維持（5指標），基準3：森林生態系の健全性と活力の維持（3指標），基準4：土壌および水資源の保全（8指標），基準5：地球的炭素循環への寄与（3指標），基準6：社会の要請への対応（19指標），基準7：法的・制度的・経済的枠組み（20指標）。

まま用いている。森林経理学は，森林管理の目的をいくつかの指導原則として体系化するが[3]，それらの指導原則のうち，森林管理に独自なものとして，中心となるのが**保続性原則**（nachhaltigkeit）である。保続性原則は，将来にわたって木材生産が毎年均等に継続できるような森林管理（木材収穫均等の保続）を求める。毎年成長量だけ立木蓄積を伐採し，成長量を維持できるだけの造林を行うことで，森林ストックとして生産資本たる立木蓄積が一定に維持できる。また，主として保続性原則に関係し，森林経理学において基本理念となっているのが**法正林**（normalwald）の概念である。法正林は，木材収穫均等の保続が実現する条件を完全に備えた森林のことで，このような森林における立木蓄積が法正蓄積である。

　保続性原則は，木材生産を重視してはいるものの，持続可能な森林管理における要件と同じと考える論者もいる[4]。保続性原則における森林ストックの維持は，生産資本としての立木蓄積を維持しようというものだが，もう少し広い意味なら，森林ストックとして健全な森林生態系を維持することと理解できる。また，林野庁には，森林の公益的機能の経済評価にみるように，森林の多面的な機能は旺盛な樹木の成長に帰着する，という考え方が存在する[5]。このような考え方と保続性原則を組み合わせて考えると，伐採と造林の均衡を通じて，構成単位である立木は年々更新されるが，全体としては健全な森林生態系が維持できることになる。

（3）　たとえば，南雲・岡［2002］は森林経理学の指導原則を，公共性原則・経済性原則・生産性原則・収益性原則・保続性原則・合自然性原則・国土保全原則という7つにまとめている。南雲・岡［2002］pp. 6-10。
（4）　南雲・岡［2002］p. 8。
（5）　林野庁［1972］pp. 21-68, pp. 92-100, 三菱総合研究所［2001］pp. 24-56。

3 国有林野事業における立木資産の計理

3.1 蓄積経理方式

　国有林野事業特別会計が経営管理する国有林の面積は国土面積の約2割，森林面積の約3割に当たる759万haになり，日本最大の林業家である。日本の国有林は，明治維新直後の官民有区分に始まるが，国家財政への寄与，皇室財産の形成，拓殖事業の推進という目的にしたがって，農林省山林局所管，宮内省帝室林野局所管（御料林），内務省北海道庁所管に分かれて，おおむね一般会計で管理がなされてきた。これらの国有林は，1947年の林政統一により，国有林野事業特別会計法にもとづき企業的に経営管理することになった。

　国有林野事業特別会計法の趣旨規定は，「国有林野事業を……企業的に運営し，その健全な発達に資するため，特別会計を設置し，一般会計と区分して経理する」と，独立採算制を定めている。だが，長期的な木材価格の低迷，機械化の遅れや林業従事者の高齢化などによる高コスト構造のために，1970年代から，国有林野事業特別会計の財務状況は急速に悪化した。1998年に国有林野事業改革関連2法が制定されて[6]，国有林野事業は抜本的改革を図っている。抜本的改革にともない，国有林野事業特別会計法の趣旨規定には，「国有林野の有する公益的機能の維持増進を基本としつつ」という文言が追加された。これによって，独立採算制を廃止し，公益的機能の発揮のために必要な一般会計からの繰り入れを前提とした会計制度になったと解釈されている[7]。

　国有林野事業特別会計は，国有林野事業特別会計法の趣旨規定を根拠として損益計算を行っており，損益計算では，複式簿記を用いた発生主義会計を採用している。「国有林野事業特別会計経理規程」は，民間企業における一般に公

---

(6) 国有林野事業改革関連2法とは，「国有林野事業の改革のための特別措置法」と「国有林野事業の改革のための関係法律の整備に関する法律」のこと。
(7) 林野庁 監修［1999］pp. 30–31。

正妥当と認められた会計処理（企業会計原則）におおむね準拠している。国有林野事業特別会計は，毎年度，損益計算書・貸借対照表・財産目録からなる財務諸表を作成し国会へ提出することが義務づけられている。

国有林野事業特別会計は，貸借対照表の資産勘定において，林地を「土地勘定」，立木を「立木竹勘定」に，ともに固定資産・非償却資産として取得原価で集計している。1947年の国有林野事業特別会計の発足時に，林地や立木の取得原価となったのは，農林省山林局所管・内務省北海道庁所管であった資産は，（旧）国有財産法の評価方法により算出した価額である。宮内省帝室林野局所管であった資産は，財産税として財産税等収入金特別会計に所属していたものは財産税法による評価方法を基準として評価した価額であるし，憲法第88条によって国に引き継がれた資産はもとのままの価額である[8]。

さて，国有林野事業特別会計は，その発足から1972年度まで，立木資産の計理において**蓄積経理方式**を採用していた。蓄積経理方式は，法正林の思想と，一定に維持される立木蓄積に会計上の恒常在高の概念を導入し，立木資産の計理を恒常在高法によって行おうとする。国有林野事業特別会計の発足時，戦争需要と復興需要を満たすための乱伐で森林は荒廃しており，法正林・法正蓄積の条件を満たしていなかったが，森林計画の作成は保続性原則にもとづき法正林・法正蓄積を目標として，荒廃した森林の早急な回復を主眼としていた。

蓄積経理方式における立木資産の収益認識は，販売という外部との取引が発生したとき認識するという実現主義である。林産物収入は損益計算書において立木等売上高として計上している。他方，立木等売上高に対応する費用は当期の造林費であり，経営費に計上している。蓄積経理方式の損益計算式は，つぎのようになる。

損益＝当期立木等売上高
　　－｜当期造林費±伐採超過（不足）±造林不足（超過）＋販売費・一般管理費等｜

---

(8) 篠田［1953］p. 82。

保続性原則にもとづく地域施業計画[9]に定めた標準伐採量のとおりに伐採し，これに見合う標準造林量だけ造林を行えば，伐採と造林の均衡を通じて，全体としては健全な森林生態系が維持できると考えられる。これらの標準量を，期間計算のために，計画期間（10年）で除したものが，標準年伐採量・標準年造林量である。標準年伐採量を伐採し，販売した売上高に見合う原価は，標準年造林量を造林するのに要した当期の造林費ということになる。現実には伐採過不足・造林過不足が生じてくるので，これらは原価の増・原価の控除として計理する。

増伐・造林過不足は，蓄積経理方式の導入当初，減価償却引当金勘定を用いる引当金方式であったが，1956年度から，伐採過不足・造林過不足は，表11-1にまとめたように調整勘定を用いて処理するようになった。たとえば，1972年度の損益計算書には，借方項目として，造林不足勘定と伐採超過勘定が存在する。貸借対照表には，貸方の調整勘定として，伐採調整勘定と造林調整勘定が存在する。新たな地域施業計画をたてたとき，前計画時との在高の差である調整勘定は蓄積検訂差額（資本剰余金）として整理する。

高度経済成長期における木材需要の急増と木材価格の急騰を受けて，国有林野事業は造伐政策に舵を切り，1957年に「国有林生産力増強計画」，1961年に「国有林木材増産計画」をたてた。これらの計画は拡大造林によって，生産性

表11-1 蓄積経理方式における調整勘定

区　　分	損益計算書	貸借対照表
標準年伐採量に対して伐採が超過したとき	伐採超過勘定（借方）	伐採調整勘定（貸方）
標準年伐採量に対して伐採が不足したとき	伐採不足勘定（貸方）	伐採調整勘定（借方）
標準年造林量に対して造林が超過したとき	造林超過勘定（貸方）	造林調整勘定（借方）
標準年造林量に対して造林が不足したとき	造林不足勘定（借方）	造林調整勘定（貸方）

（9） 国有林野事業特別会計は，1969年に国有林野経営規程を改正して森林計画の体系を整備し，地域施業計画をたてるようになった。1998年からの国有林野事業の抜本的改革にともない，森林の公益的機能を重視するようになり，国有林野管理経営規程にしたがい，森林生態系にもとづく流域別の地域管理経営計画をたてるようになった。

の高い森林に改良しようとするもので,標準伐採量は見込み成長量を加えて算定するようになった。拡大造林は,成長の遅い広葉樹林が中心の天然林を伐採し,その跡地や原野を旺盛な成長が期待される人工林に転換することである。見込み成長量は,拡大造林によって,将来生じるであろう期待成長量であり,この改良による将来の可能性を担保として,実際の成長量をはるかに上回る標準伐採量が算定された。しかしながら,森林生態系を無視した拡大造林は失敗したところもあり,立木蓄積の食いつぶしによって,保続性原則による立木蓄積の維持は失われ,増伐政策のもと,蓄積経理方式の論拠は崩れた。

3.2 取得原価方式

国有林野事業特別会計は,1965年の中央森林審議会の答申[10]と1972年の林政審議会の答申[11]を踏まえ,1973年度から,企業的経営への諸制度改善の一環として,2つの理由から立木資産の計理を**取得原価方式**に改めた[12]。すなわち,① 普遍性のある計理方法にするため,いい換えると,管理会計の手法を導入し民間企業と同じように企業会計原則に準拠した立木資産の計理を行うため,② 造林支出を実態に即して資本的支出とすることで,森林の造成プロセスとして,長期借入金の担保財産を明確に把握できるような計理方式とするため[13]である。

取得原価方式の損益計算式は,つぎのようになる。

損益＝当期立木等売上高－|当該立木の取得原価（売上原価）＋販売費・一般管理費等|

---

(10) 中央森林審議会「国有林野事業の役割りと経営のあり方に関する答申」（1965年3月）。
(11) 林政審議会「今後の社会情勢に対応するための国有林野事業の全般にわたる改善のあり方」（1972年12月）。
(12) 林野庁経理課決算班［1973a］p. 7。
(13) 造林や林道整備のために,長期借入金として財政投融資の資金を導入するに当たり,その担保財産として資産計上ができるように,大蔵省が取得原価方式の採用を要求していた。

取得原価方式の損益計算式を蓄積経理方式のそれと比べてみるとわかるように，立木資産の収益認識は蓄積経理方式と同じだが，立木等売上高に対応する費用は，売り払った立木の取得原価である。当期の造林費は**造林原価**として資産化され，これが生育し伐採されたときに，台帳価額にもとづいて伐採分の**立木原価**が費用化される。取得原価方式は立木資産の計理で棚卸計算を行い，造林が資産の増加，伐採が資産の減少となる。また，取得原価方式の導入にともなって，造林事業は原価計算を行うことになった。

造林事業の原価計算や立木原価の費用計算のために，貸借対照表における立木竹勘定は，内部において，**造林仮勘定**と**材積勘定**とに区分される。造林仮勘定は林齢31年生未満の人工林を記録する勘定であり，材積勘定は，林齢31年生以降の人工林を記録する人工林勘定と，天然林をまとめて記録する天然林勘定からなる。人工林を林齢31年生で区分するのは[14]，積極的投資段階にあるもの（造林仮勘定）と，ほぼ投資が完了し保護管理が主体となるもの（人工林勘定）を分けて，投資中の立木については更新年度別に計理し育成過程を明らかにするためである。投資中か投資完了しているかは，理論的には，成林の可能性が保証されるかどうかで決まるはずだが，個々の造林地ごとに，樹種や地理的条件などを考慮して判断するのはあまりに煩雑なため[15]，画一的な林齢で分けている。

造林仮勘定における造林事業の原価計算と，材積勘定における立木原価の費用計算は，森林管理署および支署（あわせて森林管理署と略す）の管轄区域ごとに行う。地理的条件をもとに区分した林班や，施業方法をもとに区分した小班ごとに造林原価・立木原価を集計した方が正確な計算ができるが，実践の可能性と簡便性の見地から，森林管理署の管轄区域ごとになっている[16]。

人工林は，普通林という1975年度以前に造林した林分と，特別林という1976

---

(14) 生育基準に達しない立木の林齢は，1973年は林齢21年生未満となっていたが，1983年には林齢26年生未満，1991年には林齢31年生未満と改められた。
(15) 林野庁経理課決算班［1973a］p. 8。
(16) 林野庁 監修［1990］p. 246。

年度以降に造林した林分についても区分する。普通林と特別林に区分するのは，1976年度から造林事業に財政投融資からの借入金を導入した[17]ことを踏まえ，造林事業に要した借入金に係る利子（**造林関連利子**）が，固定資産を自家建設した場合の借入金利子の原価算入を根拠として，1983年度の決算から造林原価に算入されるようになったからである。

天然林は，林齢31年生未満の造林原価と，立木の購入に要した経費を，天然林勘定にまとめて立木原価として集計する。これは，天然林施業がとても多様であるため，新しい施業の実態が充分に把握できないためである[18]。天然林においても，造林関連利子を1983年度の決算から原価算入するようになったが，人工林における普通林と特別林のような区分は存在しない。

ところで，1947年の林政統一によって特別会計が成立して以降，1954年度，1973年度，1976年度の各期首に固定資産の価額改定があった。1954年度の再評価は，市場逆算価による改定であった。1973年度は，実体資本の維持の要請に対処するため，原則として，個別物価指数を用いたインフレ修正であったが，人工林は，過去の造林費についての記録がなかったため，再調達原価を用いた価額となった。1976年度は，オイルショックに始まる異常な物価上昇に対応するための，個別物価指数を用いたインフレ修正であった。これらの価額改定による評価益は，貸借対照表の自己資本における再評価剰余金（資本剰余金）に集計している。

4 造林事業の原価計算と立木原価の費用計算

造林事業の原価計算は，費目別計算と林齢別（更新年度別）計算からなる総合原価計算であり[19]，図11-1の勘定連絡図のようにまとめることができる。造林仮勘定に集計する造林原価は，更新時から林齢31年生未満の立木の育成や

---

(17) 財政投融資からの借入金は，1983年度から造林関連利子にも導入することになった。
(18) 林野庁経理課決算班［1973a］p. 8。

第11章　森林資源と会計

図 11-1　造林事業における原価計算の勘定連絡図（2006年度）

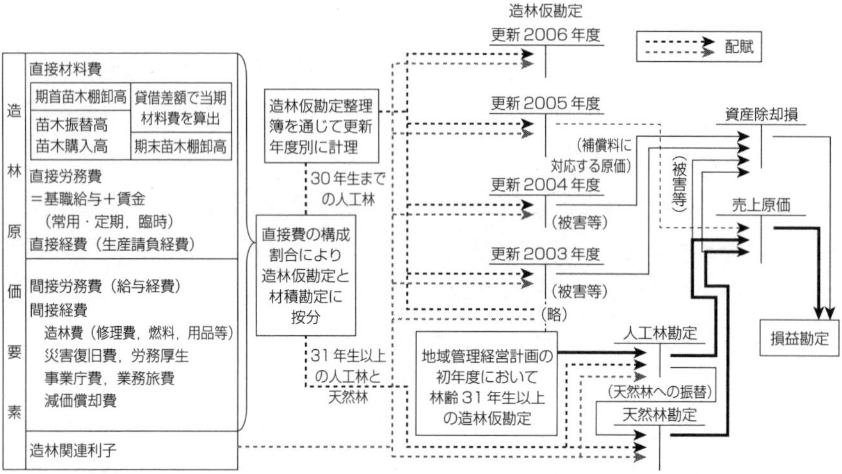

（出所）林野庁経理課決算班［1973c］p. 3，宮本［1994］pp. 114-119. などにもとづき筆者作成。

購入に要した経費であり，造林関連利子を含む。なお，本章で取り上げる造林事業の原価計算と立木原価の費用計算は，原則として，2006年度（2006年4月1日-2007年3月31日）のものである。

費目別計算は，造林事業[20]の実行総括表に計上してある経費の分類・計算をもとにしている。表11-2は，2006年度の実行総括表の様式である[21]。実行総括表は，類・種という作業別分類を行とし，材料費，労務費，経費という形態別分類を列とするマトリックス形式となっている。類は，更新（新植），補植，保育などであり，更新（新植）は地拵・植付，保育は下刈・つる切・除

---

[19]　かつては費目別計算，工程別計算，林齢別計算からなる総合原価計算であったが，1992年度からは，事務手続の簡素化のため，工程別計算は実施しなくなった。
[20]　造林事業は，1997年度から森林保全整備事業と森林環境整備事業に分かれた。2002年度からは，森林環境保全整備事業と森林居住環境整備事業に再編された。
[21]　造林事業の実行総括表は，2007年度からは直ようの記載がなくなり，請負とその他に区別している。

4 造林事業の原価計算と立木原価の費用計算

図11-2 造林事業の実行総括表の行列（2006年度）

森林環境保全整備事業実行総括表

類	種	直よう							請 負			計		備考
		事業量実行面積	延人員			経費			事業量実行面積	延人員	経費	事業量実行面積	経費	
			基職	常定臨	計	人件費	物役費	計						
更 新 (新 植)	地 拵													
	植 付													
更 新 (改 植)	地 拵													
	植 付													
更新(人工下種)	地 拵													
	まき付													
更新(天然下種I類)	地 拵													
	植 付													
補 植	植 付													
保 育	下 刈													
	つる刈													
	除 伐													
	保育間伐													
	誘導伐													
	受光伐													
	保護伐													
	枝 打													
	衛生伐(m³)													
	その他													
	小 計													
林地施肥	施 肥													
造林路	歩道整備													
	作業道整備													
	作業道整備(高規格)													
その他	林床保全													
	林床改善													
共 通	共 通													
合 計														

伐・保育間伐・枝打などというように，種に細分類される[22]。

　実行総括表における各行は，会計期間における当該作業の実行量（面積），延人員，所要経費を集計したものとなる。延人員は作業員数×日数として計算する。類・種に集計できる経費が直接費であり，民間事業体に請け負わせて行

う方法（請負）による直接経費の他に，直接労務費として，国有林野事業が労務，資材等を直接投じて行う方法（直よう）の作業にかかる人件費，直接材料費として物役費（苗木代）がある。

　間接費は，実行総括表の「共通」行に集計する修理費，燃料，用品などの他に，造林事業に関与する職員の給与経費，労務厚生費，減価償却費などである。給与経費や労務厚生費は，人員に応じて造林原価になるものが決算において配賦されてくる。造林路が当該年度の造林原価として資産化されるのに対して[23]，林道は固定資産の「工作物勘定」に集計して減価償却（残存価格ゼロ，基幹林道は15年・普通林道は使用予定年数にわたる定額法）の対象となり，その償却費が建物，車両，機械器具などの減価償却費とともに，決算で造林原価に算入される。

　直接費と間接費からなる造林原価はすべて集計した後，直接費の構成割合に応じて，造林仮勘定で造林原価となるものと，材積勘定に振り替えるものに案分する[24]。造林仮勘定で造林原価となるものは，費目別計算に続く林齢別計算で，更新年度別の造林仮勘定に配賦・集計する。林齢別計算は，単位面積当たりの標準造林原価の林齢別構成比に更新年度別の森林面積を乗じて算出した数値に応じて，更新年度別に実際造林原価を配賦する。森林管理局が新たに地域管理経営計画[25]をたてたときは，その期首に，更新年度別に集計している造林仮勘定のうち，31年生以上の立木にかかわる造林原価を人工林勘定に振り替える。造林仮勘定は，林齢による先入先出法を行っている。

　人工林勘定には，立木原価として，造林仮勘定から振り替えた造林原価と，

---

(22) 類・種についての説明は，林野弘済会［2007］pp. 7-12, pp 20-25.を参照のこと。
(23) 造林路の作設は地拵から保育までの作業と一体となる作業なので，1983年度から造林原価として資産化することになった。
(24) 保育間伐，誘導伐や受光伐などは，31年生以上の林分に対して行うが，木材価格が低迷している現在，収益間伐とならないので，人工林勘定の増額として原価算入する。
(25) 国有林の管理経営・森林整備に関する計画は，管理経営法にもとづく管理経営基本計画と地域管理経営計画，森林法にもとづく全国森林計画（民有林と国有林を包含）と国有林の地域別の森林計画，これらに即した国有林野施業実施計画から構成される。

林齢31年生以上の立木の購入に要した経費を集計する。人工林勘定の単位面積当たり立木原価に当該年度における皆伐面積を乗じたものを，当該年度における皆伐材積で除して単位立木原価を算出し，単位立木原価に当該年度の伐採材積を乗じて期中伐採分の立木原価を算出する。人工林勘定は，森林面積と材積をもとにした総平均法を行っている。材積だけでなく森林面積をもとに費用計算するのは，1973年度の取得原価方式の導入時に，再調達原価で人工林の評価替えを実施したためである[26]。

単位立木原価は毎年度算出するが，単位面積当たり立木原価は，向こう5ヵ年間について適用し，新たな地域管理経営計画をたてるまでは変更しない。皆伐を行わない場合は，森林管理署の管轄区域における標準的な人工林の伐期齢における単位面積当たりの材積によって単位立木原価を算出する。単位立木原価の算定は，普通林と特別林に分けて行う。

他方，天然林は，原価計算を行わない。天然林施業における造林原価・立木原価は天然林勘定で一括して整理する。天然林勘定の残高を立木蓄積で除して単位立木原価を算出し，単位立木原価に当該年度の伐採材積を乗じて期中伐採分の立木原価を算出する。単位立木原価は，向こう5ヵ年間について適用し，新たな地域管理経営計画をたてるまでは変更しない。天然林勘定は，材積をもとにした総平均法を行っている。

広範囲にわたる著しい天然被害と人為的被害については，被害の割合に応じて造林仮勘定，人工林勘定，天然林勘定から減価し，被害額が期間損益となる。経常的に発生し予想できるような天然被害は，工場生産における仕損費のように考える。

伐採しないで立木のまま販売すること（立木販売）もあるし，製品生産事業として国有林野事業が伐採・搬出すること（製品販売）もある。国有林野事業は，立木販売が中心であったが，2006年度には，製品販売する材積 2,669,845 ㎥が立木販売する材積 1,445,138 ㎥ を逆転した。これは，間伐の事業量が増加

---

[26] 林野庁経理課決算班［1973b］p. 9．

し，従来は切り捨て間伐としていたものが，合板用途として需要が強まり販売できるようになってきたからである。なお，製品生産といっても，ほとんどは林道端までもってきて積んでおくにすぎない。製品生産事業での期末仕掛品は，流動資産の仕掛品勘定に集計する。

5　林業の再生と会計の役割

　森林資源を対象とする会計は，かつては農学・林学系に属し，森林計画の基礎となる森林経理学の1分野として，国有林野事業特別会計における立木資産の計理を対象とする**林業会計**が存在した。林業会計の論者は，篠田［1961］と野村［1950］が代表的である。林業会計が存在したのは，皆伐を前提とする短期施業で40-50年，長伐期施業で80-100年というように，樹木の成長には時間がかかり，長期的な計画性が森林・林業の経営管理に要求されるからである。蓄積経理方式は，法正林の思想と恒常在高の概念を結びつけることで，森林経理学における保続性原則や法正林の概念を立木資産の計理に反映させるものであった。しかしながら，1973年の蓄積経理方式の廃止によって林業会計は実践の場を失い，全く顧みられることがなくなっている。

　蓄積経理方式は，恒常在高法を用いることで利益計算からインフレ利得をほぼ排除して，価格変動のリスクが回避できる。また，煩雑な原価計算・棚卸計算をしておらず，実務上の手間を考えると，とても簡単なやり方といえる。これらの点で，蓄積経理方式は評価できるし，保続性原則における森林ストックの維持を，健全な森林生態系を維持することと理解するならば，森林・林業における環境会計としても評価できる。

　取得原価方式の採用によって，国有林野事業は，造林事業の原価計算や立木原価の費用計算を行うようになり，造林・育林にかかる経費を原価として集計するとともに，森林面積や立木蓄積といった物量数値を用いるようになった。これらの物量数値は，たとえば，立木蓄積の増加は樹木の成長であり，二酸化炭素の吸収となり温暖化の抑制と直結する。また，伐採による立木蓄積の減少

は，サプライチェーン（SC; Supply Chain）を通じて，製材業者・製紙業者・バイオマス事業者のマテリアルフローと結びついている。

　木材価格の低迷，林業従事者の減少と高齢化で労働力の確保が難しい現在，民有林においては，林業の高コスト構造を，SCをキーワードに，製材業や製紙業など関連する産業や企業の協力関係，インフラストラクチャの共有化によって打破しようという試みが始まってきている。需要者の求める品質と価格の木材を供給することで，林況や地況を踏まえての省力化により経費の削減ができるとともに，流通在庫が排除できるので，その分だけ高い木材価格が実現できるわけである。そのためには，作業を管理し原価管理や見積価格の算出ができるとともに，長期計画の立案に役立つような原価計算が必要である。

　森林・林業において，持続的な資源利用・公益的機能の高度発揮が重視される現在，保続性原則や法正林の概念を反映できる林業会計を再評価するとともに，健全な森林生態系の維持というように保続性原則を理解し直す，そして，未利用の森林バイオマスの利活用を探ったり，公益的機能によるサービスの対価を認識・数量化できるような新たな環境会計を構築していくことは課題となる。また，森林所有者・森林組合が機械化や経営の集約化を進め競争力を高めたり，SCをキーワードに林業の高コスト構造の打破を図ったりできるように，国有林野事業特別会計にあるような造林事業の原価計算・立木原価の費用計算にもとづき，作業別に集計した経費を再検討することが課題になる。

（丸山　佳久）

COLUMN 10

J-VER制度における森林吸収クレジットの設定

　京都議定書にもとづき，日本は，二酸化炭素を中心とする温室効果ガスを，2008年から2012年までに，基準年である1990年比で6％削減すると約束しており，6％のうちの3.9％分（1,300万t-C/y）を森林による吸収量で確保するとしている。京都議定書は，森林による温室効果ガスの吸収量を算定するに当たって，新規植林，再植林，森林経営を認めている。新規植林は，過去50年間森林ではなかった土地に植林すること，再植林は，1989年12月31日時点で森林ではなか

った土地に植林することである。森林率が高く，すでに多くの森林が造成されている日本では，新規植林や再植林の対象地はごくわずかしか存在しない。したがって，森林経営に依存するところが大きく，枝打や間伐などの林齢に応じた適切な森林管理が重要となっている。

　日本は，森林管理を担う林業が崩壊したために森林は荒廃し，このままでは温室効果ガスの吸収量の算定に入れることのできる森林の割合が少なくなり，京都議定書の約束を達成できなくなるかもしれない。適切な森林管理を促進するため，2009年3月に，林野庁は，環境省と連動してオフセット・クレジット（J-VER; Japan Verified Emission Reduction）制度における森林吸収クレジットの認証基準を公表した。それによると，2008年4月1日以降，新たに植林した面積に対するクレジットの発行（植林プロジェクト）のほか，森林経営にかかわるクレジットの発行として，2007年4月1日以降に間伐を実施した面積を対象とする間伐促進型プロジェクト，1990年4月1日以降に間伐・主伐・植栽を実施した面積を対象とする持続可能な森林経営促進型プロジェクトがある。

　J-VER制度で発行された森林吸収クレジットは，排出量取引の国内統合市場の試行的実施で利用できないため，実際には，市場性が十分に確保できているとはいえない。これは，日本が森林による吸収量を削減目標の3.9%分に既に織り込んでいるためである。地球温暖化の抑制という森林の公益的機能によるサービスは，長らく受益者が森林管理にかかる費用を負担してこなかった。森林吸収クレジットの設定は，市場性に課題はあるものの，林業の再生に資すると期待できる。

（丸山　佳久）

演習問題

1　持続可能な森林管理の概念と，森林経理学における保続性原則の関係を説明しなさい。
2　蓄積経理方式の論拠を，保続性原則から説明しなさい。
3　蓄積経理方式は，林産物収入に対応する費用をどのように計算するか説明しなさい。
4　取得原価方式は，林産物収入に対応する費用をどのように計算するか説明しなさい。
5　原価管理の観点から，造林事業の原価計算の利用を検討し説明しなさい。

第12章

エネルギー資源と会計

　熱，動力，照明および通信等の形でのエネルギー需要を満たすために，石油，石炭，天然ガス，水力・地熱および新エネルギー等[1]のエネルギー資源が供給され，消費される。エネルギーの需要面においては，これまで，経済成長に伴って増大するエネルギー需要を，各種のエネルギー資源の中から，種々の制約条件を考慮して，いかなる数量的組み合わせで満たしていくかが重要な問題であった。今後も環境保全のような新たな制約要因を加味して，需要を満たす数量的組み合わせの問題の重要性は従来に勝るとも劣らない。

　国民経済レベルでのエネルギー資源選択問題について，会計的視点から考察するために，1次エネルギーの40％強を使用し，かつ会計データを含む各種のデータが利用可能な電力事業を中心に分析を試みる。

1　日本のエネルギー需給状況と需給見通し

1.1　エネルギー需給状況

　2007年度において，日本では，石油，石炭，天然ガス，原子力，水力・地熱および新エネルギー等のエネルギー資源すなわち**1次エネルギー**が，561×10^{13}kcal供給されている。そのうち産業，民生および運輸等のエネルギー需要部門で消費されるのは363×10^{13}kcalである。1次エネルギーの当初の国内総供

---

(1)　太陽光発電，風力発電，廃棄物発電・バイオマス発電，バイオマス熱利用，その他（太陽熱利用，廃棄物熱利用，未利用エネルギー（雪氷融解熱利用等），黒液・廃材等）（資源エネルギー庁［2008］p.30）（COLUMN 11参照）

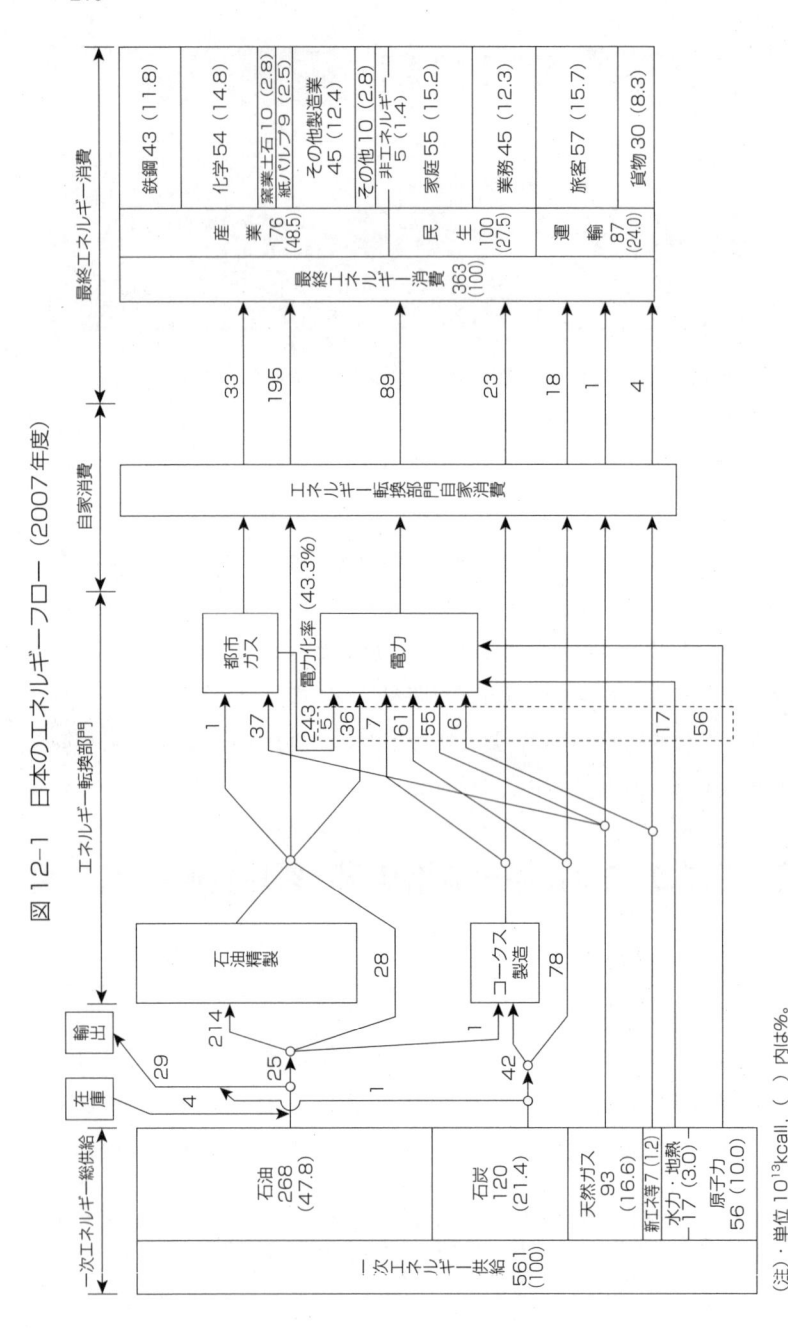

図12-1 日本のエネルギーフロー（2007年度）

(注): 単位 10^{13} kcal、( ) 内は%。
・エネルギー転換部門において、投入分と生成分の差は転換ロス・統計誤差等である。
・%は四捨五入の関係で、合計が100にならない場合がある。
(出所): 資源エネルギー庁長官官房企画調査部調査課編［1998］pp.14-15；日本エネルギー経済研究所計量分析ユニット編［2009］pp.18-19にもとづき筆者作成。

給量と最終消費量との差198×10^{13}kcalは，エネルギー転換部門で生じるロスと自家消費等を意味する。総供給量の1/3強が，エネルギー需要部門で最終的に消費される前に失われているのである。

電力事業についてみると，電力を生産するために243×10^{13}kcalの1次エネルギーの供給を受けている。1次エネルギーの43.3%に当たる。この比率を電力化率という。電力事業は供給された1次エネルギーをもとに101×10^{13}kcalの電力を生産するが，同部門内で12×10^{13}kcalの自己消費等[2]がされるので，最終需要部門に供給される電力は89×10^{13}kcalである。投入エネルギー量と産出され，需要家に供給された電力量との比率は36.6%である。60%強のエネルギーが失われていることになる。また，最終部門に供給されるエネルギーのうち電力の割合は24.5%である。電力は使い勝手がよいが，その生産のために多大の1次エネルギーが消費されることを銘記しておく必要がある。

1.2 エネルギー需給見通し

ところで，国民経済レベルでのエネルギー選択問題の難しさは，エネルギー資源の開発から利用まで長年月を要することから，10～20年先の将来のエネルギー需要を予測し，その予測量に見合う供給計画を現時点で策定し，推進していかなければならないところにある。

経済産業大臣の諮問機関である総合エネルギー調査会が，エネルギー需給の見通しについての公式の数値を公表してきた。最近では，2008年に公表している。表12-1がそれである。併せてエネルギー起源CO_2排出量の見通しも公表されたので掲示しておく。

これらの見通しは，エネルギー基本法およびこれを受けてのエネルギー基本計画において，エネルギーの「安定供給の確保」，「環境との適合」およびこれらを十分考慮した上での「市場原理の活用」の3方針を踏まえて決められたものである（資源エネルギー庁［2008］pp. 1-3）。

（2）自己消費分10×10^{13}kcal，統計誤差2×10^{13}kcal

表12-1 1次エネルギー国内供給見通し

(原油換算百万kL)

一次エネルギー国内供給	2005年度 587		2020年度 現状固定ケース 651			2020年度 努力継続ケース 601			2020年度 最大導入ケース 561			2030年度 現状固定ケース 685			2030年度 努力継続ケース 601			2030年度 最大導入ケース 526		
エネルギー別区分	実数	構成比	実数	対90年度伸び率	構成比	実数	構成比	対90年度伸び率	実数	構成比	対90年度伸び率	実数	構成比	対90年度伸び率	実数	構成比	対90年度伸び率	実数	構成比	対90年度伸び率
石油	255	43%	248	38%	13%	232	39%	20%	209	37%	-3%	245	36%	27%	220	37%	7%	183	35%	-15%
LPG	18	3%	19	3%	-6%	18	3%	-9%	18	3%	-15%	19	3%	-8%	19	3%	-11%	18	3%	-21%
石炭	123	21%	136	21%	41%	121	20%	65%	110	20%	12%	146	21%	93%	123	20%	38%	95	18%	-4%
天然ガス	88	15	107	16%	36%	87	14%	40%	79	14%	2%	129	19%	56%	94	16%	20%	73	14%	-21%
原子力	69	12%	99	15%	45%	99	17%	85%	99	18%	21%	99	15%	122%	99	17%	51%	99	19%	9%
水力	17	3%	19	3%	18%	19	3%	19%	19	3%	-1%	19	3%	17%	19	3%	3%	19	4%	-20%
地熱	1	0%	1	0%	16%	1	0%	37%	1	0%	8%	1	0%	31%	1	0%	13%	1	0%	-9%
新エネルギー等	16	3%	22	3%		22	4%		26	5%		26	4%		26	4%		38	7%	

(出所) 資源エネルギー庁 [2008] p. 31より抜粋。

表12-2 エネルギー起源CO$_2$排出見通し

(百万t-CO$_2$)

	1990年度	2005年度		2020年度 現状固定ケース			2020年度 努力継続ケース			2020年度 最大導入ケース			2030年度 現状固定ケース			2030年度 努力継続ケース			2030年度 最大導入ケース		
		実数	対90年度伸び率	実数	対90年度伸び率	構成比	実数	対90年度伸び率	構成比	実数	対90年度伸び率	構成比	実数	対90年度伸び率	構成比	実数	対90年度伸び率	構成比	実数	対90年度伸び率	構成比
CO$_2$排出量合計	1,059	1,201	13%	1,275	20%		1,144	8%		1,026	-3%		1,348	27%		1,132	7%		897	-15%	
産業	482	452	-6%	441	-9%		433	-10%		410	-15%		442	-8%		431	-11%		383	-21%	
民生 家庭	292	413	41%	482	65%		383	31%		328	12%		563	93%		401	38%		279	-4%	
業務他	127	174	36%	179	40%		152	19%		130	2%		198	56%		153	20%		100	-21%	
	164	239	45%	303	85%		231	41%		198	21%		365	122%		248	51%		179	9%	
運輸	217	257	18%	259	19%		243	12%		214	-1%		254	17%		223	3%		173	-20%	
エネルギー転換	68	79	16%	93	37%		85	25%		73	8%		89	31%		77	13%		62	-9%	
対2005年総排出量比			11%		5%			-4%			-13%			11%			-5%			-22%	
対1990年総排出量比					17%			7%			-3%			23%			6%			-13%	

(出所) 資源エネルギー庁 [2008] p. 31より抜粋。

上表中，「現状固定ケース」は，現状（2005年度）を基準とし，今後新たなエネルギーが導入されず，機器の効率が一定のまま推移した場合で，耐用年数に応じて古い機器が現状（2005年度）レベルの機器に入れ替わる効果のみを反映したケース，また「努力継続ケース」は，これまで効率改善に取り組んできた機器・設備について，既存技術の延長線上で今後とも継続して効率改善の努力を行い，耐用年数を迎える機器を順次入れ替えていく効果を反映したケース，そして「最大導入ケース」は，実用段階にある最先端技術で，高コストではあるが，省エネ性能の格段の向上が見込まれる機器・設備について，国民や企業に対して更新を法的に強制する一歩手前のギリギリの政策を講じ最大限普及させることにより劇的な改善を実現するケースとされる（資源エネルギー庁［2008］p.12）。

　表12-2をみると，実数でのエネルギー起源CO_2排出量は，現状固定ケースでは，当然のことながら，2020年度および2030年度とも1990年度および2005年度を上回っている。努力継続ケースでは，2005年度と比較すると目標年度の上記両年度よりは下回っているが，京都議定書の基準年とされる1990年度と比較すると目標の両年度を上回っている。1990年度を基準年とすると，最大導入ケースのみが目標の両年度を下回る。

　今後，CO_2排出量の抑制が国際的に強化されることが予見される今日，2030年度における最大導入ケースの目標である1990年比15％以上の削減が求められることも十分考えられる[3]ことから，以下，最大導入ケースを基本として考えることにしたい。

　最大導入ケースに注目して表12-1を実数でみると，2005年度との比較では，石油，石炭および天然ガスが減少し，LPG，水力および地熱が横ばい，そして原子力と新エネルギー等が増加するという見通しになっている。原子力は，現状固定ケース，努力継続ケースおよび最大努力ケースとも，2020年度および2030年度について同一の供給量が予定されている。これに対して，新エネ

（3） 2009年9月に発足した鳩山内閣は2020年に1990年比25％のCO_2排出量の削減目標を掲げている（日本経済新聞，2009年9月9日号）。

ルギー等は，2020年度，2030年度と年を経るにつれて供給量の増大が見込まれている。特に2030年度における最大導入ケースでは2005年度に比して2.3倍の供給増大が見込まれている。「環境との適合」の視点から，新エネルギー等の開発が重要な課題であることが読み取れる。

原子力は現状固定ケースでも2020年度に，2005年度の69百万KLから99百万KLに増大する予定である。このことは，原子力は2020年度までに30百万KLの供給拡大の達成を意味している。2005年度の原子力発電の設備容量は4,958万KWであり，2030年度の予想発電設備容量は6,150万KWであるから，設備容量では1,192万KWの増大が予定されている。2008年度現在，2020年度までに完成が予定されている原子力発電は13基，総出力1723.0万KWとされる（資源エネルギー庁［2008］p. 28, 29, 67）。予定どおりに13基が完成すれば，設備容量は計画を上回ることになる。

1.3　電力事業への1次エネルギー供給量と電力の需要量

図12-2の実線は，日本における各種1次エネルギーの供給量を熱量（kcal）で換算し，それらを合算した供給総量中に占める電力事業への供給割合（**電力化率**）を示している。電力化率は1950年代以来減少し続けていたが，1970年を境にV字型を描いて上昇に転じ，最近ではその割合は40％を超え，2007年度は過去最高の41.6％に達した[4]。1970年代から1990年代の間のような急激な増加は見られないが，1990年代に入っての経済成長の低迷にもかかわらず漸増傾向にある。

他方，図中の点線は，産業，民生および運輸等のエネルギーの需要部門で消費される各種エネルギーを熱量換算した総需要量に占める電力需要量の割合すなわち電力事業に対するエネルギー需要部門の依存度を示している。1960年代前半まで上昇した後，第1次オイルショックのあった1974年までは13％前後で

（4）　図12-1の電力化率の基礎データは（財）日本エネルギー経済研究所計量分析ユニット（EDMC）編の「エネルギーバランス簡約表」に基づいているのに対して，図12-2の電力化率は資源エネルギー庁の「エネルギーバランス簡約表」に基づいている。

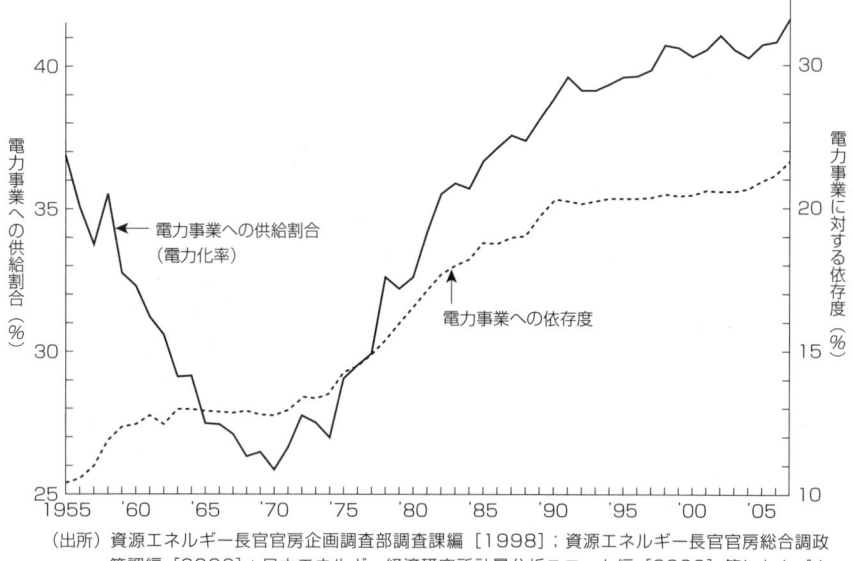

図 12-2　電力事業へのエネルギー供給割合と電力産業に対するエネルギー依存度

（出所）資源エネルギー長官官房企画調査部調査課編［1998］；資源エネルギー長官官房総合調政策課編［2006］；日本エネルギー経済研究所計量分析ユニット編［2009］等にもとづき筆者作成。

安定的に推移し，再び上昇に転じ，1990年頃に20％に達した。その後横ばいないし微増の状態にあり，電力化率とは若干異なる推移がみられる。

上図にみられるごとく，電力事業は，莫大なエネルギー資源の供給を仰ぎ，かつ多くの需要家が電力としてのエネルギーに相当量依存していることから，電力事業におけるエネルギー資源（1次エネルギー）の選択が，日本のエネルギー資源の選択に与える影響は大きい。電力事業のエネルギー資源の選択において，エネルギー資源の安定的確保や環境保全等の条件が一定ならば，発電コストの低いエネルギー資源を使用することが，国民経済上望ましい。そこで，つぎに，電力事業の電源別発電コストを調べることにする。

2　9電力会社の発電コスト

2.1　発電設備容量

　日本の電力事業に占める9電力会社すなわち北海道，東北，東京，中部，北陸，関西，中国，四国および九州の割合は大きい。2008年3月31日現在，日本の事業用発電設備容量の85.5%，事業用発電電力量の83.7%を占めている（電気事業連合会統計委員会編 [2008] pp. 16-17, pp. 42-43）。さらに，9電力会社については，有価証券報告書総覧をはじめ，各種の統計資料の利用が比較的容易であるゆえ，9電力会社に焦点を合わせて議論を進めることにしたい。

　表12-3は，2007年度末の9電力会社の**電源別最大出力**すなわち**発電設備容量**関連のデータをまとめたものである。各種電源全体の発電設備容量の規模は，最小の四国から最大の東京まで9倍強の開きがある。また，各社の電源別発電設備容量の割合もまちまちである。水力の割合が20%を超えているのは，中国，関西および北陸である。火力の割合はいずれの電力会社においても高いが，その割合が65%を超えているのは中部，東北および中国である。原子力の割合は四国，関西，東京および九州が高い。

　各社の電源別最大出力を，その電源別発電所数で割った1発電所当たり最大出力により，各社の電源別発電設備容量あるいは発電所の規模を知ることができる。各社とも，水力発電所数は多いが，火力および原子力に比較して，その規模は小さい。火力発電所の規模は水力のそれを大幅に上回るものであるが，原子力発電所はさらに大きな規模を有している。東京，中部および関西等，電力需要が大きい3社の火力発電所は150万kW以上の最大出力を持ち，原子力発電所並みの規模であることが注目される。

2.2　発　電　費

　単年度のデータのみの比較では，たまたま当該年度に発生した渇水，燃料の高騰あるいは事故による原子炉の長期修繕等の要因により，電源別発電費に異

表12-3 会社別・電源別発電設備容量[*1] (2008年3月末現在)

(単位：kW)

項目	会社名		北海道	東北	東京	中部	北陸	関西	中国	四国	九州	合計
最大出力 (kW)	水力		1,231,125	2,417,161	8,985,180	5,217,640	1,816,100	8,189,080	2,905,285	1,140,946	2,676,766	34,579,283
	火力[*2]		4,065,410	10,883,390	36,175,920	22,369,400	4,400,288	16,407,000	7,640,600	3,501,000	11,570,970	117,013,978
			(165,410)	(83,390)	(224,920)	(400)	(288)	(40,000)	(35,600)		(388,970)	(938,978)
	原子力		1,158,000	3,274,000	17,308,000	4,884,000	1,898,000	9,768,000	1,280,000	2,022,000	5,258,000	46,850,000
	計		6,454,535	16,574,551	62,469,100	32,471,040	8,114,388	34,364,080	11,825,885	6,663,946	19,505,736	198,443,261
割合最大出力の (%)	水力		19.1	14.6	14.4	16.1	22.4	23.8	24.6	17.1	13.7	17.4
	火力[*2]		63.0	65.7	57.9	68.9	54.2	47.8	64.6	52.5	59.3	59.0
			(2.6)	(0.5)	(0.4)	(0.0)	(0.0)	(0.1)	(0.3)		(2.0)	(0.5)
	原子力		17.9	19.7	27.7	15.0	23.4	28.4	10.8	30.4	27.0	23.6
	計		100.0	100.0	100.0	100.0	100.0	100.0	100.0	100.0	100.0	100.0
発電所数	水力		53	211	160	182	115	148	97	58	138	1,162
	火力[*3]		11 (5)	13 (5)	25 (10)	11 (1)	6 (1)	12 (1)	12 (3)	4	46 (35)	140 (61)
	原子力[*4]		1 (2)	2 (4)	3 (17)	1 (5)	1 (2)	3 (11)	1 (2)	1 (3)	2 (6)	15 (52)
	計		65	226	188	194	122	163	110	63	186	1,317
1発電所当り最大出力 (kW)	水力		23,229	11,456	56,157	28,668	15,792	55,332	29,951	19,671	19,397	29,758
	火力[*5]		650,000	1,350,000	2,396,733	2,236,900	880,000	1,487,909	845,000	875,250	1,016,545	1,469,532
			(33,082)	(16,678)	(22,492)	(400)	(288)	(40,000)	(11,867)		(11,113)	(15,393)
	原子力[*6]		1,158,000	1,637,000	5,769,333	4,884,000	1,898,000	3,256,000	1,280,000	2,022,000	2,629,000	3,123,333
			(579,000)	(818,500)	(1,018,118)	(976,800)	(949,000)	(888,000)	(640,000)	(674,000)	(876,333)	(900,962)

(注) *1 地熱（北海道 50,000kW，東北 223,800kW，九州 207,509kW）である。
 300kW）等の発電設備容量は除外
*2 （ ）内の数字はガスタービンおよび内燃力発電設備容量での内訳数である。
*3 （ ）内の数字はガスタービンおよび内燃力発電所数での内訳数である。
*4 （ ）内の数字は原子炉数である。
*5 上段は火力発電所当り，下段の（ ）は内燃力発電所当りの数字を示す。
*6 上段は原子力発電所当り，下段の（ ）は原子炉1基当りの数字を示す。
(出所) 電気事業連合会統計委員会編 [2008] pp.16-17にもとづき著者作成。

常費用が加算され，比較が困難な可能性がある。企業外部者にとってはこれらの異常費用を除去することは難しい。そこで，仮に異常費用があったとしてもその影響を薄めるために3年間のデータを使用した。

表12-4は有価証券報告書総覧にもとづく2005年度，2006年度および2007年度の3年間の発電量および発電費の累計データである。発電費を発電量で割ると3年間平均の1kWh当たり発電費が得られる。合計欄の加重平均でみた1kWh当たり**電源別発電費**は原子力が最も安く，水力，火力の順に高くなっている。しかしながら，会社別にみると，必ずしもこのような順になっていない。

水力の1kWh当たりの発電費は，東京，中国および九州が高い。2005年度および2007年度の渇水の影響もあるが，揚水発電所の揚水のために使用した電力量を水力発電量より控除した量を正味の水力発電量として表12-4に計上したことも影響している。前記3社の3年間の揚水用発電量は順に14,600百万kWh，2,236百万kWhおよび899百万kWhである。これらの数値を3社の水力発電量に加算し，それぞれの水力発電費を割ると，各社の1kWh当たりの発電費は，東京が8.03円，中国が8.07円および九州が9.91円となる。

火力では，関西が突出して高い。この原因は，同社が，2006年度および2007年度において，火力発電設備容量の出力減少（900,000kWおよび500,000kW）をしていることにあると推察される（資源エネルギー庁電力・ガス事業部編［2008］pp. 26-27，pp. 66-67）。

原子力では北陸と東北が高い。東北は，2005年8月の「8.16宮城地震」により女川原子力発電所の3基が運転を停止した（有価証券報告書総覧・東北電力［2005］「事業の状況」）。その後順次点検整備後稼働開始をしたが，表12-5にみられるように，東北の原子力発電の2005年度および2006年度の設備利用率は50%を割っている。このことが1kWh当たりの原子力発電費を高めているといえる。北陸電力の原子力の1kWh当たり発電費は，東北電力より高い。同電力は2007年度においては原子力発電設備を稼働させていない。そこで，表12-4における北陸の1kWh当たり原子力発電費は2005年度及び2006年度の2年間の数値を掲示した。2006年度は150,000KWの出力の減少をしており，このため原

表12-4 3年間（2005年度〜2007年度）の会社別・電源別発電量および発電費

項目		会社名	北海道	東北	東京	中部	北陸	関西	中国	四国	九州	合計
発電量 (100万 kWh)		水力	9,740	26,678	22,003	19,360	17,551	32,002	7,582	6,239	9,478	150,633
		火力	53,755	156,324	495,997	295,443	66,272	127,121	112,358	55,952	103,456	1,466,678
		原子力	27,439	46,074	281,555	70,938	14,327	194,794	25,719	45,329	117,468	823,643
		計	90,934	229,076	799,555	385,741	98,150	353,917	145,659	107,520	230,402	2,440,954
発電量の割合 (%)		水力	10.7	11.7	2.8	5.0	17.9	9.1	5.2	5.8	4.1	6.2
		火力	59.1	68.2	62.0	76.6	67.5	35.9	77.1	52.0	44.9	60.1
		原子力	30.2	20.1	35.2	18.4	14.6	55.0	17.7	42.2	51.0	33.7
		計	100.0	100.0	100.0	100.0	100.0	100.0	100.0	100.0	100.0	100.0
発電費 (100万円)		水力	54,453	100,736	293,935	140,025	59,631	203,989	79,198	44,763	102,838	1,079,568
		火力	440,654	1,363,170	4,683,123	2,565,744	407,115	1,534,311	915,765	362,501	972,733	13,245,116
		原子力	136,057	469,689	1,677,199	511,972	178,462	1,046,379	203,255	331,053	625,233	5,179,299
		計	631,164	1,933,595	6,654,257	3,217,741	645,208	2,784,679	1,198,218	738,317	1,700,804	19,503,983
1kWh当り 発電費 (円)		水力	5.59	3.78	13.36	7.23	3.40	6.37	10.45	7.17	10.85	7.17
		火力	8.20	8.72	9.44	8.68	6.14	12.07	8.15	6.48	9.40	9.03
		原子力	4.96	10.19	5.96	7.22	12.46	5.37	7.90	7.30	5.32	6.29
		発電単価 (加重平均)	6.94	8.44	8.32	8.34	6.57	7.87	8.23	6.87	7.38	7.99

(注) 火力には内燃力発電を含む
(出所) 9電力会社の「有価証券報告書総覧」にもとづき筆者作成。

子力発電の設備利用率は表12-5にみられるように38.3%と低い。このことが1kWh当たり原子力発電費を高めたといえる。

以上で検討した各社の1kWh当たりの各種電力費中の異常値を除いても，1kWh当たりの各種電源別電力費は，表12-4の合計欄に示されているように，原子力，水力および火力の順に高くなっているといえる。

2.3　会社別の電源別発電容量と発電費

表12-3の電源別最大出力の割合と表12-4の電源別発電量の割合を，会社別に比較してみる。各社について，水力，火力および原子力の電源設備の利用時間（稼働時間）が同じであれば，各社の電源別最大出力の割合と電源別発電量の割合は同じになるはずである。しかし，実際は異なる。水力発電については，すべての会社において最大出力の割合が発電量の割合を上回っている。その中で，北陸が両方の割合がかなり近接している。北陸は水力発電設備をよく利用しているといえる。つぎに東北が近接している。この2社の1kWh当たりの水力発電費は他社の1/2～1/3以下となっている。

原子力発電については，2007年度の原子力発電量のない北陸を除く8社では，発電量の割合が最大出力の割合を上回っている。このことは，各社において，原子力発電設備の利用率が高いことを物語っている。表12-5は，9社の原子力発電設備の利用率の推移を示したものである。会社によっては事故等で利用率が50%以下の年度もあるが，9社合計欄の利用率はかなり高い。1990年代後半は80%台を維持していたが，2000年代に入り70%以下の年もみられるようになった。原子炉の場合，点検に長期間を要するので70～80%の利用率が限度と考えられる。今後，既存の原子炉の老朽化に伴う操業停止や補修による設備利用率の低下がさらに進むことが予見される。

火力発電については，いずれの会社も，その最大出力の割合が最も高い。大体50%～70%ある。日本では，火力発電が主力になっているといえそうである。しかしながら，発電量の割合が最大出力を上回っているのは，東北，東京，中部，北陸および中国の5社であり，すべての会社が火力を主としている

表12-5　会社別原子力発電所設備利用率の推移

(単位%)

年度 会社名	'96	'97	'98	'99	'00	'01	'02	'03	'04	'05	'06
北海道	79.7	81.0	92.1	90.2	85.8	84.8	92.9	80.2	80.4	87.5	93.0
東　北	84.6	80.1	90.6	83.4	90.3	75.4	81.6	71.1	73.3	47.3	49.7
東　京	84.1	79.5	83.1	84.4	79.4	80.1	60.7	26.3	61.7	66.4	74.2
中　部	85.4	83.2	80.1	78.9	87.0	69.5	33.7	53.2	51.9	63.1	41.5
北　陸	77.9	80.1	100.0	75.5	84.9	83.5	96.7	35.3	79.8	88.7	38.3
関　西	73.8	84.2	84.3	82.0	81.8	84.5	90.5	89.1	70.2	75.4	77.0
中　国	77.9	82.8	95.4	89.5	60.3	91.6	95.7	68.5	65.4	82.9	70.8
四　国	85.0	80.1	83.7	82.5	83.6	79.1	87.9	84.9	77.4	85.9	83.0
九　州	78.3	85.9	79.8	84.0	85.8	79.7	85.9	88.9	86.2	86.8	82.1
9電合計	80.7	81.9	83.8	83.4	81.6	78.9	72.9	58.2	65.7	68.4	69.8
日本原電	83.0	73.1	90.5	26.4	82.3	80.0	81.0	84.8	87.1	77.5	71.1
全国計	80.8	81.3	84.2	80.1	81.7	80.5	73.4	59.7	66.9	71.9	69.9

(出所) 資源エネルギー庁電力・ガス事業部編［2008］p.182にもとづき筆者作成。

わけではない。関西は原子力発電の割合が最も高い。火力発電とはかなりの差がある。また，九州や四国も原子力の発電量の割合が高い。

　以上総合すると，各社は，基本的には，原子力発電設備を可能な限り最大限に稼働させ，つぎに火力発電設備を，そして水力発電設備を稼働させるという体制をとっていると推測される。すなわちベース・ロードに原子力発電設備を，そして火力発電設備の一部を，つぎにピーク時の電力供給に残余の火力発電設備と水力発電設備を稼働させているとみることができる。発電設備のような稼働体制が，他の2電源設備に比して原子力の実際発電単価を低くする方向に作用していることは否めない。

　水力はもとより原子力も国産エネルギーとされる。水力についてはダムの適地に限界がある。国産エネルギーの確保の視点から，日本では原子力の利用が進められてきた。エネルギーとしての原子力の利用は電力をおいて他にない。原子力発電を推進する方策の1つに電力料金の算定における総括原価方式があると考えられるので，つぎにこの方式について取り上げる。

2.4 電気料金決定の基礎としての総括原価方式

電気料金はつぎの手順で決められる（電気事業講座編集委員会編纂［2008］pp. 34-56）。すなわち毎年度の経営効率化計画の見直し，この計画にもとづく供給計画，工事計画，資金計画，業務計画等の諸計画を作成し，これらの計画に依拠して，①減価償却費，購入電力料，財務費用，その他の費用等からなる営業費，②法人税，事業税，固定資産税，電源開発税，その他の雑税等からなる諸税および③事業報酬を算定し，これらを合計して**総括原価**を求める。これを個別原価計算により各需要家に配分し，この**個別原価**を基礎として契約者別の供給規定料金が決められる。

この手続きにおける特色は，総括原価の中に予め**事業報酬**が算入されることである。事業報酬は，真実かつ有効なる事業資産の価値と報酬率の積として算定される。この算定方式を**レート・ベース方式**という。**真実かつ有効なる事業資産**とは，具体的には，電気事業固定資産，建設仮勘定，核燃料，繰延資産，運転資本および特定投資等から，過大な予備設備や適性限度を超えた燃料・貯蔵品等を除いたものをいう。報酬率は，〔自己資本比率（30％）×自己資本報酬率〕＋〔他人資本比率（70％）×他人資本報酬率〕なる式で算定される。現在，中部電力（3.2％）および北陸電力（3.3％）を除く7社は3％である。

レート・ベース方式における事業報酬の算出においては大規模施設を要する水力発電や原子力発電が有利である。筆者による10年前の試算では，原子力の発電容量すなわち最大出力の割合は9社合計で22.4％であったが，事業報酬の割合は45.9％であった。ちなみに水力については最大出力の割合は9社合計で18.4％，事業報酬の割合は19.2％であり，火力については59.2％と34.8％であった。

以上の議論から，同一量の電力を需要家に供給する場合，原子力，水力そして火力の順に電力会社に利益をもたらすということができる。かくして，9電力会社のすべてが原子力発電設備を保有するという状況にある。

3 電源としてのエネルギー資源の選択

3.1 新規発電設備にもとづく発電費の比較

　表12-4の実績データから,発電費は原子力,水力および火力の順に高くなっていることが明らかにされた。電力需要家の費用負担の視点からは,電源別発電費に電源別事業報酬を加えた電源別コストを考慮する必要があるが,このコストの算出は電力会社の外部者にとっては難しい[5]ので考察外とし,ここでは発電費のみについて議論する。

　表12-3と表12-4の比較から,3種の電源設備の稼働率に違いがあることを明らかにした。この違いが3種の電源の1kWh当たり発電費の高低に影響していることは否めない。それゆえ,3種の電源からの1kWh当たり発電費を適切に比較するには,新設の発電設備に基づく発電費を算出し,この発電費を比較する必要がある。幸いに,この種の発電費の試算結果が公表されている（日本電気協会新聞部編［2009］pp.4-5)[6]。

　各電源の運転年数が40年とされる表12-6-①については,総括原価の算定に用いられる報酬率と同じ3%を割引率として議論する。この場合,原子力が最も安く,石炭火力,LNG火力,石油火力の順に高くなっている。石炭火力の発電費は原子力に近接している。発電設備の稼働率（利用率）によっては,

---

（5）河野が下記の著書で試算を行っている。
　　　河野［1998］pp.368-372.
（6）試算の前提条件
　　①　為替レート：121.98円/＄（2002年度平均値）
　　②　燃料価格
　　　・初年度燃料価格：2002年度平均価格
　　　　石油：27.41＄/b　　LNG：28,090円/t　　石炭：35.5＄/t
　　　・石油,LNG,石炭の燃料価格上昇率は,IEAの「World Energy Outlook」の最新値をもとに算定。
　　　・石油石炭税：石炭に新たに課税し,LNGに増税する内容の税の見直しを考慮。
　　　　具体的な数値は,2007年4月1日実施予定の最終的な税率を反映。
　　　　LNG：1,080円/t　　石炭：700円/t　　石油：2,040円/kl

表12-6 電源別発電費の試算

①運転年数：全電源種とも40年　　　　　　　（単位：円/kWh）

電源	利用率	割引率 0%	1%	2%	3%	4%
一般水力	45%	8.2	9.3	10.6	11.9	13.3
石油火力	30%	14.4	15.0	15.7	16.5	17.3
石油火力	70%	10.4	10.6	10.9	11.2	11.6
石油火力	80%	10.0	10.2	10.5	10.7	11.0
LNG火力	60%	6.2	6.4	6.6	6.8	7.1
LNG火力	70%	6.0	6.1	6.3	6.5	6.7
LNG火力	80%	5.8	5.9	6.1	6.2	6.4
石炭火力	70%	5.3	5.6	5.9	6.2	6.5
石炭火力	80%	5.0	5.2	5.4	5.7	6.0
原子力	70%	5.4	5.5	5.7	5.9	6.2
原子力	80%	5.0	5.0	5.1	5.3	5.6
原子力	85%	4.8	4.8	4.9	5.1	5.4

②運転年数（法定耐用年数）：水力40年、石油15年、LNG15年、石炭15年、原子力46年

（単位：円/kWh）

電源	利用率	割引率 0%	1%	2%	3%	4%
一般水力	45%	8.2	9.3	10.6	11.9	13.3
石油火力	30%	19.2	19.8	20.4	21.1	21.7
石油火力	70%	12.3	12.6	12.9	13.2	13.4
石油火力	80%	11.7	11.9	12.2	12.4	12.7
LNG火力	60%	7.6	7.7	7.9	8.1	8.3
LNG火力	70%	7.1	7.2	7.4	7.6	7.7
LNG火力	80%	6.7	6.9	7.0	7.2	7.3
石炭火力	70%	7.3	7.6	7.8	8.1	8.4
石炭火力	80%	6.7	6.9	7.2	7.4	7.7
原子力	70%	8.2	8.0	8.1	8.2	8.3
原子力	80%	7.5	7.3	7.3	7.4	7.5
原子力	85%	7.2	7.0	7.0	7.0	7.2

（出所）日本電気協会新聞部編［2009］p.5より抜粋。

たとえば，稼働率が石炭火力80％，原子力70％の場合，石炭火力の方が原子力より安くなる。

各電源の法定耐用年数にもとづく運転年数を前提とした表12-6-②のケースでは，割引率を3％とすると，原子力，石炭火力およびLNG火力は稼働率いかんによって発電費の順位が入れ替わる程，発電費の差異は少ない。概してLNG火力が安いといえる。

需要家の費用負担の視点からも，発電設備費が相対的に低いとみられるLNG火力が事業報酬も低いと推察されることから，LNG火力の選択が妥当とされよう。

先に紹介した「長期エネルギー需要見通し」（表12-1）では，温室効果ガスの低減という環境要因を考慮に入れて，2005年度と比較して2030年度までに，「最大導入ケース」で，石油72百万kLの削減はいうまでもなく，石炭20百万kLの削減に加えて，天然ガスも15百万kLの削減を見込んでいる。これに対して，原子力30百万kLと新エネルギー等22百万kLが増加するとしている。原子力の増加はLNG火力に比較し，温室効果ガスの排出の考慮と国産エネルギーという点に求められるといえよう。

新エネルギー等の大幅な増大が見込まれている。その可能性について次項で検討する。

3.2 新エネルギー等の導入

太陽光発電，風力発電，廃棄物発電・バイオマス発電，バイオマス熱利用，その他等からなる**新エネルギー**等については「長期エネルギー見通し」では，つぎのように述べている。すなわち「資源の再生可能性が高く，二酸化炭素の排出も少ない太陽光，風力などの再生可能エネルギーについては，我が国は，例えば，太陽光発電の導入量が過去10年間で30倍になるなど，一定の実績をあげてきた。しかし，新エネルギーは，エネルギー変換効率や設備利用率もあがらないなど競合するエネルギーと比較してコストが高く，系統連係や電力の品質の確保など，事業性確保に向け未だ多くの課題が残されている。」（資源エネ

226　第12章　エネルギー資源と会計

表12-7　新エネルギーなどの供給見直し

（原油換算 万kL）

	2005年 実績	2020年度 現状固定ケース・努力継続ケース	2020年度 最大導入ケース	2030年度 現状固定ケース・努力継続ケース	2030年度 最大導入ケース
太陽光発電	35	140	350	669	1300
風力発電	44	164	200	243	269
廃棄物発電＋バイオマス発電	252	476	393	338	494
バイオマス熱利用	142	290	330	300	423
その他※	687	663	763	596	716
合計	1160	1733	2036	2146	3202

※「その他」には，「太陽熱利用」，「廃棄物熱利用」，「未利用エネルギー」，「黒液・廃材等」が含まれる。
「黒液・廃材等」の導入量は，基本的にエネルギー需給モデルにおける紙パの生産水準に依存するため，モデルで内生的に試算する。
（出所）資源エネルギー庁［2008］p.30より抜粋。

ルギー庁［2008］p.30）とし，新エネルギー等について，表12-1の前提となる上表のような見通しをしている。

上表によると，2030年度の最大導入ケースでは，太陽光発電とバイオマスが新エネルギー等の大半を占めるとされる。

既述したように，新エネルギー等の導入については「長期エネルギー見通し」においても問題点を指摘しているが，さらに「電力中央研究所報告」は，太陽光発電の普及は，コスト面から「発電単価は家庭用料金水準（20円～25円）ではなく，火力発電の燃料費水準（2～10円）に低減する必要がある。現在の太陽光発電はこれよりはるかに高い60円程度であった。大きな開きがあり，新材料の開発もこれからの研究に負う部分が多いので，将来の大規模な普及については不確実性が高い。また，風力発電は立地の制約から日本では大規模な普及は難しいだろう。」としている。また，バイオマスについては，運輸用液体燃料への利用の視点からの議論の後，「運輸部門（の温暖化効果ガス）排出削減の観点からバイオマス利用は好ましく見えるが，他方で生態系保全の要求も高まるため，バイオマス燃料生産はかえって進まなくなるという側面もある。……本稿では，バイオ燃料の規模拡大は今日の一過性の事象であって，

将来において大規模に推進されるとは考えていない。」(電力中央研究所［2007］p.16)という厳しい指摘もある。

いずれにしても，新エネルギー等の導入，拡大は簡単ではないが，環境保全の視点からは長期的に取り組む必要のある大きな課題ではある。

4 結 び

　日本の場合，石油，石炭および天然ガス等の化石燃料はいうまでもなく，原子力発電のための核燃料も海外に依存している。このため，これらの海外依存のエネルギー資源の供給の安定性ないし安全性に大きな関心を払わなければならない。供給の安定性は，資源の分布，埋蔵量および価格，資源輸出国の政情等に依存するところが大きい。長期的視点から，安定供給に関するこれらの諸要因を考慮すると，比較的問題の少ないエネルギー資源は石炭および原子力とされる。

　しかしながら，これらの2つのエネルギー資源も環境保全の視点からは問題がある。石炭についてはその燃焼から発生する二酸化炭素，窒素酸化物および硫黄酸化物等を含む排気ガスによる環境問題である。また，原子力については，さまざまな事故による放射能漏れのような操業上の安全性および廃炉や放射性廃棄物の処理という別種の環境汚染問題を考慮する必要がある。

　石炭や原子力の利用に伴う環境問題あるいは新エネルギー等の利用拡大の困難性等を考えると，将来依存すべきエネルギー資源の選択問題は袋小路に入りそうである。

　この選択問題について，選択の方向性を1990年代に提唱した人物がいる。ロビンス（Lovins, A. B.）である。彼はつぎのように主張している。

　経済成長につれてエネルギー需要が大幅に増加することを前提として，この需要を資源量に限りのある石油に代えて石炭および原子力等によってまかなっていく路線をハード・エネルギー・パス（以下，ハード・パス）という。ハード・パスは米国をはじめ多くの先進国で採用されてきた路線である。ロビンス

はアメリカを例にとって，ハード・パスを今後も続けるならば，エネルギーの輸送や転換において生ずるロスの増大により，図12-3にみられるように，1次エネルギー総供給は増加するが最終用途で利用されるエネルギーおよびこのエネルギーにより達成される機能はそれほど増加しないうえ，さらに石炭や原子力の利用により環境汚染問題に拍車がかけられるなどの問題点を指摘する。そして，彼は，ハード・パスに代えてソフト・エネルギー・パス（以下，ソフト・パス）と呼ぶ，別の路線を提唱する[7]。

ソフト・パスとは「効率のよい技術によって，大幅に削減されたエネルギー需要を，太陽熱，風力，小規模水力，バイオマス」といったソフト・エネルギーで，需要の質と規模にあわせてまかなおうとするエネルギー路線である[8]。ソフト・パスでは，エネルギーの最終需要の内容を調べ，低温熱利用にはそれに見合うエネルギーを，たとえば太陽熱による温水のような再生可能エネルギーを供給する。また，電力のように質の高いエネルギーはそれに見合う機能を有している場合，たとえば照明や電子機器への利用等の場合にのみ供給するといった方策をとることにより，これまで無駄に使われていたエネルギー需要を

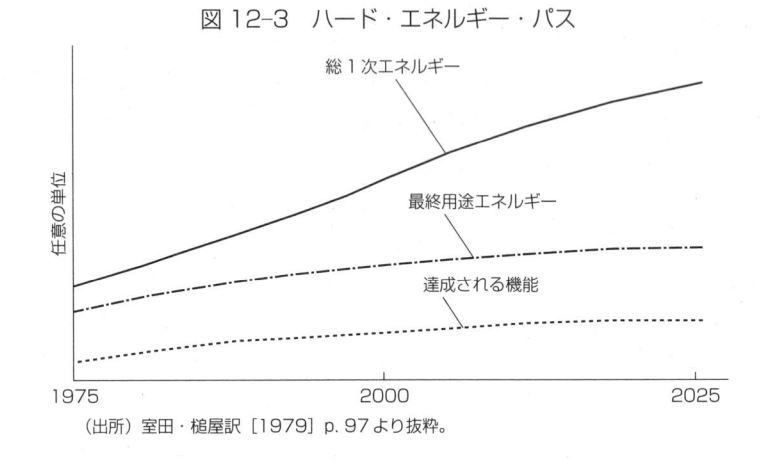

図12-3　ハード・エネルギー・パス

(出所) 室田・槌屋訳 [1979] p. 97 より抜粋。

---

(7) Lovins [1997]（室田・槌屋訳 [1979]）
(8) Lovins [1981] p. 20.

削減する。このことにより，図12-4にみられるように，将来の1次エネルギー総供給および最終用途で需要されるエネルギーは減少するが，達成される機能が増加させうると考えるのである[9]。つまりエネルギー需要は減少するが経済成長は可能ということになる。

　アメリカや日本のように膨大なエネルギーを使用する先進国型社会において，全面的に現行のハード・パスからソフト・パスに移行することは難しい。しかしながら，経済成長に見合うエネルギー需要を所与としてこれに供給を対応させていくというハード・パス路線をいつまでも取り続けることは，資源量および環境保全の視点から不可能と思われる。それゆえ，経済活動の水準を下げることなく，エネルギー需要を抑制するというソフト・パス路線の提唱は魅力的である。最終需要段階におけるエネルギー需要の内容の分析，再生可能エネルギーの利用技術の開発およびエネルギーの効率的需要システムの研究等，ソフト・パスに関わる研究を深めていく必要がある。このような研究の1つに**ホロニック・パス**をあげることができる。これは，大規模集中型システムであ

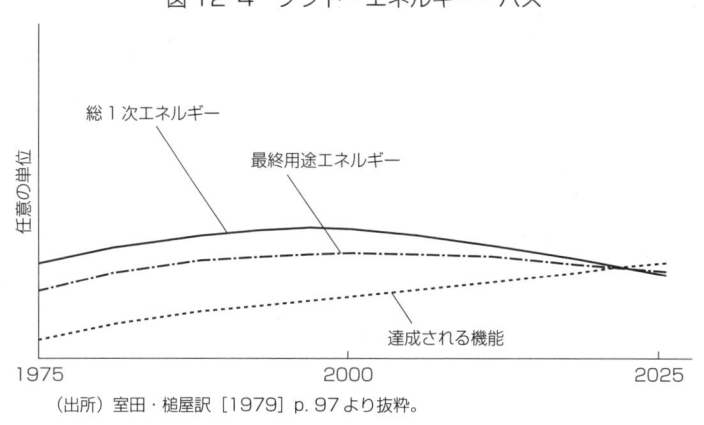

図12-4　ソフト・エネルギー・パス

(出所) 室田・槌屋訳 [1979] p.97より抜粋。

---

(9) Lovins [1977] pp. 38-39（室田・槌屋訳 [1979] pp. 85-98.)
(10) 茅 [1998]

るハード・パスと小規模分散型システムであるソフト・パスの調和を図り，エネルギー・システム全体のフレキシビリティを高めようという路線である[10]。この路線の採択には，コジェネレーションおよび太陽光・風力・波力等の自然エネルギーの利用を考えた小規模分散型システムの研究・開発が欠かせない。そのためには，大規模集中型システムに関わる研究・開発を中心に投入されてきた資金配分を見直す必要がある。

(河野　正男)

COLUMN 11

新エネルギー等

　日本における1次エネルギー供給に占める新エネルギー等の割合は2007年度現在1.2%である（図12-1参照）。2030年度には2005年度比で2.7倍の供給増が見込まれている（表12-7参照）。内訳をみると，太陽光発電および風力発電が約50%とされる。これらの新エネルギーについては，太陽光パネルや風車を実際にみたり，あるいはTVの映像を通じてみたりする機会が多いので，ここでは他の主要な新エネルギー源についてみておくことにしたい。

　太陽光は集熱し，水等を加熱し，給湯や空調等にも利用されるほか，蒸気タービンを回して発電にも利用される。太陽熱発電という。

　廃棄物発電には，清掃工場等で廃棄物の焼却熱を利用して蒸気を発生させ，石炭・石油による火力発電と同様に蒸気タービンを回して発電するケースと，廃棄物を固形化しRDF（廃棄物固形燃料）とし，これを発電に利用するケースがある。また，廃棄物の焼却熱は給湯，温水プールあるいは暖房等にも利用されている。

　バイオマスは生物体あるいは生物量を意味し，その種類は多様である。バイオマス資源としては林地残材・製材廃材等の木質系，食品廃棄物・水産加工残渣等の食品産業系，黒液・廃材・古紙等の製紙工場系，とうもろこし・もみ殻・甘藷・菜種等の農業系，家畜糞尿・漁業残滓等の畜産・水産系，建築廃材系，し尿・厨芥ごみ・下水汚泥・廃棄食用油等の生活系等がある。

　以上のほか，燃料電池への期待も大きい。これは，水素と大気中の酸素を化学反応させて発電するシステムである。水素は，天然ガス，LPガス，石炭・石油等の化石燃料，製鉄・石油精製プロセスで発生する副生ガスあるいは電力を利用した水の電気分解等から生み出される。長期的には，風力や太陽光等の自然エネルギーを利用した電力による水素を使用する低コストの燃料電池の開発

が期待される。

　　経済産業省編［2008］pp. 132-138.
　　日本エネルギー経済研究所計量分析ユニット編［2008］pp. 294-331.

（河野　正男）

演習問題

1　日本における1次エネルギー供給状況について簡潔に説明しなさい。
2　電力化率について説明しなさい。
3　総括原価方式について説明しなさい。
4　電源別発電コストの比較のあり方について論じなさい。
5　ハード・パスとソフト・パスの特徴を明らかにしなさい。

第13章

マクロ環境会計の展開

　マクロ会計分野で環境関連の情報を集計し，公表する試みは1970年代に始まった。この試みは，単一の集計量を求めるものと環境関連情報を組織的に把握するものとに分けられる。前者に属するものとしては，ノードハウス＝トービン（Nordhaus W. D. and J. Tobin）の**経済福祉指標**（Measures of Economic Welfare, **MEW**）（Nordhaus and Tobin［1972］pp. 1-24）や日本の経済審議庁・NNW開発委員会の**国民純福祉**（Net National Welfare, **NNW**）（経済審議会・NNW開発委員会編［1973］）があげられる。これらの指標は，GNP（GDP）[1]が必ずしも経済的福祉の水準をあらわすものではないとの考えから，この水準を示すGNPに代わる単一の指標を求めるものとして開発された。MEWおよびNNWは，概念的には，GNPの推計に当たっては従来取り上げられることのなかった，経済的福祉の水準の視点からのプラス項目（例えば，余暇活動や非市場活動等）とマイナス項目（環境汚染や都市化に伴う損失等）を，GNPに加減することによって算出される。

　他方，組織的に環境関連の情報を把握することは，アメリカ商務省によって公表された**公害削減・管理支出勘定**（Pollution Abatement and Control Expenditures Accounts）（Cremeans and Segel［1975］pp. 8-11）で行われた。この勘定では，アメリカの国民所得勘定中に埋もれている公害関連の情報が抽出され，これらの情報が，個人，企業および政府等の部門別ならびに大気，水，固形廃棄物およびその他の汚染源別に公表された。後述する環境・経済統合勘定のバージョンⅡに相当する先駆的試みといえる。

（1）　かつて国民経済の年々の活動規模を示す重要な尺度としてGNPが使用されていたが，近年はGDPに代替された。

1980年代後半以降,国際連合が公表してきた**国民勘定体系**（System of National Accounts, **SNA**）[2]の枠組みの中で環境情報を取り扱う研究が活発に進められ,1993年におけるSNAの改訂版（93SNA）（Commission of the European Communities et al.［1993］）の中に,サテライト勘定としての環境勘定が取り入れられた。その詳細は,別途,1993年に国際連合より刊行された『環境・経済統合会計（暫定版）』（United Nations［1993］）で取り上げられた。本章では,この暫定版を中心にマクロ環境会計について紹介する。

環境勘定がSNAの枠組みの中で,特に国民所得勘定と国民貸借対照表に密接に関連させて構築されていることから,以下では,まず,国民所得勘定と国民貸借対照表の簡単な紹介を行い,ついでサテライト勘定としての環境勘定および環境・経済統合勘定等を取り上げることにする。

1 マクロ会計の枠組み
―国民所得勘定および国民貸借対照表を中心として―

マクロ環境会計が環境・経済統合会計と自然資源会計に区分されることについてはすでに触れた。前者はSNAの枠組みの中に環境勘定を組み込んだ会計を,後者は水資源や森林資源等の自然資源の賦存量およびその増減量を物量単位で測定,記録する会計をそれぞれ意味する。本章では,先に指摘したように,前者を中心に取り上げる。そこで,まず,SNAにもとづくマクロ会計の基礎的枠組みをみておくことにしよう。

マクロ会計では,5種の主要勘定表すなわち国民所得勘定,投入産出表（産業連関表）,資金循環勘定（資金循環表）,国際収支および国民貸借対照表が作成される。これらの5種の勘定表のうち,環境・経済統合会計では,主として国民所得勘定と国民貸借対照表への環境会計情報の組み込みが行われるので,この2種の勘定表に焦点を当て説明する。

---

(2) SNAは,国際連合により1953年に初版が公刊された（United Nations［1953］）。以後,1960年,64年,68年,93および2009年に改訂された。

1 マクロ会計の枠組み

1.1 国民所得勘定の構造

(1) 基本勘定の設計

国民所得勘定は，下記のケインズ恒等式をもとに設計される。

$$Y \equiv C + I^* \quad \cdots\cdots\cdots ①$$
$$Y \equiv C + S \quad \cdots\cdots\cdots ②$$
$$I^* \equiv S \quad \cdots\cdots\cdots ③$$

①式は生産活動を示す。すなわち，国民経済の最終生産物（Y）は消費財（C）と資本形成（投資財）（I*）[3]の生産高に等しい。②式は所得とその使用活動を示す。すなわち，生産活動で生み出された所得（Y）は消費支出（C）と貯蓄（S）の合計に等しい。③式は蓄積活動を示す。すなわち，純資本形成（I*）は同額の貯蓄（S）によって賄われる。

ところで，上式では，生産活動における有形固定資産の使用に伴う損耗分すなわち固定資本減耗（D）が明示されていない。いま，$I^* = I - D$ とすると，上記のケインズ恒等式を次のように書き換えることができる。

$$Y + D \equiv C + I \quad (Y \equiv C + I - D) \cdots\cdots ①'$$
$$Y \equiv C + S \quad \cdots\cdots\cdots\cdots\cdots\cdots\cdots\cdots ②'$$
$$I \equiv S + D \quad (I - D \equiv S) \quad \cdots\cdots\cdots\cdots ③'$$

これらの3恒等式を勘定形式で示したものが，海外取引を考慮しない場合すなわち封鎖経済下の国民所得勘定の基本形である。

現実的な国民所得勘定を設計するには，海外取引を考慮に入れる必要がある。海外取引としては，まず，日本にとっての財貨・サービスの輸出（X）と輸入（M）があげられる。このほか，日本と海外諸国との間で生じる所得の受

（3） 投資という用語は実物資産のみならず金融資産の獲得のための資金の投下にも使用される。そこで，誤解を避けるために，マクロ会計分野では，会計期間中の生産活動の結果である有形固定資産や在庫品等の実物資産の変動を資本形成（capital formation）と呼ぶ。

表 13-1 封鎖経済下の国民所得勘定の基本形

生産勘定		所得とその使用勘定		蓄積勘定	
Y	C	C	Y	I	D
D	I	S			S

表 13-2 開放経済下の国民所得勘定の基本形

生産勘定		所得とその使用勘定		蓄積勘定		海外勘定	
Y	C	C	Y	I	D	X	M
D	I	Y_{fp}	Y_{fr}	L_{fp}	S	Y_{fr}	Y_{fp}
M	X	T_{fp}	T_{fr}	K_{fp}	L_{fr}	T_{fr}	T_{fp}
		S			K_{fr}	L_{fr}	L_{fp}
						K_{fr}	K_{fp}

取（Yfr）と支払（Yfp），経常的移転の受取（Tfr）と支払（Tfp），債務の発生（Lfr）と債権の発生（Lfp），資本的移転の受取（Kfr）と支払（Kfp）などがある。これらの海外取引を，表13－1の各勘定の該当箇所に記入するとともに，各種の海外取引を総括的に記入する勘定を設けると，開放経済下の国民所得勘定の基本形が得られる（表13－1参照）。なお，海外勘定を設けることにより，各種の取引の勘定への複式記入が維持される。

1.2 日本の国民所得勘定

日本では，SNAにもとづくマクロ会計情報は，基本的には，内閣府から刊行される『国民経済計算年報』に掲載される。『国民経済計算年報』から2006年の国民所得勘定（内閣府経済社会総合研究所国民経済計算部編［2008］）を紹介する。

(1) 国内総生産勘定

この勘定は，表13－2の生産勘定に相当する。生産勘定では，借方合計は総供給を，貸方合計は総需要をそれぞれ意味している。しかしながら，国内総生産勘定では，借方合計として**国内総生産（GDP）**を，貸方合計として国内総支出（GDE）を示すために，財貨・サービスの輸入（M）が貸方の財貨・サービスの輸出（X）の控除項目とされている。

表13-3 わが国の国民所得勘定（国民勘定）

2006年（平成18暦年）
（単位：10億円）

1. 国内総生産勘定

雇用者報酬	262,617.2	民間最終消費支出	290,719.0
営業余剰・混合所得	93,493.1	政府最終消費支出	89,958.0
固定資産減耗	105,971.1	総固定資産形成	119,415.1
生産・輸入品に課される税	43,645.8	在庫品増加	2,484.4
（控除）補助金	-3,178.0	財貨・サービスの輸出	81,756.3
統計上の不突合	6,375.8	（控除）財貨・サービスの輸入	-75,407.8
国内総生産	508,925.0	国内総支出	508,925.0

2. 国民可処分所得と使用勘定

民間最終消費支出	290,719.0	雇用者報酬	262,617.2
政府最終消費支出	89,958.0	海外からの雇用者報酬（純）	133.5
貯蓄	29,401.1	営業余剰・混合所得	93,493.1
		海外からの財産所得（純）	14,284.9
		生産・輸入品に課される税	43,645.8
		（控除）補助金	-3,178.0
		海外からのその他の経常移転（純）	-918.4
国内可処分所得の使用	410,078.1	国内可処分所得	410,078.1

3. 資本調整勘定

（実物取引）			
総固定資本形成	119,415.1	貯蓄	29,401.1
（控除）固定資本減耗	-105,971.1	海外からの資本移転（純）	-553.2
在庫品増加	2,484.4	統計上の不突合	6,375.8
海外に対する債権の純増	19,295.3		
資産の変動	35,223.8	正味資産の変動	35,223.8
（金融取引）			
対外資産の変動	29,264.1	海外に対する債権の純増	19,295.3
		対外負債の変動	9,968.8
対外資産の変動	29,264.1	海外債権・負債の変動	29,264.1

4. 海外勘定

財貨・サービスの輸出	81,756.3	財貨・サービスの輸入	75,407.8
雇用者報酬（支払）	154.5	雇用者報酬（受取）	21.0
財産所得（支払）	21,603.6	財産所得（受取）	7,318.7
その他の経常移転（支払）	1,764.7	その他の経常移転（受取）	2,683.1
経常対外収支	-19,848.5		
支払	85,430.6	受取	85,430.6
（資本取引）			
資本移転等（支払）	87.7	経常対外収支	-19,848.5
経常収支・資本移転による正味資産の変動	-19,295.3	資本移転等（受取）	640.9
合計	-19,207.6	合計	-19,207.6
（金融取引）			
資産の変動	9,968.8	資金過不足	-19,295.3
		負債の変動	29,264.1
資産の変動	9,968.8	資金過不足および負債の変動	9,968.8

（出所）内閣府経済社会総合研究所国民経済計算部編［2008］にもとづき筆者作成。

民間最終消費支出と政府最終消費支出の合計および国内総固定資本形成と在庫品増加の合計は，それぞれ生産勘定のCとIに該当する。雇用者報酬と営業余剰・混合所得の合計は生産勘定上のYを意味する。

貸方側の諸項目が市場価格で評価されることから，借方側に「生産・輸入品に課せられる税[4] －補助金」を加算し，貸借のバランスが図られている。さらに，統計上の不突合も，貸借のバランスを図るために設けられた項目である[5]。

(2) 国民可処分所得と使用勘定

この勘定は，表13-2の所得とその使用勘定に相当する。貸方側には，国内総生産と総支出勘定から，国民経済内で生み出された所得 (Y) が振り替えられるほか，海外からの所得受取 (Yfr) と海外への所得支払 (Yfp) の差額すなわち海外からの所得（純）(Yfn) が示される。なお，貸方側をみれば推測されるように，海外から（あるいは海外へ）の所得は，雇用者報酬と財産所得に区分される。

また，国際協力等の反対給付のない経常移転を意味する海外からのその他の経常移転受取 (Tfr) と海外へのその他の経常移転支払 (Tfp) の差額すなわち海外からのその他の経常移転（純）(Tfn) も貸方に計上される。かくして貸方合計は**国民可処分所得**となる。借方側は，国民可処分所得が消費支出と貯蓄に使用されている状況を示している。

国民可処分所得と使用勘定では，国民可処分所得を示すために，本来，貸方項目であるYfpおよびTfpを，借方のYfrおよびTfrからそれぞれ控除する点で，表13-2の所得とその使用勘定とは表記形式が異なっている。

(3) 資本調達勘定

この勘定は，実物取引の部と金融取引の部に区分されている。実物取引の部は，表13-2の蓄積勘定に相当する。貸方側は，資本形成 (I) のための資金源

---

(4) 生産・輸入品に課せられる税は，従来の国民経済計算体系における間接税に相当する。
(5) 統計上の不突合は企業会計の財務諸表には表れない項目である。貸方側をコモディティ・フロー法で，借方側を付加価値法で推計するために生じる統計差異を意味する。

泉を意味する。主要な資金源泉である貯蓄は国民可処分所得と使用勘定から振り替えられる。このほか，企業会計の建設助成金や国庫負担金等の剰余金に相当する海外からの資本移転（純）が計上される。この項目は，海外からの資本移転受取（Kfr）と海外への資本移転支払（Kfp）の差額（Kfn）であり，マイナス表記になっているのはKfp＞Kfrを意味している。

表13-2の蓄積勘定では資金源として貸方に計上されている**固定資本減耗**（D）は，資本調達勘定では，借方側の国内固定資本形成の控除項目とされる。それゆえ，控除後の差額である純固定資本形成が間接的に表示される。純固定資本形成は，後述する国民貸借対照表に明示的に計上される。

調達された資金（貸方合計）は，**固定資本形成**や在庫品増加（在庫品の積増し）に使用され，残額は海外に対する債権の変動（Lfn＝Lfp－Lfr）とされる。表13-2の蓄積勘定では，Lfnは示されず，LfpとLfrがそれぞれ別記されている。

なお，統計上の不突合は，複式記入の維持の視点から，この勘定の貸方に計上される。

金融取引の部は，当該期間中の対外資産および負債の増減額を示す。金融取引の部は環境保全活動との直接的関連が薄いので詳述は省略する。

（4）海外勘定

この勘定は，経常取引，資本取引および金融取引の3部に区分される。経常取引の部と資本取引の部を併合すると，表13-2の海外勘定になる。経常取引の部において所得（Y）が雇用者報酬と財産所得に区分されている点が表13-2の海外勘定とは異なる。また，表13-2の海外勘定では，Y，T，L，Kの受払いが，日本の視点から説明されているのに対して，表13-3の海外勘定では，財貨・サービスの輸出（X）と輸入（M）以外の取引項目は，海外諸国の受払いの視点から説明されている点に留意する必要がある。

資本取引の部には，資本形成やその他の資本蓄積に関連する海外取引が示される。資本調達勘定の「海外からの資本移転等（純）」に見合っている。金融取引の部は，資本調達勘定の金融取引の部と対応している。

1.3　日本の国民貸借対照表

国民貸借対照表は，狭義には，『国民経済計算年報』で貸借対照表勘定といわれている勘定表に相当する。SNAでは，貸借対照表勘定に加えて，当該年度の生産活動による資産および負債の変動額を計上する資本調達勘定および生産活動以外の原因による資産および負債の変動額を記録する調整勘定の3勘定をストック勘定としているので，ここでは広義に考えて，これらの3勘定を国民貸借対照表と呼ぶことにする。

(1)　2005年末貸借対照表勘定 (2006年期首貸借対照表勘定)

まず，借方側であるが，資産は金融資産と非金融資産に大別される。そして，非金融資産は，生産活動の成果である**生産資産**（produced assets）と土地，地下資源および漁場等のように生産活動の直接の成果とはされない**有形非生産資産**に細分される。生産資産の内訳項目である無形固定資産の具体的内容はコンピュータ・ソフトウェアである。

貸方側には，負債と正味資産が示される。国民経済全体の正味資産は国富といわれる。

(2)　資本調達勘定

この勘定は，国民所得勘定（表13-3）中の資本調達勘定と同じ枠組みを有する。相違点は，この勘定がストック勘定に属しているために，当該期間中の金融資産と負債の変動額の総額が計上される点である[6]。

借方の純固定資本形成は，国民所得勘定中の資本調達勘定すなわちフロー勘定としての資本調達勘定借方の国内総固定資本形成から固定資本減耗を差し引いた額に一致している。借方の在庫品増加および貸方の貯蓄，海外からの資本移転（純）ならびに統計上の不突合は両勘定で一致している。

ストック勘定としての資本調達勘定借方の金融資産の変動と貸方の負債の変動の差額は19兆2953億円であるが，この金額はフロー勘定としての資本調達勘定の海外に対する債権の変動の金額と同額である。

---

(6)　表13-3では相殺される国内で発生した金融資産および負債額を包含している。

表 13-4 国民貸借対照表（期末貸借対照表勘定）

2006年（平成18暦年）
（単位：10億円）

2005（平成17）暦年末・貸借対照表勘定

非金融資産	2,468,217.9	負　債	5,889,585.7
生産資産	1,245,230.0	（うち株式）	(908,067.3)
在　庫	84,813.7	正味資産（国富）	2,641,035.9
有形固定資産	1,139,088.4		
無形固定資産	21,327.9		
有形非生産資産	1,222,987.8		
金融資産	6,062,403.7		
（うち株式）	(724,659.5)		
期末資産	8,530,621.6	期末負債・正味資産	8,530,621.6

2006 暦年・資本調達勘定

純固定資本形成	13,444.0	負債の変動	−72,977.9
有形固定資産	7,282.2	（うち株式）	(3,786.0)
無形固定資産	2,609.4	貯蓄	29,401.1
有形非生産資産の改良	3,552.4	海外からの資本移転（純）	−553.2
在庫品増加	2,484.4	統計上の不突合	6,375.8
金融資産の変動	−53,682.6		
（うち株式）	(−3,612.9)		
資産の変動	−37,754.1	貯蓄・資本移転および負債の変動	−37,754.1

2006 暦年・調整勘定—その他の資産量変動勘定—

非金融資産	−306.4	負　債	14,989.2
生産資産	−306.4	その他の資産量変動による正味資産の変動	−466.1
在　庫	0.0		
有形固定資産	2,200.3		
無形固定資産	−2,506.7		
有形非生産資産	0.0		
金融資産	14,829.5		
資産の変動	14,523.1	貯蓄・資本移転および負債の変動	14,523.1

2006 暦年・調整勘定—再 評 価 勘 定—

非金融資産	22,650.2	負　債	13,556.9
生産資産	20,006.0	（うち株式）	(19,622.3)
在　庫	1,982.0	名目保有利得または損失による正味資産の変動	45,777.6
有形固定資産	17,027.0		
無形固定資産	997.0		
有形非生産資産	2,644.2		
金融資産	36,684.3		
（うち株式）	(3,787.0)		
資産の変動	59,334.5	負債・正味資産の変動	59,334.5

2006 暦年・調整勘定—そ　の　他—

生産資産	−4,940.7	その他の正味資産の変動	−4,940.7
有形固定資産	−5,220.5		
無形固定資産	279.8		
資産の変動	−4,940.7	正味資産の変動	−4,940.7

（注）「その他」勘定は，ストックの系列から推計される減耗額とフローの減耗額との差を計上した。

2006（平成18）暦年末・貸借対照表勘定

非金融資産	2,501,549.4	負　債	5,845,153.9
生産資産	1,272,365.0	（うち株式）	(931,475.6)
在　庫	89,280.1	正味資産（国富）	2,716,630.4
有形固定資産	1,160,377.4		
無形固定資産	22,707.4		
有形非生産資産	1,229,184.5		
金融資産	6,060,234.9		
（うち株式）	(724,833.6)		
期末資産	8,561,784.3	期末負債・正味資産	8,561,784.3

（注）1．株式については，その保有者によって公的非金融法人企業，公的金融機関及び中央政府は帳簿価格，それ以外は市場価格で評価した。
（出所）内閣府経済社会総合研究所国民経済計算部編 [2008] にもとづき筆者作成。

(3) 調 整 勘 定

国民貸借対照表に計上されるストック額は，生産活動以外の原因によっても変動する。原因として，（イ）価格変化による再評価，（ロ）予測不能な事態にもとづく調整，（ハ）購入された非金融無形資産の消滅，（ニ）固定資本減耗の計測に関わるフローとストックの相違の調整等が考えられる。

調整勘定は3種の内訳勘定からなる。その他の資産量変動勘定には，上記の（ロ）および（ハ）等に関わる項目が計上される。たとえば，災害による予測し得ない規模の資産の損失や金融機関による不良債権の償却等である（内閣府経済社会総合研究所国民経済計算部編［2008］p.563）。

マクロ会計では時価基準が採用されている。そこで，資産および負債の再評価額が再評価勘定に計上される。表13－4の再評価勘定には，2002年以降の好景気を反映してすべての資産がプラス評価されている実態が示されている。

その他の勘定には，上記の（ニ）すなわちストックおよびフローの系列から推計される固定資本減耗の相違に依拠する差額が計上される。

(4) 2006年末貸借対照表勘定

2006年期首すなわち2005年期末貸借対照表勘定の諸項目に，2006年の資本調達勘定および調整勘定の該当項目を順次加算すると，2006年末貸借対照表勘定が得られる。

2 サテライト勘定としての環境勘定

2.1 サテライト勘定の意義

サテライト勘定は，マクロ勘定の主要勘定体系すなわちコア体系（core system）[7]には明示的に示されていない特定分野の情報を開示する手段として，フランスで開発された。

フランスでは，1960年代初め頃から，農業，商業および運輸業等の特定の産

（7） 中枢体系（central framework）ともいう。

業分野に関する業種別勘定がコア体系からある程度独立的に作成されていた。フランスにおける1976年のマクロ会計の改訂時に，コア体系を補完するものとしてサテライト勘定が，マクロ会計の勘定体系に加えられた（Pommier [1981] pp. 373-386)。そして，1993年のSNA改訂において，SNAにもサテライト勘定が取り入れられた。

サテライト勘定は，社会的関心を集めている特定分野に関わる情報収集の枠組みであり，関連する費用，支出および収入等が記録される。1993年SNAでは，特定分野として文化，教育，社会的保護，旅行，環境保全，研究開発，開発援助，運輸，データ処理，住宅，通信等が例示されている（Commission of the European Communities et al. [1993] p. 494（sec. 21. 51))。

2.2　サテライト勘定としての環境勘定の諸類型

国際連合は，1993年に，経済勘定（SNA）にサテライト勘定としての環境勘定を組み込んだ**環境・経済統合会計**を公表した（United Nations [1993]）。この会計システムは通常**SEEA**（System for Integrated Environmental and Economic Accountingの略称）といわれる。SEEAはしばしば環境・経済統合会計そのものを指す語としても使用されている。

サテライト勘定としての環境勘定が提供する環境会計情報は，コア体系と環境勘定との関連性の濃淡によっていくつかの種類に区分される（図13－1参照）。

コア体系は，前節で取り上げた国民所得勘定および国民貸借対照表以外に，投入産出表，資金循環勘定ならびに国際収支表等からなる。コア体系中に埋没している環境関連の費用ないし支出等を抽出したものがA部分である。本章の冒頭で紹介したアメリカ商務省の公害削減・管理支出勘定に示される情報はこの範疇に入る。環境関連情報として物量情報は欠かせない。A部分の情報に関連づけられる物量情報がB部分である。A部分とB部分の情報は，金額と物量の相違はあるが，いずれも実際に発生した金額および物量という意味で，実際情報である。

C部分とD部分の情報は，一定の仮定にもとづいて推計された金額情報で

図13-1 SNA環境・経済統合会計（サテライト）体系（SEEA）

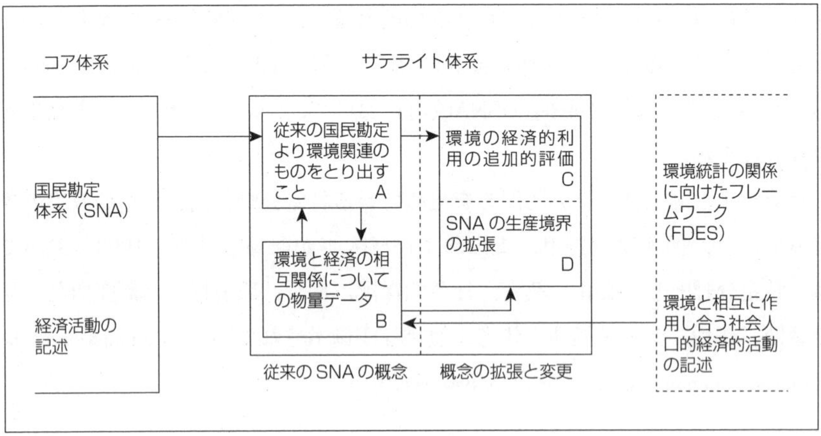

```
コア体系              サテライト体系

国民勘定       従来の国民勘定    環境の経済的利
体系（SNA）    より環境関連の    用の追加的評価
               ものをとり出す                C      環境統計の関係
               こと      A      SNAの生産境界   に向けたフレー
                                の拡張          ムワーク
経済活動の      環境と経済の相                D   （FDES）
記述           互関係について
               の物量データ                     環境と相互に作
                         B                       用し合う社会人
                                                 口的経済的活動
               従来のSNAの概念  概念の拡張と変更  の記述
```

（出所）United Nations [1993] p.27より抜粋。

あるために，実際情報とは区分される。C部分の情報としては，生産活動から排出された環境負荷物質による大気，水および土壌等の自然資産の破壊あるいは劣化の推計額があげられる。また，D部分の情報としては，概念の拡張や変更にもとづく追加的情報が考えられている。SNAでは，経済活動を適切に記述する視点から，産業のみが生産活動を行うものとしてその体系が構築されている。これに対して，D部分は，環境保全の視点から，家計や自然自身も生産活動をするとした場合に推計されうる情報等を意味する。

3 環境・経済統合会計

3.1 環境・経済統合会計の様々なバージョン

(1) SEEAバージョンⅠ：SEEAの基本形

図13-1にもとづいて，環境会計情報にはA，B，CおよびDの部分に相当する4種の情報があることを明らかにした。サテライト勘定としての環境勘定にどの種類の情報を記録するかによって，環境・経済統合会計体系（SEEA）はいくつかのバージョン（version）に区分される。

3 環境・経済統合会計　245

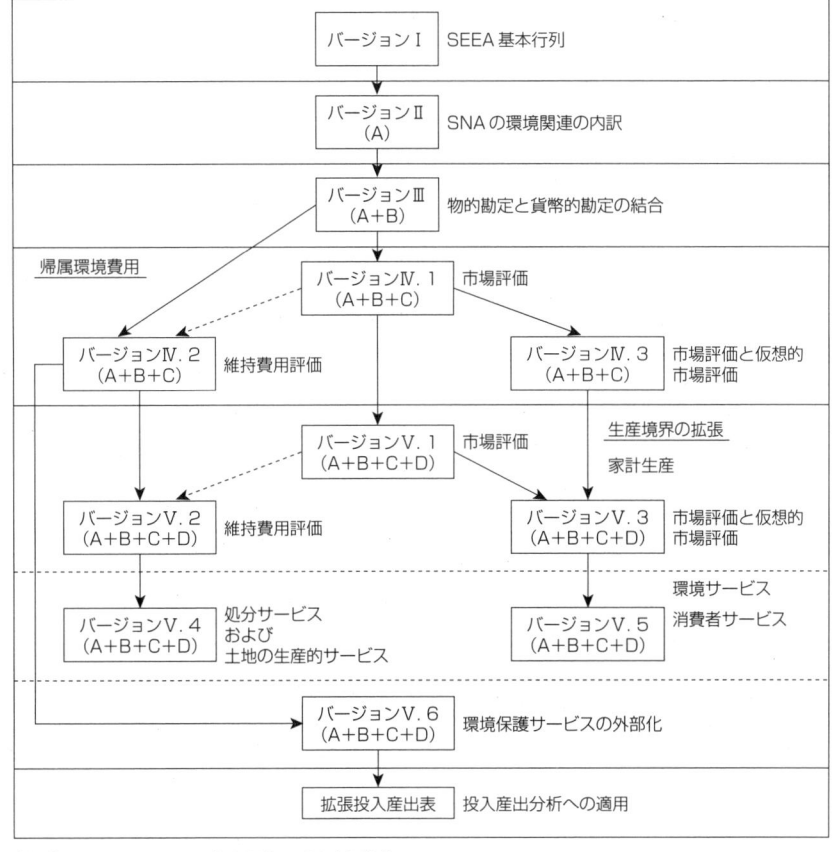

図13-2　SEEAのさまざまなバージョン

```
┌─────────────────────────────────────────────────────────────┐
│  バージョンⅠ  │ SEEA基本行列                                  │
│      ↓                                                       │
│  バージョンⅡ                                                 │
│   (A)      │ SNAの環境関連の内訳                              │
│      ↓                                                       │
│  バージョンⅢ                                                 │
│   (A+B)    │ 物的勘定と貨幣的勘定の結合                       │
│      ↓                                                       │
│ 帰属環境費用                                                  │
│            バージョンⅣ.1  │ 市場評価                         │
│             (A+B+C)                                          │
│      ↓       ↓       ↓                                     │
│ バージョンⅣ.2     バージョンⅣ.3  │ 市場評価と仮想的         │
│  (A+B+C) 維持費用評価  (A+B+C)      │ 市場評価                │
│                    ↓                                         │
│            バージョンⅤ.1  │ 市場評価                         │
│             (A+B+C+D)           生産境界の拡張                │
│                                 家計生産                      │
│      ↓       ↓       ↓                                     │
│ バージョンⅤ.2     バージョンⅤ.3  │ 市場評価と仮想的         │
│  (A+B+C+D) 維持費用評価  (A+B+C+D) │ 市場評価                │
│                                                              │
│                                              環境サービス     │
│ バージョンⅤ.4   処分サービス    バージョンⅤ.5  消費者サービス│
│  (A+B+C+D)      および           (A+B+C+D)                   │
│                 土地の生産的サービス                          │
│                                                              │
│            バージョンⅤ.6  │ 環境保護サービスの外部化         │
│             (A+B+C+D)                                        │
│                    ↓                                         │
│            拡張投入産出表 │ 投入産出分析への適用              │
└─────────────────────────────────────────────────────────────┘
```

（出所）United Nations [1993] p. 29より抜粋。

　環境へ影響をもたらす主たる経済活動は生産活動であり，影響を受ける環境の意味するところは自然資産であることから，バージョンⅠは，国民所得勘定中の生産勘定および金融資産や無形固定資産を除いて作成される国民貸借対照表（実物資産のみを表示）からなる。

　海外取引として生産活動に関わりのある財貨・サービスの輸出（X）と輸入（M）のみを考慮したケインズ恒等式を考えると，前記した①´，②´および③´式は下記のように書き換えることができる。

246　第13章　マクロ環境会計の展開

$$M + Y + D = C + I + X \quad \cdots\cdots ①''$$
$$Y = C + S \quad \cdots\cdots ②''$$
$$I + Lfn = D + S \quad \cdots\cdots ③''$$
$$X = M + Lfn \quad \cdots\cdots ④''$$

（但し，海外に対する債権の変動 $Lfn = X - M$）

　このケインズ恒等式をマトリックス形式で表現すると表13-5のようになる。表13-5に実物資産（非金融有形資産）のみからなる貸借対照表，その他の資産量変動勘定および再評価勘定を追加表示すると，表13-6のマトリックスが得られる。このマトリックスは，SEEAのバージョンⅠの基本構造を示している。表13-6では，蓄積勘定部分は，環境保全の視点から，行・列とも実物資産のみが示され，表13-5中のSおよびLfnは省かれている。蓄積活動を表

表13-5　海外取引（輸出と輸入）を考慮した国民所得勘定マトリックス

	生　産	所得とその使用	蓄　積	海　外
生　産		C	I	X
所得とその使用	Y			
蓄　積	D	S		
海　外	M		Lfn	

表13-6　実物資産を追加表示した国民所得勘定マトリックス
～バージョンⅠ～

	生　産	所得とその使用	蓄　積	海　外
期首ストック			K_0	
生　産		C	I	X
所得とその使用	Y			
蓄　積	D			
海　外	M			
その他の資産量変動			V	
再　評　価			R	
期末ストック			K_1	

す列部分では，期首の実物資産のストック額（K_0）に，当期の資本形成額（I），その他の資産量変動額（V）および再評価額（R）を加算して，期末ストック額（K_1）が算出される構造になっている。

表13-6の数値例が表13-7である。さらに表13-7を勘定形式で示すと表13-8のようになる。

表13-7中の2行1列の交点の升目は，表13-5ないし表13-6では明示されていない項目である。この項目は表13-5ないし表13-6では，空欄とされている1行1列ないし2行1列の交点の升目への記入を意味し，産業間での取

表13-7 SEEA バージョンⅠ：SNAの概念の要約—数値例（貨幣単位）

		1.1 産業の国内生産	2. 最終消費		3. 非金融資産（資産の使用と資産ストック）			4. 輸出	5. 総使用	
			2.1 個人消費	2.2 集合消費	3.1.1 産業の生産資産		3.2 非生産自然資産		国内発地	国外発地
					3.1.1.1 人工	3.1.1.2 自然				
		(1)	(2)	(3)	(4)	(5)	(6)	(7)	(8)	(9)
1	期末ストック (1.)				991.3	83.1	1,756.4			
	産業の生産物の使用 (2.1)									
2	国内生産 (2.1.1)	184.1	148.7	42.5	61.8	1.4	7.3	71.6	517.4	
3	輸入 (2.1.2)	39.9	26.3		6.2	0.0		2.1		74.5
4	生産された固定資産の使用 (3.3.1)	26.3			−23.0	−3.3				
5	純付加価値/NDP (4.2.2)	267.1								
6	産業の総産出 (5.1)	517.4								
	その他の量的変化 (6.)									
7	経済的原因によるもの (6.1)				0.0	0.0	7.0			
8	自然的，複合的原因によるもの (6.2)				−25.3	0.0	−4.1			
9	市場価格変動による再評価 (7.)				138.1	12.6	410.5			
10	期末ストック (8.)				1,149.1	93.8	2,177.1			

(出所) United Nations [1993] p.38 より抜粋。

表13-8 SEEAバージョンIの勘定形式

(経済全体の) 生産勘定

中間生産物の投入	184.1	中間生産物の産出	184.1
純付加価値	267.1	最終消費支出	217.5
固定資本減耗	26.3	総資本形成	76.7
輸入	74.5	輸出	73.7
	552.0		552.0

期首貸借対照表

人工資産	991.3	正味資産	2,830.8
生産自然資産	83.1		
非生産自然資産	1,756.4		
	2,830.8		2,830.8

資本調達勘定

総資本形成		正味資産の増加	50.4
人工資産	68.0	(貯　蓄)	
生産自然資産	1.4		
非自然生産資産	7.3		
(控除) 固定資本減耗	−26.3		
	50.4		50.4

その他の資産量変動勘定

経済的原因		正味資産の増加	−22.4
非生産自然資産	7.0		
自然的・複合的原因			
人工資産	−25.3		
非生産自然資産	−4.1		
	−22.4		−22.4

再評価勘定

人工資産	138.1	正味資産の増加	561.2
生産自然資産	12.6		
非生産自然資産	410.5		
	561.2		561.2

期末貸借対照表

人工資産	1,149.1	正味資産	3,420.0
生産自然資産	93.8		
非生産自然資産	2,177.1		
	3,420.0		3,420.0

引額（中間生産物の取引額）をあらわす[8]。生産された固定資産の使用は固定資本減耗（D）を，純付加価値/NDPは所得（Y）を意味する。消費支出（C）は，個人消費と集合消費に区分されている。さらに，資本形成（I）は，国民貸借対照表における有形資産の分類にあわせて生産資産と非生産自然資産に大別されている。

(2) バージョンⅡおよびⅢ：実際環境費用の追加表示と関連物量情報の表示

企業，家計および政府機関等が環境保全活動をすると，そのために資源が消費される。この消費額を実際環境費用（actual environmental costs）と呼ぶ。実際環境費用は，コア体系の勘定，主として生産勘定に埋没しているので，生産勘定中に明示されている取引額（C, I, X, DおよびM等）あるいは同勘定には明示されないが考慮の対象となっている取引額（たとえば，中間生産物の取引額）から抽出する必要がある。具体的には，表13-9に掲示されているような環境保全活動を特定し，特定した活動ごとに費用を集計する作業が行われることになる。

表13-7から実際環境費用を抽出し，それを明示的に示したものが表13-10であり，これをバージョンⅡと呼ぶ。

ところで，SEEAのバージョンⅡに関連する物量情報を追加記入したものをバージョンⅢと呼ぶ。物量情報のみを掲示したバージョンⅢを作成することも可能である。この場合，物量勘定と呼ばれる。

(3) バージョンⅣ：帰属環境費用の追加表示

一定の仮定を設けて推計される環境費用を**帰属環境費用**（imputed environmental costs）という。帰属環境費用の推計に当たっては2つの費用概念を考慮する必要がある。引き起こされた費用（costs caused）と負担された費用（costs borne）である。

引き起こされた費用は，自己の活動により，実際上あるいは潜在的に環境悪

---

(8) 国内の産業間の取引の対象とされる生産物を中間生産物という。企業経営レベルの原材料や部品に相当する。

表 13-9 環境保全活動の範囲と内容

```
(a) 予防的環境保護：
    (ⅰ) 財貨とサービスの特性の変化，消費パターンの変化
    (ⅱ) 生産技術の変化
    (ⅲ) 個々の環境保護施設における廃物の処理あるいは処分
    (ⅳ) リサイクリング
    (ⅴ) 景観および生態系の劣化の防止
(b) 環境の復元（事後的環境保護）
    (ⅰ) 廃物の減少あるいは中性化
    (ⅱ) 廃物の空間分布の変化，環境同化作用の支援
    (ⅲ) 生態系，景観等の修復（他に言及されていないものに限る）
(c) 環境劣化のはね返りを回避する活動
    (ⅰ) 忌避活動
    (ⅱ) スクリーニング活動
(d) 環境からのはね返りによって引起される被害の処理
    (ⅰ) 建物，生産施設，歴史的記念物等の修繕
    (ⅱ) 追加的な浄化活動
    (ⅲ) 追加的な健康サービス
    (ⅳ) その他の補償的な活動
```

(出所) United Nations [1993] p. 42 より抜粋。

化を引き起こしている経済単位に関わる費用である。負担された費用は，経済単位それ自身が環境悪化を引き起こす，あるいはその可能性があることとは関係なく，経済単位によって負担される費用である。いずれの費用概念を採用するかによって，帰属環境費用の推計方法が異なる。

引き起こされた費用概念にもとづく費用推計方法を**維持評価法**（maintenance valuation method）という。環境を特定の水準に維持するために要する費用を推計する方法である。具体的には，経済活動，中でも生産活動からの環境負荷物質の排出量を，法律その他社会的合意により一定量削減する場合あるいはゼロ・エミッションとする場合の費用が推計される。

負担された費用概念の視点から環境費用を求める場合は，環境悪化に伴って国民経済内の各種の経済単位によって負担される費用すなわち被害額が市場価格によって推計される。しかしながら，負担された費用については市場価格が利用できない場合も多い。この場合には**仮想市場評価法**（contingent valuation method）の使用が提案されている。

表 13-10 環境関連活動を伴う SEEA 行列（バージョンⅡ）―数値列

	1.1 産業の国内生産			2. 最終消費				3. 非金融資産（資産の使用と資産ストック）				4. 輸出	5. 総使用
	外部的環境保護サービス（リサイクルを含む）ISIC 37,90	その他の産業 01-36, 40-85, 91-99		2.1 個人消費		2.2 集合消費		3.1.1 産業の使用			3.2 非生産自然資産		
		内部的環境保護	その他の生産	環境保護	環境からのはね返り	その他の消費		3.1.1.1 人工					
								外部的環境保護サービス	内部的環境保護	その他の産業			
	(1)	(2)	(3)	(4)	(5)	(6)	(7)	(8)	(9)	(10)	(11)	(12)	(13)	(14)	(15)
1 期首ストック (2.1)									20.8	75.3	895.2	83.1	1,756.4		
2 産業の生産物の使用 (2.1) 国内生産 (2.1.1)															
外部的環境保護サービス（リサイクルを含む）	0.0	0.0		22.4	8.8									0.0	36.2
3 その他の生産物	13.8	17.7	13.4	116.8	0.0	11.9	128.0	37.5	0.7	2.1	59.0	1.4	7.3	71.6	481.2
輸入 (2.1.2) 外部的環境保護サービス（リサイクルを含む）	0.0	0.0		0.0	0.0										0.0
5 その他の生産物	2.1	0.2	2.0	35.6	0.0	0.8	25.5		0.0	0.3	5.9	0.0		2.1	74.5
6 産業の生産された固定資産の使用 (3.3.1)	1.3	4.8	2.5	17.7					-1.3	-4.8	-16.9	-3.3			
7 純付加価値/NDP (4.2.2) 生産税（純額）(4.2.2.1)	2.0	0.3	0.0	34.1					-0.8	-0.5	-24.0	0.0	2.9		
8 雇用者報酬 (4.2.2.2)	13.0	8.7	1.7	70.3					3.0	5.8	129.3	12.6	410.5		
9 純営業余剰 (4.2.2.3)	4.0	-31.7	-19.6	184.3											
10 産業の総産出 (5.1)	36.2			481.2											
11 外部的環境保護サービス (5.1)	36.2														
12 その他の生産物	0.0			481.2											
13 その他の量的変化 (6.)															
14 市場価格変動による再評価 (7.)															
15 期末ストック (8.)									22.4	78.2	1,048.5	93.8	2,177.1		

(出所) United Nations [1993] p. 51 より抜粋。

251

バージョンⅣは，市場価格法，維持評価法ならびに市場価格法と仮想市場評価法併用のいずれの方法を使用するかによって，バージョンⅣ.1，Ⅳ.2およびⅣ.3に区分される。次項で，バージョンⅣ.2にもとづく日本の環境・経済統合勘定を紹介する。

3.2 日本の環境・経済統合勘定

国際連合の『環境・経済統合会計』では，持続可能な開発のための総合的政策およびマネジメントならびにデータの利用可能性の視点，および自然資産の悪化に対する責任の明確化の視点から，環境費用と環境悪化を引き起こす経済単位とを結びつけることに高い優先順位を与えている（United Nations［1993］p. 92（par. 256））。つまり維持評価法が薦められているといえる。

維持評価法はつぎの手順で行われる（United Nations［1993］p. 151（par. 394））。

① 経済活動によって引き起こされた自然環境の物的変化の記述
② 物的変化が自然環境の量的減耗あるいは質的劣化をもたらしている程度の分析
③ 量的減耗あるいは質的劣化を回避するために遵守する必要がある量的ないし質的基準の決定
④ 決定された基準を達成するための活動の選択
⑤ 選択された活動の費用の推計

上記の③の"決定された基準"を達成するための活動としてつぎのような活動が考えられる（United Nations［1993］pp. 107-108（par. 307））。

① 経済活動の縮小あるいは特定の活動の完全な停止
② 他の生産物の生産あるいは家計の消費パターンの変更
③ 既存の生産物の生産を維持する一方新技術の採用による投入物の代替
④ 環境劣化防止活動の実施（たとえば末端処理技術の導入）による既存の経済活動の維持
⑤ 環境の復元および経済活動の環境影響を削減する方策

表13-11は，表13-10に維持評価法にもとづく帰属環境費用すなわち**維持**

表 13-11　SEEA行列：維持価値での環境費用（バージョンⅣ.2）（貨幣単位）

番号		1.1 産業の国内生産 農業林業漁業 ISIC 0 (1)	1.1 その他の産業 ISIC 1-9 (2)	2.1 個人消費 (3)	2.2 集合消費 (4)	3.1.1 産業の生産資産 人工 (5)	3.1.1.2 自然の生産資産 (生物相) (6)	3.2.1 野生生物相 (7)	3.2.2 地下資産 (8)	3.2.3 水 (9)	3.2.4 大気 (10)	3.2.5.1 土壌 (11)	3.2.5.2 耕作地 (12)	3.2.5.2 未耕作地 (13)	4. 輸出 (14)	5. 総使用 (15)
1	期首ストック (1.)					991.3	83.1	65.4	261.9	12.0			1,366.7	50.4		517.4
2	産業の生産物の使用 (2.1)	8.1	176.0	148.7	42.5	61.8	1.4						4.6		71.6	517.4
3	輸入 (2.1.2)	1.1	38.8	26.3		6.2	0.0		2.7						2.1	74.5
4	非生産自然資産の使用 (3.1) 自然資産の減耗 (3.1.1)	4.8	12.7	0.7												0.0
5	発地が国内 (3.1.1.1)	0.0	0.0				−0.9	−3.7	−8.9	−4.7			−7.7	−2.1		
6	発地が国外 (3.1.1.2)	5.5	3.5	0.8												
7	土地、鉱物等の使用 (3.1.3)															
8	発地の排出 (3.1.3.1)	6.2	27.1	15.6	5.0	5.1	0.0			−14.3	−20.4	−14.6			−4.7	−1.6
9	発地が国内 (3.1.3.2)	0.0	0.0	0.0						−1.6	0.0	0.0	0.0	0.0		
10	自然資産の復元 (3.1.4)	0.3	21.9	−17.1	−5.0	−5.1	0.0	1.6		3.0		2.0				
11	環境費用の移転 (3.1.5)															
12	廃物の処理 (3.2)															
13	発地が国内 (3.2.1)					−23.0	−3.3									
14	発地が国外 (3.2.2)	3.5	22.8													
15	生産された固定資産の使用 (3.34)	8.7	176.4	0.0	5.0	0.9	0.9	1.6	0.9	15.1	20.4	12.6	1.1	0.5	4.7	1.6
16	エコ付加価値/EDP (4.) 市場価値すための調整 (4.1)	−10.7	−50.5													
17	エコ付加価値/市場価格で表したEDP (4.2)	19.4	226.9													
18	エコ・マージン (4.2.1)	−6.1	−14.7													
19	純付加価値/NDP (4.2.2)	25.5	241.6													
20	産業の総産出 (5.1)	38.2	479.2													
21	経済的要因による非生産資産のその他の蓄積 (6.1.1)					−25.3	0.0	0.0	27.8	0.0			3.4	−3.4		
22	自然的、複合的原因による (6.1.2)						1.3		0.0	0.9			−4.3	−2.0		
23	その他の量的変化 (6.2)															
24	市場価格変動による再評価 (7.)					138.1	12.6	11.1	28.9	1.2			357.5	11.8		
	期末ストック (8.)					1,149.1	93.8	75.7	313.3	11.6			1,721.3	55.2		

(出所) United Nations [1993] p. 111 より抜粋。

254　第13章　マクロ環境会計の展開

費用を表示したものである。大気，水あるいは土壌等に向けて排出される環境負荷物質を一定水準に削減する（たとえば，ゼロ・エミッション）と仮定した場合に必要とされる費用が推計され，示される。現実には，環境負荷物質は排出されているので，推計された費用額に相当する環境悪化があったものとみてマイナス表示されている。

　日本では，内閣府の委託研究として，1995年に，バージョンⅣ.2にもとづく環境・経済統合勘定の試算が1985年および1990年について公表された（日本総合研究所［1995］pp. 117-124）。その後，これらの推計結果に関する諸意見を考慮して1998年に1970年から1995年まで5年毎の試算にかかわる内閣府の委託研究が公表された（日本総合研究所［1998］pp. 256-262, 267-272）。

　表13-12は，1998年に公表された1990年の環境・経済統合勘定の試算結果を要約したものである（日本総合研究所［1998］p. 260）。

　表13-12の第2行は実際環境費用を示している。すなわち，環境関連の財貨・サービスが，生産活動において3兆9,326億円ならびに最終消費支出として2兆1,523億円使用され，機械設備等に2兆9,735億円あてられている。

　5～9行と4～8列の交点の升目には，維持評価法による帰属環境費用が計上される。5行と4～5列の交点の升目は，大気に排出されたNOxおよびSOxならびに水域に排出されたBODおよびCODの総量を除去するために必要な見積費用額（帰属環境費用）である。つまり，ゼロ・エミッションを達成するのに要する費用が見積られた。まず，環境保全活動をするに当たりこれらの環境負荷物質を削減するための標準的装置を想定し，これを稼動することによる1単位あたりの除去費用（原単位）を求める。ついで，この原単位に，環境保全活動にもかかわらず排出された環境負荷物質の総量を乗ずることにより，帰属環境費用が推計された。

　大気や水の質が期首に比較して悪化していることを示すために帰属環境費用はマイナス表示されている。5行の帰属環境費用の合計額3兆486億円は，この金額に相当する環境悪化をもたらした産業部門（生産活動）と家計部門および政府部門（最終消費支出）に，それぞれの責任に応じて配分される。すなわ

表13-12 日本の環境・経済統合勘定の試算結果—要約表—

1990年(名目) (単位:10億円)

		生産活動 1	最終消費支出 2	生産される資産 3	大気 4	水 5	土壌 6	土地 7	地下資源 8	輸出 9
期首ストック	1			1,003,752.7				2,147,536.9	781.0	
生産物の使用	環境関連の財貨・サービス 2	3,932.6	2,152.3	2,973.5						
	その他の財貨・サービス 3	409,565.4	282,824.9	132,571.2				3,261.5	90.4	46,908.6
生産される資産の使用	4	62,987.1		-62,987.0						
生産されない自然資産の使用	廃物の排出 5	1,355.3	1,693.3		-2,398.3	-650.3				
	土地・森林等の使用 6	1,140.7		0.0				-1,140.7		
	資源の枯渇 7	7.7							-7.7	
帰属環境費用	地球環境への影響 8									
	自然資産のその他の使用 9									
自然資産の復元(帰属環境費用)	10		-10.6			4.9	5.7			
帰属環境費用の移項(環境関連の移転支出)	11	-79.2	79.2							
環境調整済国内純生産(EDP)	12	362,686.9								
帰属環境費用(エコ・マージン)	13	4,186.4								
国内純生産(NDP)	14	366,873.3								
産 出 額	15	865,964.4								
自然資産の蓄積に関する調整項目	16			818.8	2,398.3	645.4	-5.7	1,140.7	-162.3	
その他の調整項目	17			19,755.9				224,782.2		
期末ストック	18			1,096,885.1				2,375,580.6	701.4	

(出所) 日本総合研究所[1998] p.164にもとづき筆者作成。

ち1兆3,553億円と1兆6,933億円である。

6行7列の交点に1兆1,407億円の帰属環境費用が計上されている。この金額は土地造成費である。この金額を投ずれば開発された土地が原状に修復されるとの考えで，実際に発生した土地造成費が帰属環境費用とされている。7行8列は，地下資源使用に関連する帰属環境費用を示す。日本に比較的豊富にある石炭，亜鉛および石灰石の採掘に関わる自然資源の減少にかかわる帰属環境費用をユーザーコスト法により推計している。

10行5列および6列は，それぞれ土壌の浄化および浚渫・導水等による水の浄化に要した実際環境費用が示されている。この実際環境費用は，費用をかけることにより土地および水は浄化されるので，環境悪化を示す帰属環境費用の差し引き項目とみなされる。そこで，この費用を投じた政府部門（最終消費支出）の欄すなわち10行2列に移記され，政府部門の帰属環境費用から差し引く。

11行1～2列では，産業部門（生産活動）に包含されている下水道事業関連の費用の一部（792億円）は家計部門（最終消費支出）が負担すべきものとして，産業部門から家計部門に移記していることを示している。

帰属環境費用（エコ・マージン）は4兆1,862億円であるが，これは，産業部門（生産活動）の2兆4,245億円と家計部門及び政府部門（最終消費支出）の1兆7,619億円を合計したものに等しい。国内純生産（NDP）からエコ・マージンを差し引いて環境調整済国内純生産（Eco Domestic Product, EDP）が算出される。EDPは，グリーンGDPともいわれる[9]。

4 ハイブリッド勘定

環境・経済統合勘定については，内閣府により一連の研究が行われてきた。前節でその研究成果を紹介した。ところが，1993年のSEEAのバージョンIVを

---

(9) 詳しい内容は下記の文献を参照
　　河野［1998］pp. 104-132；河野［2000］pp. 1-23。

中心とする手法については，貨幣的評価手法が国際的に定まらないことおよび国際連合が新たな考え方を踏まえたSEEAの改訂に着手していること（佐藤・杉田［2005］p. 24）等の理由から，内閣府では新たな調査研究に着手し，その成果が報告書の形で公表されている。この報告書によると，改訂作業中のSEEAの2000年ドラフト[10]に，オランダで開発されたNAMEAが，同ドラフトで紹介されているハイブリッドフロー勘定に関しては重要と紹介されていることから，NAMEAの枠組みを基礎として日本版ハイブリッド勘定の枠組みが構築されたとある。

　NAMEAは，環境勘定を含む国民会計マトリックス（National Accounting Matrix including Environmental Accounts）の略である。1990年代前半にオランダ統計局のクニング（Keuning, S. J.）などにより開発され，ヨーロッパ諸国を中心に普及している（日本総合研究所［2004］p. 1）。

　オランダのNAMEAによれば，それは，基本的には，1993SNAのフロー勘定に，貨幣単位および物量単位の環境関連情報を盛り込み，マトリックス表示したものといえる。すなわち，財貨サービス勘定，家計消費勘定，生産勘定，所得創出勘定，所得の分配と使用勘定，資本勘定，金融勘定，税勘定，海外経常取引勘定および海外資本取引勘定等の各勘定が設けられ，これらの勘定に環境浄化サービス，環境目的消費支出，環境税等の環境関連貨幣情報がSNAに固有の経済情報から分離され，独立項目として表示される。さらに，生産勘定，家計消費勘定，資本勘定および海外経常勘定には，生産，消費，蓄積および海外活動に伴って発生する環境負荷物質が投入側（借方）および/あるいは産出側（貸方）に計上される。そして物量情報は物質勘定に集約される（Keunig et al.

---

(10) 2003年に改訂版の最終ドラフトが公表された。
　　http://unstats.un.org/unsd/ecoaccounting/seea2003.aspアクセス日：2009年8月14日。
　　このドラフトによると，4類型の勘定が提示されている。第1類型は物量勘定・ハイブリッドフロー勘定，第2類型は環境への影響を反映する経済勘定，第3類型は物量単位および貨幣単位で表示される資産勘定，第4類型は減耗，防御支出および環境劣化を反映させる方向でのSNA集計値の拡張である。本文で紹介されるNAMEAは第1類型の勘定とされる。

[1999] pp. 15-37；日本総合研究所［2002］pp. 79-80）。

　NAMEAの貨幣情報および物量情報のいずれも実際値であることから，NAMEAは1993年のSEEAのバージョンⅢ（貨幣情報にのみ着目すればバージョンⅡ）に相当する。ただし，SEEAでは経済活動が自然資産というストックに与える影響を重視しているのに対して，NAMEAでは上述されたようにフロー情報に焦点を当てている点がSEEAとは異なる。また，SEEAについては，バージョンが高くなるほど多様な情報，特に貨幣情報が提供される仕組みになっているが，バージョンが高くなると仮定にもとづく推定情報もより多く包含されることになり，提供される情報の精度について問題も指摘されている。現在のところ，実績値以外の貨幣情報の算出方法すなわち評価方法も確立していない。この点，NAMEAが提供する詳細な情報は実際値であることから，評価問題は回避できる。

　図13-3はオランダのNAMEAに改良を加えた日本の**ハイブリッド勘定**の概念図である[11]。

　図中，A領域には，国内経済による汚染物質の排出，森林や水資源等の自然資源の復元および農用地や森林・原野から道路や宅地等への土地利用の変化が記録される。B領域には，国内経済による汚染物質の処理・再生利用（投入）やエネルギー資源，森林資源，水資源および漁業資源等の自然資源の採取（採掘，伐採，使用，漁獲）および隠れたマテリアルフローが記録される。隠れたマテリアルフローは地下資源の採取や建設活動などに伴って採取・掘削されるが，一度も経済的に利用されることなく廃棄される物質フローを意味する。AからBを控除した物質量がA－Bに記録される。

　そして，環境への蓄積表に記録された物質量は，C領域の環境問題表に移記される。汚染物質の環境問題への寄与は地球規模のものと地域的なものに区分される。前者は温室効果，オゾン層破壊等に，後者は酸性化，富栄養化，汚染排水，廃棄物等からなる。自然資源の変化はエネルギー資源，森林資源，水資

---

(11)　日本のハイブリッド勘定の具体的内容については，下記の文献参照。
　　　佐藤・杉田［2005］pp. 24-48；有吉［2005a］pp. 9-17。

4 ハイブリッド勘定　259

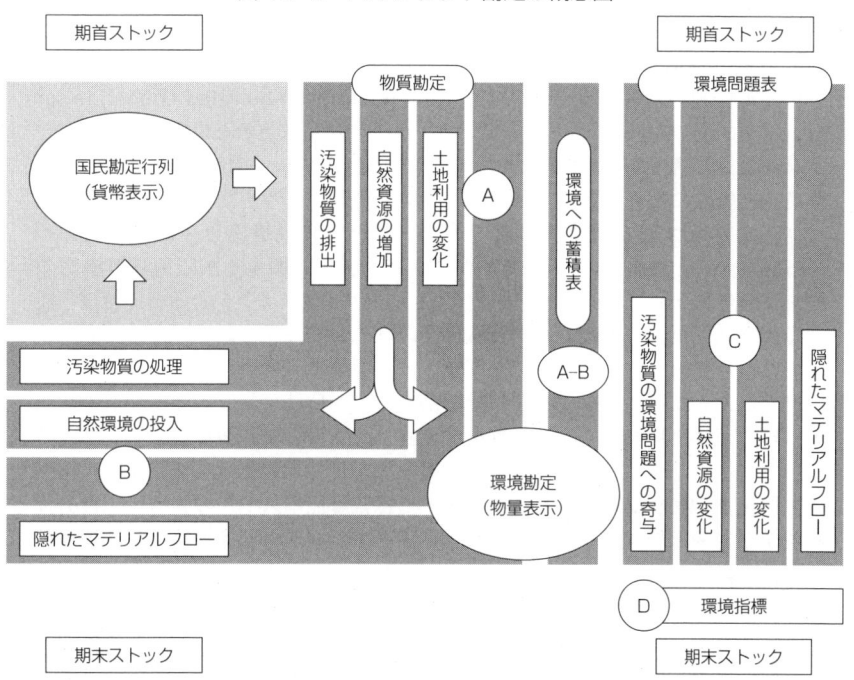

図 13-3　ハイブリッド勘定の概念図

(出所) 有吉 [2005b] p.178 より抜粋。

源,漁業資源等に,土地利用は用途別に農用地,森林・原野,水源・河川・水路,道路,宅地,その他の土地等に区分される。C領域に記録された物量はそれぞれの項目ごとに集計され,D領域に記録される。C領域の環境問題表中,エネルギー資源および用途別の土地利用についてはストックの記録が可能なので,期首および期末ストックが記録される (有吉 [2005a] pp.10-12；有吉 [2005b] pp.178-183)。

　内閣府では,最近,地域版 (県レベル) ハイブリッド勘定の研究を推進し,その普及を図るために,地域版ハイブリッド勘定作成のマニュアルを公表した (内閣府社会経済総合研究所編 [2007])。

　　　　　　　　　　　　　　　　　　　　　　　　　（河野　正男）

COLUMN 12

持続可能利益計算書

　持続可能利益計算書は，SIGMA（Sustainability Integrated Guideline for Management）プロジェクトの一環として2003年に発表された環境会計ガイドライン中の計算書である。SIGMAプロジェクトは，持続可能な発展の視点から，企業等の組織に役立つ各種のガイドラインや管理手法等を提供することを意図して，イギリス貿易産業省の支援の下，イギリス規格協会，非営利団体のForum for the Futureおよびアカウンタビリティに関する国際的専門機関のAccounatAbility社によって取り組まれてきた。ガイドラインによると，持続可能利益の計算はつぎの手順で行われる。①組織の顕著な環境影響（大気，水，土壌等への）要因の特定と確認，②確定された環境影響要因に関して持続可能な水準，たとえばゼロ・エミッションを決める。③持続可能な水準と環境影響要因の現実の排出量との差異量を算出する。この差異量を持続可能ギャップという。ゼロエミッションの場合，排出量の全量が持続可能ギャップとなる。④持続可能ギャップを解消するためのコスト（持続可能コスト）の算出　⑤税引後利益から持続可能コストを控除（環境ベネフィットがあれば加算）し，持続可能利益を算出。

　これらの一連の過程を表にしたものが持続可能利益計算書である（詳細は河野[2006]参照）。持続可能コストは，組織によって引き起こされた顕著な外部的影響を回避ないし修復するのに必要な費用である。具体的には，持続可能ギャップとされる差異量を現在の技術水準の下で除去するに要する費用を意味する。この費用は，本文で紹介されたSEEAのバージョンⅣ.2の維持費用に相当する。重要なことは，持続可能計算書の作成実務が，イギリスのいくつかの組織で行われていることである。その1つに，Wessex Water社（http://www.wessexwater.net/　アクセス日：2009年8月13日）がある。同社では*Striking the Balance*なる報告書で持続可能利益の計算過程を環境コスト計算書を使用して表示するとともに年次報告書である*Annual Review*でも持続可能利益に関して簡潔に触れている。

　日本では，国レベルの環境会計の研究では，SEEAのバージョンⅣ.2からハイブリッド勘定の方に関心が移ったかの印象があるが，環境影響を貨幣評価するこのバージョンは捨てがたい。企業レベルでの持続可能利益計算書の作成が普及すれば，SEEAのバージョンⅣ.2における貨幣評価に関わる難点も克服される可能性があり，その普及が期待される。

　　　　　　　　　　　　　　　　　　　　　　　　　　（河野　正男）

演習問題

1 マクロ環境会計と自治体の環境会計との異同点を明らかにしなさい。
2 グリーンGDPについて説明しなさい。
3 帰属環境費用について説明しなさい。
4 環境・経済統合会計の各バージョンの特徴を明らかにしなさい。
5 ハイブリッド勘定の特徴を述べなさい。

参考文献・参照URL一覧

日　本　語

アサヒビール㈱［2006］『アサヒグループCSRレポート2006』。
有吉範敏［2005a］「環境経済統合勘定におけるフレームワークを地域に応用した場合の問題点」『季刊国民経済計算』第131号，pp. 9-17。
─────［2005b］「国民経済（マクロ経済）と環境会計」河野正男責任編集『環境会計A-Z』ビオシティ，pp. 166-185。
飯島伸子［2000］『環境問題の社会史』有斐閣。
伊藤嘉博［2001］『コストマネジメント入門』日本経済新聞社。
─────［2004a］「環境配慮型原価企画」國部克彦編著『環境管理会計入門─理論と実践─』産業環境管理協会，pp. 105-115。
─────［2004b］「環境予算マトリックス」國部克彦編著『環境管理会計入門─理論と実践─』産業環境管理協会，pp. 116-137。
植田敦紀［2008］『環境財務会計論』森山書店。
─────［2009］「土壌汚染の会計」『環境管理』第45巻第6号，pp. 17-23。
エイモリー・ロビンズ［1981］「ソフト・パスとは何か」長洲一二編著『ソフト・エネルギー・パスを考える』時事通信社。
大塚　直［2004］『地球温暖化をめぐる法政策』昭和堂。
─────［2006］『環境法第2版』有斐閣。
大森　明［2006］「自治体環境会計」河野正男編著『環境会計の構築と国際的展開』森山書店，pp. 295-308。
岡野憲治［2003］『ライフサイクル・コスティング─その特質と展開─』同文舘出版。
岡本　清［2000］『原価計算（六訂版）』国元書房。
㈱岡村製作所［2009］『CSRレポート2009』。
小川哲彦［2005a］「ライフサイクル・コスティング」髙梠真一編著『管理会計入門ゼミナール』創成社，pp. 164-172。
─────［2005b］「環境管理会計」髙梠真一編著『管理会計入門ゼミナール』創成社，pp. 173-188。
小倉　昇［2004］「環境配慮型設備投資決定」國部克彦編著『環境管理会計入門─理論と実践─』産業環境管理協会，pp. 83-103。
金藤正直［2007］「環境会計情報システムの動向と展開─欧州と日本の企業への導入モデルを考慮して─」『人文社会論叢（社会科学篇）』第18号，pp. 29-45。

樺山護・布施徹志［1977］『都市と水資源—水の政治経済学』鹿島出版会。
茅陽一［1988］『エネルギー新時代—"ホロニック・パス"へ向けて』省エネルギーセンター。
河野正男［1998］『生態会計論』森山書店。
──────［2000］「地域環境・経済統合勘定の構築と課題」『横浜国際社会科学研究』第5巻第2号，pp. 1-23。
──────［2001］『環境会計—理論と実践—』中央経済社。
──────［2003］「公共部門における環境会計」吉田文和・北畠能房編著『環境の評価とマネジメント』岩波書店，pp. 157-186。
──────［2006］「マクロ環境会計とミクロ環境会計の連関—環境・経済統合勘定と企業の持続可能利益計算書を中心として—」『地球環境レポート』第11号，pp. 57-69。
川村雅彦［2004］「日本の企業の社会的責任の系譜（その1）」『ニッセイ基礎研REPORT』2004年5月号。
瓦田太賀四・陳　琦［2002］『公会計の進展』清文社。
環境格付プロジェクト［2002］『環境格付の考え方—環境格付のステークホルダーと評価理論—』税務経理協会。
環境管理会計国際標準化準備委員会［2007］『マテリアルフローベース環境管理会計の国際標準化について』経済産業省URL，http://www.meti.go.jp/policy/eco_business/pdf/nihongo.pdf，アクセス日：2009年5月28日。
環境省［2004］『環境会計の現状と課題　報告書』環境省。
──────［2005］『環境会計ガイドライン2005年版』環境省。
──────［2007］『環境報告ガイドライン～持続可能な社会をめざして～（2007年版）』環境省。
──────［2008］『環境基本計画で期待される地方公共団体の取組についてのアンケート調査—地方公共団体調査の結果　平成19年度調査—』環境省URL，http://www.env.go.jp/policy/kihon_keikaku/lifestyle/h2007_02.html，アクセス日：2009年5月19日。
──────［2008］『環境にやさしい企業行動調査（平成19年度における取組に関する調査結果）』環境省。
──────［2009］『土壌汚染対策法の一部を改正する法律』環境省URL，http://www.env.go.jp/press/file_view.php?serial=13105&hou_id=10848，アクセス日：2009年3月2日。
環境省大臣官房廃棄物・リサイクル対策部廃棄物対策課［2007］『一般廃棄物会計基準』環境省URL，http://www.env.go.jp/recycle/waste/tool_gwd3r/ac/ac.pdf，アクセス日：2009年5月15日。
──────［2008］『日本の廃棄物処理—平成18年度版—』環境省URL，http://

www.env.go.jp/recycle/waste_tech/ippan/h18/data/disposal.pdf，アクセス日：2009年5月20日。

環境VE研究会［1994］『環境問題へのVEアプローチ』日本VE協会。

企業会計基準委員会［2008a］企業会計基準第18号「資産除去債務に関する会計基準」企業会計基準委員会。

――――［2008b］企業会計基準適用指針第21号「資産除去債務に関する会計基準の適用指針」企業会計基準委員会。

――――［2009］実務対応報告第15号「排出量取引の会計処理に関する当面の取扱い」企業会計基準委員会。

北村善宣［2003］『自治体環境行政法第3版』第一法規。

九州電力㈱［2003］『2003九州電力環境アクションレポート』。

金融機関の環境戦略研究会［2005］『金融機関の環境戦略―SRIから排出権取引まで―』金融財政事情研究会。

銀泉リスクソリューションズ株式会社［2009］「踊り場局面を迎えるCSR活動―CSR報告書調査分析（2005～2008）―」。

倉阪秀史［2004］「廃棄物会計の必要性―市町村の廃棄物処理・リサイクル費用を把握するための仕組みを―」『月刊廃棄物』第30巻第10号，pp. 6-9。

黒澤 清［1972］「生態会計学の構想」『産業経理』第32巻第1号，pp. 6-10。

経済産業省［2002］『環境管理会計手法ワークブック』経済産業省。

――――［2007a］『第1回環境管理会計国際標準化対応委員会の開催について―環境管理会計（マテリアルフローコスト会計等）の国際標準化を目指す―』経済産業省URL，http://www.meti.go.jp/policy/eco_business/pdf/houdouhappyou.pdf，アクセス日：2009年5月28日，（2007年6月15日報道発表）。

――――［2007b］『マテリアルフローコスト会計（MFCA）の国際標準化の提案について―世界初の「環境管理会計」分野の国際標準化提案―』経済産業省URL，http://www.meti.go.jp/policy/eco_business/pdf/mfca1116.pdf，アクセス日：2009年5月28日，（2007年11月16日報道発表）。

――――［2008a］『マテリアルフローコスト会計（MFCA）の国際標準化提案の採択について―日本主導の国際標準化作業の開始が決定―』経済産業省URL，http://www.meti.go.jp/policy/eco_business/mfca/MFCA-press-release.pdf，アクセス日：2009年5月28日，（2008年3月19日報道発表）。

――――［2008b］『エネルギー白書 2008年版』山浦出版株式会社出版部。

経済審議会・NNW開発委員会編［1973］『新しい福祉指標 NNW』大蔵省印刷局。

経済同友会［1976］『経済同友会三十年史』。

小林哲夫［1991］『現代原価計算論―戦略的コスト・マネジメントへのアプロー

チ―』中央経済社。
国土交通省土地・水資源局水資源部編［2008］『平成20年版　日本の水資源―総合的水資源マネジメントへの転換―』佐伯印刷。
国土庁長官官房水資源部編［1984］『日本の水資源―その開発，保全と利用の現状―』大蔵省印刷局。
國部克彦［2005a］「環境経営と環境会計」國部克彦編著『環境管理会計入門』産業環境管理協会，pp. 3-17。
─────［2005b］「環境管理会計の展開」國部克彦編著『環境管理会計入門』産業環境管理協会，pp. 18-35。
─────［2006a］「環境管理会計の国際的展開と日本の動向」河野正男編著『環境会計の構築と国際的展開』森山書店，pp. 183-197。
─────［2006b］「水道事業における環境会計」河野正男編著『環境会計の構築と国際的展開』森山書店，pp. 308-315。
─────［2007a］「マテリアルフローコスト会計の意義と展望」『企業会計』第59巻第11号，pp. 18-24。
─────［2007b］「環境経営と会計システム」「環境管理会計」國部克彦・伊坪徳宏・水口剛編著『環境経営・会計』有斐閣アルマ，2007年，pp. 1-22。
─────［2007c］「環境管理会計」國部克彦・伊坪徳宏・水口剛編著『環境経営・会計』有斐閣，pp. 23-53。
─────［2007d］「マテリアルフローコスト会計」國部克彦・伊坪徳宏・水口剛編著『環境経営・会計』有斐閣，pp. 55-79。
─────［2008］『実践マテリアルフローコスト会計』産業環境管理協会。
埼玉県環境部環境政策課［2007］『平成19年版 埼玉県環境白書』埼玉県環境部環境政策課。
櫻井通晴［2009］『管理会計 第四版』同文舘出版。
サステナビリティ・コミュニケーション・ネットワーク（NSC）［2009］『サステナビリティ報告ガイドライン　SPI報告解説書』。
サステイナビリティ日本フォーラム［2008］『GRIガイドライン第3版和訳』
佐藤勢津子・杉田智禎［2005］「新しい環境・経済統合勘定について（経済活動と環境負荷のハイブリッド型統合勘定の試算）」『季刊国民経済計算』第131号，pp. 24-48。
佐和隆光［1993］『成熟化社会の経済倫理』岩波書店。
─────［2000］『市場主義の終焉』岩波書店。
産業環境管理協会［2003］『平成14年度経済産業省委託　環境ビジネス発展促進等調査研究（環境経営総合手法）報告書』産業環境管理協会。
資源エネルギー庁［2008］「長期エネルギー需給見通し」pp. 1-68.（資源エネルギー庁ウェブサイト，http://www.enecho.meti.go.jp/topics/080523.htm，ア

クセス日：2009年9月15日）
資源エネルギー庁長官官房企画調整部調査編［1998］『総合エネルギー統計（平成8年度版）』通商産業研究社。
資源エネルギー庁長官官房総合政策課編［2006］『総合エネルギー統計（平成16年度版）』通商産業研究社。
資源エネルギー庁電力・ガス事業部編［2008］『平成19年度 電力需給の概要』中和印刷株式会社出版部。
篠田六郎［1953］『国有林野会計 公企業会計』中央経済社。
─────［1961］『林業会計における材木資産に関する研究』林野共済会。
鈴木幸毅［1992］『環境問題と企業の責任（増補版）』中央経済社。
─────［2008］『環境経営学の扉』文眞堂。
総務省［2008］『平成20年版（平成18年度決算版）地方財政白書』日経印刷。
高尾克樹［2008］『キャップ・アンド・トレード』有斐閣。
宝酒造㈱［2009］『緑字企業報告書CSRレポート2009』。
田中雅康［1995］『原価企画の理論と実践』中央経済社。
田中 充［2008］「自治体環境行政の条例と計画」宇都宮深志・田中 充編著『事例に学ぶ自治体環境行政の最前線──持続可能な地域社会の実現をめざして──』ぎょうせい，pp. 38-79。
谷本寛治［2002］『企業社会のリコンストラクション』千倉書房。
地球環境経済研究会［1991］『日本の公害経験 環境に配慮しない経済の不経済』合同出版。
千葉貴律［2006］「北米における内部環境会計の展開」河野正男編著『環境会計の構築と国際的展開』森山書店，pp. 228-249。
電気事業講座編集委員会［2008］『第6巻 電気料金』エネルギーフォラム。
電気事業連合会統計委員会編［2008］『電気事業便覧 平成20年版』日本電気協会。
電力中央研究所［2007］「21世紀日本のエネルギーシステムシナリオ──電化の進行と温暖化対策──」（研究報告：Y06018）pp. 1-26。（電力中央研究所ウェブサイト，http://criepi.denken.or.jp/jp/kenkikaku/report/detail/Y06018.html，アクセス日：2009年6月18日）
東京海上火災保険㈱編［1992］『環境リスクと環境法』有斐閣。
東京都水道局総務部総務課［2007］『東京都水道局環境計画（2007-2009）──水を育む豊かな地球環境を次世代へ──』東京都水道局総務部総務課。
㈱東芝［2009］『東芝グループ環境レポート2009』。
東洋インキ製造㈱［2008］『社会・環境報告書2008』。
トヨタ自動車㈱［2009］『Sustainability Report 2009』。
内閣府経済社会総合研究所国民経済計算部［2007］「"地域における環境経済勘定

の推計作業"地域版ハイブリッド型統合勘定作成マニュアル」『季刊国民経済計算』第133号，pp. 1-209。
内閣府経済社会総合研究所国民経済計算部編［2008］『国民経済計算年報（平成20年）』メディアランド。
中嶋清一・白勢国夫監修/日本プラントメンテナンス協会編［1992］『生産革新のための新・TPM展開プログラム—加工組立編』日本能率協会マネジメントセンター。
中嶌道靖・國部克彦［2002］『マテリアルフローコスト会計』日本経済新聞社。
―――――［2008］『マテリアルフローコスト会計（第2版）』日本経済新聞社。
中嶌道靖［2004］「マテリアルフローコスト会計」國部克彦編著『環境管理会計入門—理論と実践—』産業環境管理協会，pp. 36-70。
―――――［2007］「マテリアルフローコスト会計導入に向けた情報システムの構築」『企業会計』第59巻第11号，pp. 25-32。
中村美紀子［1999］『企業の社会的責任—法律学を中心として—』中央経済社。
南雲秀次郎・岡和夫［2002］『森林経理学』森林計画学会出版局。
日本エネルギー経済研究所計量分析ユニット編［2008］『改訂第2版　図解　エネルギー・経済データの読み方入門』省エネルギーセンター。
日本エネルギー経済研究所計量分析ユニット（EDMC）編［2009］『EDMC／エネルギー・経済統計要覧（2009年版）』省エネルギーセンター。
日本会計研究学会［1996］『原価企画研究の課題』森山書店。
日本会計研究学会特別委員会［2000］『環境会計の発展と構築（最終報告書）』日本会計研究学会。
日本規格協会［2004a］，『JISハンドブック2004　環境ISO』(58-2)，日本規格協会。
―――――［2004b］，『JISハンドブック2004　リスクマネジメント』(58-4)，日本規格協会。
日本総合研究所［1995］『国民経済計算体系に環境・経済統合勘定を付加するための研究　報告書』。
―――――［1998］『環境・経済統合勘定の推計に関する研究　報告書』。
―――――［2002］『SEEAの改訂等にともなう環境経済勘定の再構築に関する研究　報告書』。
―――――［2004］『SEEAの改訂等にともなう環境経済勘定の再構築に関する研究　報告書』。
日本電気協会新聞部編［2009］『原子力ポケットブック（2009年版）』日本電気協会新聞部。
野村進行［1950］『林業経営に於ける損益計算理論に関する研究』林野共済会。
長谷川直哉［2002］「イギリス年金法におけるSRI Disclosure Regulation導入とそ

の影響」『サスティナブル・マネジメント』第2巻第1号, pp. 15-27。
─────［2004a］「企業評価の新しい潮流と環境経営」『横浜経営研究』第24巻第4号, pp. 31-47。
─────［2004b］「社会的責任投資（SRI）の発展と機関投資家の受託者責任」『横浜国際社会科学研究』第8巻第6号, pp. 75-97。
─────［2007］「市場メカニズムにおける企業価値とCSRに関する一考察」『経営会計研究』第8号, pp. 1-20。
─────［2007］「市場におけるCSR評価に関する実証分析」『工業経営研究』第21巻, pp. 70-78。
─────［2008］「環境金融の意義と機能」鈴木幸毅・所伸之編著『環境経営学の扉―社会科学からのアプローチ―』文眞堂, pp. 149-170。
原田勝広・塚本一郎［2006］『ボーダレス化するCSR』同文館出版。
原田富士雄［1983］「水の社会会計―職能論的アプローチ試論―」『會計』第124巻第5号, pp. 32-46。
びん再使用ネットワーク［2006］『廃棄物会計調査報告書―2003（平成15）事業年度版―』びん再使用ネットワーク。
藤井良広［2005］『金融で解く地球環境』岩波書店。
藤田　壮監修［2007］『エコタウン・環境産業進行形―環境調和型まちづくり事例集（エコタウン自治体・事業者モデル）―』経済産業省URL, http://www.meti.go.jp/policy/recycle/main/3r_policy/policy/ecotown_casebook.html, アクセス日：2009年5月25日。
牧戸孝郎［1986］「ライフ・サイクル・コスティングと原価管理」『會計』第130巻第3号, pp. 52-66。
松野弘・堀越芳昭・合力知工編著［2006］『企業の社会的責任論の生成と展開』ミネルヴァ書房。
三菱総合研究所［2001］『地球環境・人間生活にかかわる農業及び森林の多面的な機能の評価に関する調査研究報告書』三菱総合研究所。
三島義教［1965］「水資源開発における利用者負担金制と原水供給料金制について―いわゆる売水制の意義―」『水利科学』第8巻第6号, pp. 1-33。
宮田　穣［2004］『サステナブル時代のコミュニケーション戦略』同友館。
宮本敏之［1994］『国有林における会計処理の原則と手続』林野弘済会。
諸富　徹・鮎川ゆりか［2007］『脱炭素社会と排出量取引』日本評論社。
八木裕之［1998］「環境情報システムと会計情報システム」『商大論集』第50巻第2・3号, pp. 1-21。
─────［1999］「環境効率性と環境コストに関する一考察」『商大論文』第50巻第5号, pp. 265-286。
─────［2002a］「ミクロ環境会計の歴史的展開」小口好昭編著『ミクロ環境

会計とマクロ環境会計』中央大学出版部，pp. 1-7。
―――――［2002b］「ミクロ環境会計の歴史的展開」小口好昭編著『ミクロ環境会計とマクロ環境会計』中央大学出版部，pp. 53-75。
―――――［2006］「廃棄物会計の展開」河野正男編著『環境会計の構築と国際的展開』森山書店，pp. 315-322。
八木裕之・金藤正直［2004］「日本企業における環境会計情報の時系列的分析」『横浜国際社会科学研究』第9巻第4号，pp. 1-18。
山下正毅［1990］「サテライト勘定の考え方」『横浜経営研究』第10巻第4号，pp. 1-12。
横須賀市環境部環境計画課［2009］『横須賀市環境報告書―平成20年度版―』横須賀市環境部環境計画課。
横浜国立大学［2009］『エコキャンパス白書2009』。
㈱リコー［2009］『リコーグループ環境経営報告書2009』。
吉江恵照［1978］「広域水道圏のあり方」『水道協会雑誌』第500号，pp. 2-16。
吉野敏行［2002］「排出者責任と拡大生産者責任の理論」山谷修作編著『循環型社会の公共政策』中央経済社，pp. 40-54。
林野弘済会［2007］『造林・森林保護』林野弘済会。
林野庁［1972］『森林の公益的機能に関する費用分担および公益的機能の計算，評価ならびに多面的機能の高度発揮の上から望ましい森林について（中間報告）』。
林野庁 監修［1990］『国有林野事業特別会計経理規程の解説』大成出版社。
―――――［1999］『国有林野事業の抜本的改革―開かれた「国民の森林」をめざして―』日本林業調査会。
林野庁経理課決算班［1973a］「立木資産の計理について（一）」『林野通信』第267号，林野弘済会，pp. 6-9。
―――――［1973b］「造林事業の原価計算について」『林野通信』第269号，林野弘済会，pp. 2-3。
―――――［1973c］「造林事業の原価計算について」『林野通信』第269号，林野弘済会，pp. 2-3。

外　国　語

Bartolomeo, M., M. Bennett, J. J. Bouma, P. Heydkamp, P. James, F. de Walle, and T. Wolter［1999］, *Eco-Management Accounting*, Kluwer Academic Publishers.
Benent, M., and P. James［1998］, *The Green Bottom Line: Environmental Accounting for Management: Currents Practice and Future Trends*, Greenleaf Publishing（國部克彦監修，海野みずえ訳［2000］『緑の利益　環境管理会計の展開』産業環境管理協会）．

Bennett, M., P. M. Rikhardsson, and S. Shaltegger [2003], *Environmental Management Accounting: Purpose and Progress*, Kluwer Academic Publishers.

Blanchard, B. S. [1978], *Design and Manage to Life Cycle Cost*, M/A PRESS（宮内一郎訳 [1979]『ライフサイクル・コスト計算の実際』日本能率協会).

Bundesumweltministerium/Umweltbundesamt, [1996], Handbuch *Umweltkostenrechnung*, Verlag Verlen（宮崎修行監訳 [2000]『環境原価計算』日本能率協会マネジメントセンター).

―――― [2003], *Leitfaden Betriebliches Umweltkostenmanagement*, 2003.

Burritt, R. L., T. Hahn, and S. Shaltegger [2002], An Integrative Framework of Environmental Management Accounting-Consolidating the Different Approaches of EMA into a Common Framework and Terminology, in Bennett, M., J. J. Bouma, and T. Wolters (eds), *Environmental Management Accounting: Informational and Institutional Developments*, Kluwer Academic Publishers, pp. 21-35.

The Canadian Institute of Chartered Accountants（CICA）[1993], *Environmental Costs and Liabilities: Accounting and Financial Reporting Issues*, CICA（平松一夫・谷口（阪）智香訳 [1995]『環境会計―環境コストと環境負債―』東京経済情報出版).

Commission of the European Communities（EC）[2001], Commission Recommendation of 30 May 2001: on the recognition, measurement and disclosure of environmental issues in the annual accounts and annual reports of companies, *Official Journal of the European Communities*, L153/33,（2001/453/EC), EC, 30/5/2001.

Commission of the European Communities, International Monetary Fund, Organisation for Economic Co-operation and Development, United Nations and World Bank [1993], *System of National Accounts 1993*.

Cremeans, J. E., and F. W. Segel [1975], National Expenditure for Pollution Abatement and Control 1972, *Survey of Current Business*, Vol. 55 No. 2, pp. 8-11.

Deutsche Shell Aktiengesellschaft [1989], *Gesch ftsbericht*.

Dierkes. M. [1974], *Die Sozialbilanzen*, Herder & Herder.

Dierkes. M., and R. Bauer (eds.) [1973] *Corporate Social Accounting*, Praeger.

Dierkes, M., und A. Hoff [1981], Sozialbilanzen and gesellschaftsbezogene Rechnungs- legegung in der Bundesrepublik Deutschland, in H. Joachim and H. Nowortny hg., *Sozialbilanzierung*, Campaus.

Dierkes, M., and L. E. Preston [1977], Corporate Social Accounting Reporting for the Physical Environment: A Critical Review and Implementation Proposal,

Accounting, Organization and Sciety, Vol. 2, No. 1, pp. 3–22.

Dilley, S. C., and J. J. Weygandt [1973], Measuring Social Responsibility; an Empirical Test, *Journal of Accountancy*, Vol. 136 No. 3, pp. 62–70.

Domini, A. [2001], *Socially Responsible Investing: Making a Difference and Making Money*, Dearborn Trade.

Empfehlungen des Arbeitskreises "Sozialbilanz-Praxis" zur aktuellen Gestaltung gesellschaftsbezogener Unternehmensrechnung [1977], *Sozialbilanz Heute*.

Epstein, M. [2000], Business Ethics, Corporate Good Citizenship, and the Corporate Social Policy Process: A View from the United States, *Journal of Business Ethics*, Vol. 8 No. 8（中村瑞穂他訳［1996］『企業倫理と経営社会政策過程』文眞堂）.

Estes, R. [1976], *Corporate Social Accounting*, John Wiley & Sons.

European Social Investment Forum（Eurosif）[2006], *European SRI Study 2006*, Eurosif.

Fédération des Experts Comptable Européens（FEE）[1999], *Review of International Accounting Standards for Environmental Issues*, FEE.

Global Reporting Initiative（GRI）[2006], *GRI Sustainability Guidelines G3*, Global Reporting Initiative.

Kennedy, A. [2000], *The End of Shareholder Value: Corporations at the Crossroads*, Perseus Books Group（奥村宏・酒井泰介訳［2002］『株主資本主義の誤算――短期の利益追求が会社を衰退させる』ダイヤモンド社）.

KPMG International [2008] *KPMG International Survey of Corporate Responsibility Reporting 2008*, KPMG Sustainability Services（KPMGあずさサイテナビリティ㈱［2008］『KPMG CSR報告に関する国際調査2008』）.

Keunig, S. J., J. van Dalen, and M. de Haan [1999], The Netherland's NAMEA: presentation, usage and future extensions, *Structural Change and Economic Dynamics*, Vol. 10, pp. 15–37.

Linowes, D. F. [1973], The Accounting Profession and Social Progress, *Journal of Accountancy*, Vol. 130 No. 1, pp. 32–40.

Lovins, A. B. [1977] *Soft Energy Paths: Towards a Double Peace*（室田泰弘・槌屋治紀訳［1979］『ソフト・エネルギー・パス――永続的平和への道』時事通信社）.

Meadows, D. H. [1992], *Beyond the Limits, Chelsea Green Publishing Company*,（茅 陽一監訳［1992］『限界を超えて』ダイヤモンド社）.

Nordhaus, W. D., and J. Tobin [1972], Is Growth Obsolete?, NBER（ed.）*Economic Growth*（Fiftieth Anniversary Colloquium V）, pp. 1–24.

Parker, J. E. [1971], Accounting and Ecology: A Perspective, *Journal of*

Accountancy, Vol. 132 No. 4, pp. 41-46.
Pearce, D., A. Markandya, and E. Barbier [1992], *Blueprint for the Economy,* Earthscan Publications(和田憲昌訳 [1994]『新しい環境経済学―持続可能な発展の理論―』ダイヤモンド社).
Pommier, P. [1981], Social Expenditure: Socialization of Expenditure? The French Experience with Satellite Accounts, *Review of Income and Wealth,* Vol. 27 No. 4, pp. 373-386.
Richardson, B. [2008], *Socially Responsible Investment Law,* Oxford University Press.
Rauberger, R., and B. Wagner [1999], Ecobalance Analysis as a Managerial Tool at Kunert AG, in Bennet, M., and P. James (eds.), *Sustainable Measures,* Greenleaf Publishing, pp. 170-184.
Schaltegger, S. [1996], *Corporate Environmental Accounting,* John Wiley & Sons.
Schaltegger, S. and R. Burritt [2000], *Contemporary Environmental Accounting Issues, Concepts and Practice,* Greenleaf Publishing.
Schmidheiny, S. (ed.) [1992], *Changing Course: A Global Business Perspective on Development and the Environment,* MIT Press(BCSD日本ワーキング・グループ訳 [1992]『チェンジング・コース：持続可能な開発への挑戦』ダイヤモンド社).
Schmidheiny, S., and Zorraquin [1996], *Financing Change: The Financial Community, Eco-Efficiency, and Sustainable Development,* The MIT Press(環境と金融に関する研究会訳 [1997]『金融市場と地球環境―持続可能な発展のためのファイナンス革命』ダイヤモンド社).
Sparkes, R. [2002], *Socially Responsible Investment: A Global Revolution,* John Wiley & Sons.
Social Investment Forum [2003], *Report on Socially Responsible Investing Trends in the United States,* SIF.
Strobel, M., and C. Redmann, Institut fur Management und Umwelt [2000], *Flow Cost Accounting.*
United Nations [1953], *A System of National Accounts and Supporting Tables,* United Nations.
United Nations [1993], *Integrated Environmental and Economic Accounting,* United Nations Publications.
United Nations Conference on Trade and Development (UNCTAD) [1999], *Accounting and Financial Reporting for Environmmental Costs and Liabilities,* United Nations, UNCTAD/ITE/EDS/4.
United Nations Division for Sustainable Development (UNDSD) [2001],

Environmental Management Accounting Procedures and Principles, United Nations.

United States Environmental Protection Agency（EPA）［1995］, *An Introduction to Environmental Accounting as a Business Tool: Key Concepts and Terms*, USEPA.

United States Environmental Protection Agency（EPA）［2000］, *The Lean and Green Supply Chain: A Practical Guide for Materials Managers and Supply Chain Managers to Reduce Costs and Improve Environmental Performance*, USEPA.

参照URL

環境経営格付機構URL，http://www.smri.jp/framepage.htm，アクセス日：2009年8月23日

環境省URL，http://www.env.go.jp/，アクセス日：2009年8月23日。

北九州エコタウンホームページ事務局URL，http://www.kitaq-ecotown.com/，アクセス日：2009年5月25日。

建築物総合環境性能評価システムURL，http://www.ibec.or.jp/CASBEE/，アクセス日：2009年8月23日。

㈶社会経済生産性本部エコ・マネジメントセンターURL，http://www.j-management.com/mfca/，アクセス日：2010年1月4日。

東京都水道局URL，http://www.waterworks.metro.tokyo.jp/water/jigyo/kankyo20/yosan_03.html，アクセス日：2009年5月10日。

日本規格協会URL，http://www.jsa.or.jp/，アクセス日：2009年8月23日。

㈱日本能率協会コンサルティングMFCA導入研究モデル事業事務局URL，http://www.jmac.co.jp/mfca/，アクセス日：2010年1月4日。

横須賀市環境会計URL，http://www.city.yokosuka.kanagawa.jp/k-kaikei/，アクセス日：2009年5月25日。

United States Environmental Protection Agency（EPA）, Environmental Accounting Project URL, http://www.epa.gov/opt/library/pubs/archive/acct-archive/resources.htm，アクセス日：2010年1月4日。

索　引

〔あ行〕

ISO	31
ISO14001	31
ISO26000	102
ISO9000s	31
アカウンタビリティ	156, 157
アジェンダ21	26
EMS	27
維持費用	252
維持評価法	250
１次エネルギー	209
一般廃棄物会計基準	169
インヴェントリー・アプローチ	13, 21
エコアクション21	37
エコツーリズム	27
エコ認証	27
エコバランス	123
エコファンド	97
エコポイント制度	27
エコマーク	27
ECOMAC	122
SRI	27
SEEA	243
SNA	234
SC; Supply Chain	206
NAMEA	257
NNW	233
MEW	233
MFCA	39
LCA	15, 39
LCC	39

エンゲージメント	104
end of pipe	34
横断的格差	190
オンサイト処理	79
温室効果ガス	84

〔か行〕

会計責任	156
回収可能価額	82
開発コスト	182
外部環境会計	111
外部効果	165
外部公表目的	163
外部コスト	119
外部不経済	93
確実な根拠にもとづく経済効果	161
各種リサイクル	27
拡大生産者責任	168
隠れている可能性を有するコスト	119
仮想市場評価法	250
仮想水	27
渇水年	176
活動基準原価計算	119
カナダ勅許会計士協会	68
貨幣換算係数	165
貨幣ベース環境管理会計	117
環境影響	32
環境影響評価	33
環境会計	111
環境会計ガイドライン	45, 46, 47, 118, 159
環境会計デザイン	25

索引

環境会計プロジェクト	119	環境破壊	26
環境格付け	27	環境パフォーマンス指標	35
環境家計簿	27	環境パフォーマンス評価	34
環境型社会	29	環境パブリシティ	34
環境サプライチェーン・マネジメント	34	環境品質原価計算	40
		環境ファイナンス	27, 34
環境監査	22	環境ブランド・エクイティ戦略	34
環境管理会計	22, 111	環境報告会計	45
環境管理会計情報研究センター	121	環境報告ガイドライン	37
環境管理会計ワークブック	125	環境報告書	22, 124, 158
環境技術立国	28	環境保護庁（アメリカ）	119
環境基本計画	153	環境保全効果	53, 55, 59, 161
環境基本条例	153	環境保全コスト	49, 159
環境教育	27	環境保全対策に伴う経済効果	161
環境行政	153	環境マーケティング	34
環境経営	25	環境マネジメントシステム	27, 102, 154
環境・経済統合会計	243	環境マネジメントシステム規格	31
環境原価計算ハンドブック	22, 123	環境優遇税制	27
環境効率	30	環境予算マトリックス	40, 126, 146
環境コストマネジメントガイドライン	22	環境ラベル	27
		環境リスク	26
環境コミュニケーション	34	関係性マネジメント	33
環境財務会計	40	機関投資家	95
環境識別会計	2	企業イメージ／関係調整コスト	119
環境修復負債	69	企業会計基準委員会	71
環境省環境会計ガイドライン	40	企業会計方式	162
環境総合学習	27	企業社会会計	9, 13, 118
環境側面	32	企業の社会的責任	41, 89
環境と開発に関するリオ宣言	26	基金方式	190
環境にやさしい企業行動調査	45	気候変動に関する政府間パネル	92
環境配慮型業績評価	127	気候変動リスク	26
環境配慮型原価企画	39, 126	気候変動枠組条約	84
環境配慮型設備投資意思決定手法	39, 125	気候変動枠組条約締約国会議	84
		帰属環境費用	249
環境配慮設計	34	期待キャッシュ・フロー	83
環境配慮促進法	158	キャッチアップ・アプローチ	76
環境配慮等の状況	158	キャップ・アンド・トレード（C&T）	

	85	国有林野事業	194
吸収源活動	28	国有林野事業特別会計	194
行政コスト計算書	157, 170	国連貿易開発会議	68
共同実施	28, 84	コスト・アウトレイアプローチ	14
京都議定書	28, 84	固定資本形成	239
協力金方式	189	固定資本減耗	239
許容原価	144	個別原価	222
偶発的コスト	119	今日の社会貸借対照表	18
クリーン開発メカニズム	28, 84	コンバージェンス	71
経済効果	56		
経済福祉指標	233	〔さ行〕	
原価企画	143	再資源化	27
原価計算書	169	再生可能エネルギー	28
減価償却	75	再製品化	27
現在価値	74	材積勘定	200
原水供給事業体	189	歳入歳出決算書	157
原水コスト	182	サステナビリティ	93
原水単価	182	サステナビリティ会計	106
原水単価の格差	185	サステナビリティリポーティングガイドライン	61
減損会計	82		
減損損失	82	Sustainability Reporting Guideline	37
広域水道事業体	189	サテライト勘定	242
公営企業	159	サプライチェーン	206
公益的機能	193	サプライチェーン・マネジメント	119
公会計改革	157	G3ガイドライン	101
公害削減・管理支出勘定	233	GRI	37, 61, 68, 97
工場マネジメントレベル	114	GRIアプリケーション・レベル	101
効率性	157, 159	GRIガイドライン	97
corporate social responsibility	41	CSR	10, 41
国際財務報告基準	70	CSR会計	41
国際標準	30	CSR報告書	124
国内総生産	236	CSRマネジメント	41
国民可処分所得	238	GDP	236
国民勘定体系	234	事業エリア内コスト	51
国民純福祉	233	事業部マネジメントレベル	114
国民所得勘定	235	事業報酬	222
国民貸借対照表	240	資産除去債務	72

資産・負債一覧	170	ステークホルダー	98
市場原理主義	93	smart grid	28
市場メカニズム	84	生活の質	9
自然共生型社会	29	政策意思決定	159
持続可能性報告書ガイドライン	118	生産資産	240
持続可能な開発のための経済人会議	29	生産マネジメントレベル	115
持続可能な社会	28	生態会計	2, 6
持続可能な成長	90	生態系	26
実質的効果	56	製品マネジメントレベル	115
私的コスト	119	責任投資原則	107
資本的支出	69	絶対的損失	11
社会計算書	17, 19	セリーズ原則	92
社会貸借対照表	16, 17	全体最適	121
社会的合意	11	総括原価	222
社会的コスト	119	創造価値計算書	17
社会的責任	10	造林仮勘定	200
社会的責任投資	27, 94	造林関連利子	201
社会的損失	10	造林原価	200
社会的費用	10, 15	率先行動	155
社会的費用の内部化	11		
社会的便益	12, 16	〔た行〕	
社会報告書	17, 18	貸借対照表	157
収益的支出	69	立木原価	200
受託責任	156	WEEE指令	130
取得原価方式	199	多目的ダム	182
循環型社会形成推進基本法	130	炭素クレジット	28
上・下流コスト	51	地域管理	163
将来キャッシュフロー	74	地域管理型環境会計	165
除去	72	Changing Course	29
新エネルギー	225	地球サミット	26
think globally, act locally	27	蓄積経理方式	197
真実かつ有効なる事業資産	222	地方公営企業法法適用企業	162
森林経理学	194	庁舎管理	163
垂直的格差	190	庁舎管理型環境会計	163
推定的効果	56	低炭素社会	29
水利権	181	電源別最大出力	216
スーパーファンド法	78	電源別発電費	218

伝統的コスト	119	部分最適	120
電力化率	214	ブラウンフィールド問題	79
統合マネジメントシステム	36	プログラム・マネジメントアプローチ	
トータルコストアセスメント	119		14, 21
トップマネジメントレベル	112	プロスペクティブ・アプローチ	75
		米国公認会計士協会	69
〔な行〕		ベースライン・アンド・クレジット（B	
内部環境会計	111	& C)	85
内部管理目的	163	ベネフィット・コストアプローチ	15, 22
内部効果	165	法正林	195
成行原価	144	法的義務	82
21世紀環境立国戦略	28	保続性原則	195
年間開発水量	183	ホロニック・パス	229
年降水量	175		
		〔ま行〕	
〔は行〕		マクロ生態会計	9
パートナーシップ	103	マスバランス	139
廃棄物会計	168	「マテリアリティ（重要性）」原則	101
排出量取引	28, 84	マテリアルフローコスト会計	
ハイブリッド勘定	258		39, 122, 125, 138
発電設備容量	216	マテリアルロス	140
バランス・スコアカード	40, 127	マネジメントレベル	111
バリュー・エンジニアリング	144	ミクロ生態会計	9
バルディーズ号事件	119	水資源使用率	177
BSC	40	水資源使用量	176
BCSD	29	水資源賦存量	176
PDCAサイクル	31	メゾ生態会計	9
引当金処理	73	目標関連報告書	18, 20
費用対効果	159, 170	目標原価	144
品質原価計算	126		
品質マネジメントシステム	36	〔や行〕	
品質マネジメントシステム規格	31	有形固定資産	73
Feed-in Tariff	28	有形非生産資産	240
フード・マイレージ	27	有効性	157, 159
賦課金方式	190	ヨーロッパ環境管理会計ネットワーク	
物質生産機能	194		122
物量ベース環境管理会計	117	ヨーロッパ排出量取引制度	70

〔ら行〕

ライフサイクルアセスメント 39
ライフサイクル・コスティング
　　　　　　　　　39, 119, 126, 133
ライフサイクル・コスト 134
ライフサイクル思考 30
林業会計 206

レート・ベース方式 222
レスポンシブル・ケア 118
連結環境会計 58
RoHS指令 130
労働安全衛生マネジメントシステム 36

〔わ行〕

割引率 74

【執筆者紹介】（執筆順，編著者は編著者紹介参照）

植田　敦紀（うえだ・あつき）：LEC大学総合キャリア学部講師
［略歴］
米国公認会計士（イリノイ州登録）。横浜国立大学大学院国際社会科学研究科博士後期課程修了。博士（経営学）。著作には，『環境財務会計論』（単著，森山書店），「土壌汚染の会計」『環境管理』第45巻第6号，「環境財務会計の構築と展開―U. S. Environmental GAAPに基づく環境負債計上のメカニズム―」『會計』第173巻第1号などがある。

長谷川　直哉（はせがわ・なおや）：山梨大学大学院持続社会形成専攻准教授
［略歴］
横浜国立大学大学院国際社会科学研究科博士課程後期修了。博士（経営学）。1982年安田火災海上保険株式会社（現損害保険ジャパン）入社，2006年山梨大学大学院助教授を経て，2008年より現職。著作には，「株価形成メカニズムにおけるCSRの機能と課題」『実践経営No.45』（実践経営学会学術研究奨励賞受賞），「グローバル経済下の経営倫理―株主至上主義と公益資本主義の相克―」（日本経営倫理学会論文賞受賞）などがある。

金藤　正直（かねとう・まさなお）：弘前大学人文学部准教授
［略歴］
横浜国立大学大学院国際社会科学研究科博士課程後期修了。博士（経営学）。2005年東京大学大学院工学系研究科産学官連携研究員，2006年弘前大学人文学部専任講師を経て，2008年より現職。著作には，「サプライチェーン環境会計情報システムの構築方法」『會計』第169巻第6号，「日本におけるバイオマス政策・事業を対象にした評価モデルの構想」『人文社会論叢（社会科学篇）』第20号などがある。

小川　哲彦（おがわ・てつひこ）：佐賀大学経済学部准教授
［略歴］
横浜国立大学大学院国際社会科学研究科博士後期課程修了。博士（経営学）。2003年佐賀大学経済学部専任講師を経て，2004年より現職。著作には，「ABCにおける環境保全活動」『横浜経営研究』第24巻第1・2号，「日本企業の財務諸表における環境会計情報の開示について」『佐賀大学経済論集』第38巻第3号，「日本の環境負債計上の現状」『企業会計』第61巻第10号などがある。

大森　明（おおもり・あきら）：横浜国立大学経営学部准教授
［略歴］
横浜国立大学大学院国際開発研究科博士後期課程修了。博士（学術）。2001年愛知学院大学商学部専任講師，助教授を経て，2007年より現職。著作には，『環境会計の構築と国際的展開』（分担執筆，森山書店），「自治体環境政策のための環境会計―エコバジェットを用いた一試案―」『會計』第172巻第3号，「政府機関による環境報告の動向とその展望―日・豪比較を中心として―」『会計検査研究』第32号などがある。

丸山　佳久（まるやま・よしひさ）：広島修道大学人間環境学部准教授
［略歴］
中央大学大学院経済学研究科博士後期課程修了。博士（会計学）。2001年広島修道大学商学部専任講師，人間環境学部専任講師を経て，2002年より現職。著作には，『持続可能な森林管理のための環境会計の構築』（博士学位論文，中央大学大学院経済学研究科），「持続可能な森林管理と環境会計」『環境管理』第43巻第5号，「環境パフォーマンス指標の開発と環境会計システムの役割」『會計』第164巻第3号などがある。

【編著者紹介】

河野　正男（かわの・まさお）：中央大学経済学部教授　博士（商学）
[略歴]
　一橋大学大学院商学研究科博士後期課程満期退学。1969年獨協大学経済学部専任講師，助教授，教授，横浜国立大学教授を経て，2003年より現職。著作には，『生態会計論』（単著，森山書店），『環境会計―理論と実践―』（単著，中央経済社），『環境会計の構築と国際的展開』（編著，森山書店）などがある。

八木　裕之（やぎ・ひろゆき）：横浜国立大学経営学部教授　博士（会計学）
[略歴]
　中央大学大学院経済学研究科博士後期課程修了。1988年福井工業大学工学部専任講師，神戸商科大学経営学部助教授，教授を経て，2000年より現職。著作には，「持続可能な経営社会と会計」『會計』第162巻第3号，『環境会計の構築と国際的展開』（分担執筆，森山書店），「バイオマス資源を対象としたストック・フロー統合型環境会計の展開」『會計』第174巻第4号などがある。

千葉　貴律（ちば・たかのり）：明治大学経営学部教授　博士（学術）
[略歴]
　横浜国立大学大学院国際開発研究科博士後期課程修了。福山平成大学経営情報学部専任講師，明治大学経営学部専任講師，助教授を経て，2008年より現職。著作には，『環境会計の構築と国際的展開』（分担執筆，森山書店），『経営学への扉【第3版】』（分担執筆，白桃書房），「環境リスクマネジメントと環境品質原価計算」明治大学経営学研究所『経営論集』第55第4号などがある。

生態会計への招待――サステナビリティ社会のための会計――

2010年3月20日　初版第1刷発行

編著者　Ⓒ　河野正男　八木裕之　千葉貴律
発行者　　　菅田直文

発行所　有限会社　森山書店　〒101-0054　東京都千代田区神田錦町1-10林ビル
TEL 03-3293-7061　FAX 03-3293-7063　振替口座 00180-9-32919

落丁・乱丁本はお取りかえします　　印刷／製本・シナノ書籍印刷

本書の内容の一部あるいは全部を無断で複写複製することは，著作権および出版社の権利の侵害となりますので，その場合は予め小社あて許諾を求めてください。

ISBN 978-4-8394-2091-8